"十二五"职业教育国家规划教材
经全国职业教育教材审定委员会审定

Qiche Diangong yu Dianzi Jichu

汽车电工与电子基础

（第三版）

交通职业教育教学指导委员会　组织编写

任成尧　主　编

乔金平　任佳丽　张耿党　副主编

人民交通出版社
China Communications Press

内 容 提 要

本书是"十二五"职业教育国家规划教材之一。主要内容包括直流电路基本知识及汽车电路特点、正弦交流电路、三相交流电路、磁路与变压器、交流电动机及控制、直流电动机、半导体器件及应用、三极管及放大电路、数字电路基础、电工电子测量仪表、汽车微机控制系统介绍、汽车总线技术,共12个单元。

本书可供高等职业院校汽车运用技术专业教学使用,也可作为相关行业岗位培训或自学用书,同时可供汽车维修人员学习参考。

图书在版编目(CIP)数据

汽车电工与电子基础/任成尧主编. —3版. —北京:人民交通出版社,2014.8

"十二五"职业教育国家规划教材

ISBN 978-7-114-11263-8

Ⅰ.①汽… Ⅱ.①任… Ⅲ.①汽车—电工—高等职业教育—教材②汽车—电子技术—高等职业教育—教材 Ⅳ.①U463.6

中国版本图书馆 CIP 数据核字(2014)第 045525 号

"十二五"职业教育国家规划教材

书　　名:	汽车电工与电子基础(第三版)
著 作 者:	任成尧
责任编辑:	时　旭　夏　犇
出版发行:	人民交通出版社股份有限公司
地　　址:	(100011)北京市朝阳区安定门外外馆斜街3号
网　　址:	http://www.ccpress.com.cn
销售电话:	(010) 59757973
总 经 销:	人民交通出版社股份有限公司发行部
经　　销:	各地新华书店
印　　刷:	北京市密东印刷有限公司
开　　本:	787×1092　1/16
印　　张:	19.5
字　　数:	450千
版　　次:	2005年9月　第1版 2011年1月　第2版 2014年8月　第3版
印　　次:	2019年1月　第5次印刷　累第19次印刷
书　　号:	ISBN 978-7-114-11263-8
定　　价:	46.00元

(有印刷、装订质量问题的图书由本社负责调换)

交通职业教育教学指导委员会
汽车运用与维修专业指导委员会

主 任 委 员： 魏庆曜
副主任委员： 张尔利　　汤定国　　马伯夷
委　　　员： 王凯明　　王晋文　　刘　锐　　刘振楼
　　　　　　　　刘越琪　　许立新　　吴宗保　　张京伟
　　　　　　　　李富仓　　杨维和　　陈文华　　陈贞健
　　　　　　　　周建平　　周柄权　　金朝勇　　唐　好
　　　　　　　　屠卫星　　崔选盟　　黄晓敏　　彭运均
　　　　　　　　舒　展　　韩　梅　　解福泉　　詹红红
　　　　　　　　裴志浩　　魏俊强　　魏荣庆
秘　　　书： 秦兴顺

第三版前言

根据教育部的《关于"十二五"职业教育国家规划教材选题立项的函》(教职成司函[2013]184号)的通知精神,人民交通出版社出版的教材《汽车电工与电子基础》符合"十二五"职业教育国家规划教材选题立项要求。

2013年10月,人民交通出版社组织十几所院校的汽车专业教师代表,在青岛召开了"十二五"职业教育国家规划教材汽车类专业立项教材修订会议。会议根据《教育部关于"十二五"职业教育教材建设的若干意见》(教职成[2012]9号)文件精神,经过认真研究讨论,吸收了教材使用院校教师的意见和建议,确定了立项教材的修订方案。

本书是在第二版的基础上,在会议确定的修订方案指导下完成的,教材的内容修订主要体现在以下几个方面:

1. 在保持教材原有风格的基础上,对文字部分作了部分修改和增减,对图形作了修改和更换。

(1)原单元一"直流电路"改为"直流电路基本知识及汽车电路特点",内容增加了汽车电路相关知识和实例,删去原电工部分的复杂电路的计算等。

(2)对原各单元中不清楚或不适合的图片进行修改和更换。

(3)原单元十"电工电子测量仪表"改为"电工电子测量工具与仪表",内容增加了部分汽车电路检修工具等。

2. 各单元删去复杂原理结构介绍,加大汽车电工与电子技术在汽车上的应用实例。

(1)在单元八中增加数字电路内容,加入场效应管内容及应用,精简了放大电路的反馈电路部分。

(2)各单元在[实例分析]与[技能训练]中加大汽车电工与电子技术在汽车上的应用实例。

3. 增加汽车电子新技术的应用。

(1)书中另增加单元十二"汽车总线技术"。

(2)在单元十一中增加汽车传感技术和汽车实际控制电路内容。

本教材的修订工作,具体分工如下:任成尧负责单元十、单元十一和全书统稿;乔金平负责单元一至单元三;季喜军负责单元四;靳炜负责单元五和单元六。任佳丽负责单元七至单元九;张耿党负责单元十二。

　　本书由任成尧担任主编;由乔金平、任佳丽、张耿党担任副主编;由季喜军、靳炜、尉庆国担任参编。

　　限于编者水平,书中难免有疏漏和错误之处,恳请广大读者提出宝贵建议,以便进一步修改和完善。

编　者
2014 年 1 月

第二版前言

《汽车电工与电子基础》自 2005 年 9 月出版发行后,受到广大师生的好评,被全国多所高等院校选为汽车专业教学用书,该书至今已累计印刷 8 次。

本书第一版出版后,出版社和编者陆续收到了一些院校教师的信息反馈,他们对书中的内容提出了宝贵的意见和建议,并指出了一些错误。

2009 年 11 月,人民交通出版社组织十几所院校的汽车系教师代表,在上海交通职业技术学院召开了高等职业教育汽车运用技术专业规划教材修订研讨会,对汽车运用技术专业规划教材进行了修订研讨,并确定了每本教材的修订方案。

本书的修订工作,就是在该书第一版的基础上,吸收了教材使用院校教师的意见和建议,在高等职业教育汽车运用技术专业规划教材修订研讨会确定的修订工作方案指导下完成的,教材的修订主要体现在以下几个方面:

(1) 修订了第一版中的错误和不当之处。

(2) 增加了知识链接、知识扩展、实例分析、单元小结、技能训练等项目,使各章内容更加丰富,并对体例作了较大调整。

(3) 删除了"单元七　工业企业供电及安全用电知识",将安全用电知识置于"单元三　三相交流电路"中。

(4) 鉴于高压直流输电的诸多优点,单元三还增加了高压直流输电的内容。

(5) 将二极管知识和整流、稳压方面的内容整合为一个单元,将三极管及其放大电路置于一个单元中。

(6) 在"单元十　电工电子测量仪表"中增加了汽车示波器的内容。

(7) 各章最后的"思考练习"作了适当修改,并在书后附上了参考答案。

(8) 提供了配套的教学课件,上传至人民交通出版社网站,供教材使用单位下载。

参加本书修订工作的有:山西交通职业技术学院乔金平(单元一、二、三)、季喜军(单元四)、郭亚山(单元五)、靳炜(单元六)、任佳丽(单元七、八、九)、任成尧(单元十)及中北大学尉庆国(单元十一),全书由任成尧担任主编,乔金平、任佳丽任副主编。

限于编者水平,书中难免有疏漏和错误之处,恳请广大读者提出宝贵建议,以便进一步修改和完善。

编　者
2010 年 9 月

第一版前言

为贯彻《国务院关于大力推进职业教育改革与发展的决定》以及教育部等六部委《关于实施职业院校制造业和现代服务业技能型紧缺人才培养培训工程的通知》精神,全面实施《2003—2007年教育振兴行动计划》中提出的"职业教育与培训创新工程",积极推进课程改革和教材建设,为职业教育教学和培训提供更加丰富、多样和实用的教材,更好地满足职业教育改革与发展的需要,交通职业教育教学指导委员会汽车运用与维修学科委员会组织全国交通职业技术院校的专业教师,按照教育部颁布的《汽车运用与维修专业领域技能型紧缺人才培养培训指导方案》的要求,紧密结合目前汽车维修行业实际需求,编写了高等职业教育规划教材,供高等职业院校汽车运用技术专业教学使用。

本系列教材符合国家对技能型紧缺人才培养培训工作的要求,注重以就业为导向,以能力为本位,面向市场、面向社会,为经济结构调整和科技进步服务的原则,体现了职业教育的特色,满足了汽车运用技术领域高素质专业实用人才培养的需要。

本系列教材在组织编写过程中,认真总结了全国交通职业院校多年来的专业教学经验,注意吸收发达国家先进的职教理念和方法,形成了以下特色:

1. 专业培养目标设计基本指导思想是以行业关键技术操作岗位和技术管理岗位的岗位能力要求为核心,确定专业知识和能力培养目标,对实际现场操作能力要求达到中级技术工人水平,在系统专业知识方面要求达到高级技师水平,并为毕业生在其职业生涯中能顺利进入汽车运用工程师行业奠定良好发展基础。

2. 全套教材以《汽车文化》、《汽车专业英语》、《汽车电工与电子基础》、《汽车机械基础》、《汽车发动机构造与维修》、《汽车底盘构造与维修》、《汽车电气设备构造与维修》、《汽车维修质量检验》八门课程搭建专业基本能力平台,以若干专门化适应各地各校的实际需求。

3. 打破了教材传统的章节体例,以专项能力培养为单元确定知识目标和能力目标,使培养过程实现"知行合一"。

4. 在内容的选择上,注重汽车后市场职业岗位对人才的知识、能力要求,力求与相应的职业资格标准衔接,并较多地反映了新知识、新技术、新工艺、新方法、新材料的内容。

5. 本套教材将力图形成开放体系,一方面除本次推出清单所列教材之外,还将根据市场实际需求,陆续推出不同车系专门化教材;另一方面,还将随行业实际变化及时更新或改编部分专业教材。

《汽车电工与电子基础》是汽车运用与维修专业领域技能型紧缺人才培养培训核心课程之一,内容包括:直流电路、正弦交流电路、三相交流电路、磁路与变压器、交流电动机及控制、直流电动机、工业企业供电及用电知识、常用半导体器件及应用、数字电路基础、整流电路和稳压电路、电工测量仪表、汽车微机控制系统介绍,共12个单元。

参加本书编写工作的有:山西交通职业技术学院的王安新(编写单元一、二、三、八)、郭亚山(编写单元四、十二)、叶美桃(编写单元五、六)、乔金平(编写单元七、十)、张润锁(编写单元九、十一)。全书由山西交通职业技术学院任成尧担任主编,四川交通职业技术学院罗斌担任主审。

限于编者的经历和水平,教材内容难以覆盖全国各地的实际情况,希望各教学单位在积极选用和推广本系列教材的同时,注重总结经验,及时提出修改意见和建议,以便再版修订时改正。

交通职业教育教学指导委员会
汽车运用与维修学科委员会
2005年5月

目 录

单元一　直流电路基本知识及汽车电路特点 …… 1

1. 直流电路基本知识 …… 1
2. 汽车电路的组成和相关器件 …… 4
3. 汽车电路的电器元件 …… 8
4. 电阻的串、并联 …… 11
5. 基尔霍夫定律 …… 12
6. 电路中电位的计算 …… 15

知识扩展 …… 16
实例分析 …… 18
单元小结 …… 19
思考练习 …… 19
技能训练 …… 21

单元二　正弦交流电路 …… 24

1. 正弦交流电的三要素 …… 25
2. 正弦交流电的表示法 …… 27
3. 单一参数的正弦交流电路 …… 30
4. 电阻、电感、电容器的串联电路 …… 36

知识扩展 …… 39
实例分析 …… 40
单元小结 …… 40
思考练习 …… 42
技能训练 …… 43

单元三　三相交流电路 …… 45

1. 三相交流电源 …… 45

  2 三相负载的星形连接 ·· 48

  3 负载的三角形连接 ·· 51

  4 三相电路的功率 ·· 52

  5 安全用电 ·· 54

  知识扩展 ·· 56

  实例分析 ·· 57

  单元小结 ·· 59

  思考练习 ·· 60

  技能训练 ·· 61

单元四 磁路与变压器 63

  1 磁路 ·· 63

  2 变压器 ·· 70

  知识扩展 ·· 76

  实例分析 ·· 78

  单元小结 ·· 82

  思考练习 ·· 82

  技能训练 ·· 84

单元五 交流电动机及控制 86

  1 三相异步电动机的结构 ·· 86

  2 三相异步电动机的工作原理 ·· 88

  3 三相异步电动机的铭牌和技术数据 ·· 91

  4 三相异步电动机的启动、调速和制动 ······································ 93

  5 控制、保护器件 ·· 96

  6 基本控制电路 ·· 98

  知识扩展 ·· 100

  实例分析 ·· 101

  单元小结 ·· 102

  思考练习 ·· 103

  技能训练 ·· 104

单元六 直流电动机 107

  1 直流电动机的结构 ·· 107

  2 直流电动机的工作原理 ·································· 109
  3 直流电动机的分类 ······································ 111
  4 直流电动机的机械特性 ·································· 112
  知识扩展 ·· 114
  实例分析 ·· 117
  单元小结 ·· 118
  思考练习 ·· 119
  技能训练 ·· 120

单元七 半导体器件及应用 ·································· 122

  1 PN 结 ··· 122
  2 晶体二极管 ·· 126
  3 晶闸管 ·· 129
  4 单相整流电路 ·· 131
  5 滤波电路 ·· 135
  6 稳压电路 ·· 138
  7 三相桥式整流电路 ······································ 140
  知识扩展 ·· 141
  实例分析 ·· 142
  单元小结 ·· 143
  思考练习 ·· 144
  技能训练 ·· 146

单元八 三极管及放大电路 ···································· 149

  1 晶体三极管 ·· 149
  2 基本放大电路 ·· 154
  3 场效应管 ·· 159
  4 集成运算放大电路 ······································ 161
  5 反馈在放大电路中的应用 ································ 163
  知识扩展 ·· 167
  实例分析 ·· 171
  单元小结 ·· 174
  思考练习 ·· 175
  技能训练 ·· 176

单元九　数字电路基础 · 178

　　1　概述 · 178
　　2　逻辑代数 · 181
　　3　基本逻辑门电路 · 183
　　4　集成门电路 · 186
　　5　集成触发器 · 191
　　6　基本数字部件 · 195
　　知识扩展 · 197
　　实例分析 · 200
　　单元小结 · 203
　　思考练习 · 204
　　技能训练 · 206

单元十　电工电子测量工具与仪表 · 209

　　1　测电笔 · 209
　　2　跨接线 · 210
　　3　低压测试灯 · 210
　　4　汽车点火高压线测试笔 · 211
　　5　剥线钳 · 211
　　6　万用表 · 212
　　7　示波器 · 218
　　8　故障诊断仪 · 222
　　知识扩展 · 222
　　实例分析 · 223
　　单元小结 · 224
　　思考练习 · 224
　　技能训练 · 225

单元十一　汽车微机控制系统介绍 · 230

　　1　汽车微机控制概述 · 230
　　2　汽车微机控制系统的基本组成 · 232
　　知识扩展 · 250
　　实例分析 · 250

单元小结 ··· 252
　　思考练习 ··· 253
　　技能训练 ··· 254

单元十二　汽车总线技术 ··· 256
　　1　汽车总线技术基础 ·· 256
　　2　汽车整车总线系统概览 ·· 277
　　3　CAN 总线系统故障及检测 ··· 283
　　知识扩展 ··· 285
　　实例分析 ··· 287
　　单元小结 ··· 288
　　思考练习 ··· 289
　　技能训练 ··· 289

思考练习参考答案 ··· 291

参考文献 ··· 296

单元一　直流电路基本知识及汽车电路特点

学习目标

知识目标
1. 简单叙述电路组成及各部分的作用；
2. 正确描述汽车电路的特点；
3. 正确描述汽车电路中的控制和保护器件；
4. 正确描述基尔霍夫定律。

能力目标
1. 会用万用表测量直流电路中的电阻、电压及电流值；
2. 会用串、并联知识分析相关的汽车电路故障；
3. 会检查测试汽车电路的元器件。

1　直流电路基本知识

1.1　电路的组成

电路是电流所经过的路径,一般由电源、用电器、导线和开关四部分组成。日常生活中的手电筒就是一个简单的直流电路。汽车上的照明系统也是直流电路的典型应用。

电源是把其他形式的能转换成电能的装置。常见的电源有干电池、蓄电池、发电机和各种整流电源(汽车电路采用的电源是蓄电池和发电机)等。

用电器是把电能转变成其他形式能的元件或设备,也常被称为电源的负载。常见的负载有电灯、电炉、电烙铁、扬声器和电动机等,汽车电路中的负载很多,例如照明与信号用灯、汽车起动机、电动设备及汽车音响等。

开关是控制电路接通或断开的器件,例如手电筒的按钮、汽车上的点火开关及转向灯开关等。

导线是连接电源与用电器的金属线,它把电源产生的电能输送到用电器。常用导线材料有铜、铝等。

为了便于用数学方法分析电路,一般要将实际电路模型化,用足以反映其电磁性质的理想电路元件或其组合来模拟实际电路中的器件,从而构成与实际电路相对应的电路模型。今后分析的电路都是指电路模型,简称电路。

用国家统一规定的电器元件或设备的符号来表示电路连接情况的图叫做电路图。如

图 1-1b)就是图 1-1a)表示的实际电路的电路图。电路图能帮助人们了解整个电路的工作原理和电器安装顺序等。

识图就是看懂电路图,包括三个方面:认识电路图中的符号,看懂电路的结构,了解各部分的作用和工作原理。

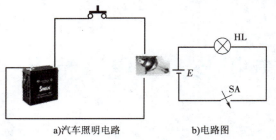

a)汽车照明电路　　b)电路图

图 1-1　实际电路和电路图

1.2　电路中的物理量

1.2.1　电流

电荷的定向运动称为电流。在金属导体中,电流是电子在外电场力作用下的定向运动而形成的。

规定正电荷定向运动的方向为电路中电流的实际方向,用带箭头的虚线表示。

在分析电路时,电流的实际方向往往难以判断,此时可以先假定一个方向作为电流的参考方向,用带箭头的实线表示。若参考方向与实际方向一致,电流值为正值;若参考方向与实际方向相反,电流值为负值。如图 1-2 所示,电流的参考方向和实际方向相反。

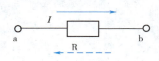

图 1-2　电流的参考方向

1.2.2　电压

电压是衡量电场做功本领大小的物理量。规定电压的方向为"＋"极性指向"－"极性。

在分析电路时,电压的实际方向不能确定时,也可以先假定一个方向作为电压的参考方向,用带箭头的实线表示,或者用双下标字母表示。若参考方向与实际方向一致,电压值为正值;若参考方向与实际方向相反,电压值为负值。如图 1-3 所示,电压 U_{ab} 的参考方向与实际方向相同。

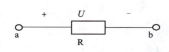

图 1-3　电压的参考方向

1.3　电路的工作状态

电路的工作状态有三种:空载、负载和短路(表 1-1)。

通常一个实际电源可用一个电动势和电阻串联来表示。r 串联表示一个实际电源,r 为电源的内电阻。

空载状态:外电路处于断路状态称为空载,如图 1-4a)。此时,相当于负载电阻 $R \to \infty$,电路电流 $I=0$,电源的输出电压等于电源的电动势,即 $U=E$。该电压叫开路电压。

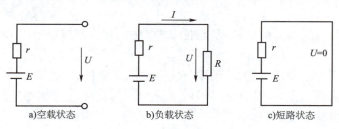

a)空载状态　　b)负载状态　　c)短路状态

图 1-4　电路的工作状态

电路的工作状态　　　　　　　　　　　　　表 1-1

电路状态	负载电阻	电源电流	电源端电压
空载	$R \to \infty$	$I = 0$	$U = E$
负载	$R = $ 常数	$I = \dfrac{E}{R+r}$	$U = E - Ir = IR < E$
短路	$R \to 0$	$I_S = \dfrac{E}{r}$	$U = 0$

负载状态：电源与负载电阻 R 形成回路，电源向负载供给能量的状态称为负载状态，如图 1-4b）。负载时电路中的电流为

$$I = \frac{E}{R+r} \tag{1-1}$$

电源的输出端电压为

$$U = E - rI \tag{1-2}$$

由式（1-2）可知此时电源的输出电压小于电动势，即

$$U < E$$

短路状态：电源外电路电阻为零时称为短路，如图 1-4c），此时电路中的电流叫短路电流，且

$$I_S = \frac{E}{r} \tag{1-3}$$

由于 r 一般很小，所以 I_S 很大，可能损坏设备和线路，这是不允许的。短路时，$U = 0$。
通常可用万用表的电压档测量电源的端电压来判断电源路处于何种状态。

1.4　负载的额定值

负载是把电能转换为其他形式能量的装置。实际的负载可能是一个元件，也可能是一个网络。

任何用电设备在工作时都会发热。为保证用电设备能长期安全工作，都规定有一个最高工作温度。很显然，工作温度取决于发热量，发热量又取决于电流、电压或电功率。我们把用电设备长期安全工作时允许的最大电流、电压和电功率分别叫做该用电设备的额定电流（I_N）、额定电压（U_N）、额定功率（P_N），统称为额定值。对于电阻性负载，其额定电流和额定电压的乘积就等于它的额定功率，即 $P_N = I_N U_N$。

一般用电设备的额定值都标在设备的明显位置（设备铭牌上），也可以在产品目录中查寻。我们把用电设备在额定功率下的工作状态叫做额定工作状态，也叫满载；低于额定功率的工作状态叫做轻载；超过额定功率的工作状态叫做过载或超载。由于过载很容易烧坏用电设备，一般都不允许出现过载。防止过载的常用方法是在电路中安装熔断器。

2 汽车电路的组成和相关器件

2.1 汽车电路的构成和特点

汽车电路由汽车电源（蓄电池、汽车发电机）、汽车导线（线束）、控制和保护器件及各种用电设备（负载）四部分组成。汽车整车基础电路通常包含电源电路、起动电路、点火电路、照明与灯光信号装置电路、仪表信息系统电路、辅助装置电路和电子控制系统电路构成，如图1-5所示。

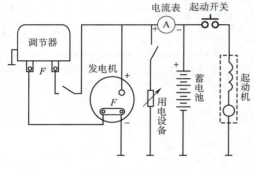

图1-5 汽车电路特点

汽车电路的特点：

两个电源：蓄电池和发电机。

低压直流：12V 或 24V，目前汽油车和小型柴油车多采用 12V 供电，重型柴油车多采用 24V 供电。

并联单线：一般的用电设备与电源的连接都是两条导线，通过一条火线、一条零线来构成闭合回路；而汽车上因底盘及发动机都是由金属材料制造的，具有良好的导电性能，况且汽车上所有的用电设备都是并联的，因此，在汽车线路中电源到用电设备只用一根导线连接，另一条导线由金属机体代替作为公共回路。

负极搭铁：由于采用了单线制供电，所以汽车电路两条线路中的一条采用汽车上的金属机体来代替，这样电源和用电器的一端需与金属机体连接，我们将连接点叫做搭铁点，即电源与金属机体连接点称为电源搭铁点。我国规定汽车蓄电池采用负极搭铁，如图1-6所示。

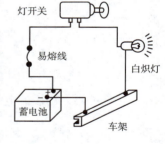

图1-6 汽车搭铁简图

汽车电路采用单线制的优点是节省导线，线路清晰，安装与检修方便，用电设备一般无需与车体绝缘。

2.2 汽车导线

导线是汽车电气系统最基础的组成部分，在不同的汽车电路中，对导线的尺寸以及材料的要求也不一样，它们各自都有严格的标准规定。

汽车导线分为高压线和低压线。高压线用于传送高电压，如点火系次级导线，主要性能指标是绝缘性能，其耐压应在 15000V 以上。低压线有普通线、起动电缆、蓄电池搭铁电缆等。

在维修汽车电路时，要严格按照维修手册中的相关规定、标准和程序，切记不要随便连接、更换或替代出现问题的导线，随意篡改和加接导线，这样容易引起导线过热，甚至发生火灾。

2.2.1 汽车线束

汽车线束是汽车电路的网络主体，连接汽车的电气电子部件并使之发挥功能。线束是由铜材料冲制而成的插接器与电线电缆压接后，外面再塑压绝缘体或外加金属壳体等，以线束捆扎形成连接电路的组件。如图1-7所示。

汽车线束都是铜质多芯软线,有几条乃至几十条软铜线包裹在塑料绝缘管(聚氯乙烯)内,柔软而不容易折断。

为使线路排列整齐,便于安装、拆卸和绝缘保护,避免振动和牵拉而引起导线损坏,一般都将汽车各电器之间的导线按最短路径排列,并用绝缘带把同一路径的若干导线包扎成线束。

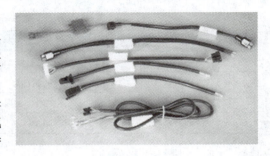

图1-7 汽车线束

2.2.2 汽车导线的颜色

随着汽车用电设备的增加,导线数目也不断增多,为了便于识别,低压导线绝缘层采用不同颜色标记。有采用单一颜色的导线,也有在主色的基础上加辅助色的导线。

绝缘表面为一种颜色的导线称为单色线,绝缘表面为两种颜色的导线称为双色线。在汽车电路图中,导线的颜色多用英文字母表示。表1-2是汽车上装配导线时色标索引参照表。

汽车导线色标索引参照表   表1-2

系统名称	颜 色	代 号
电源系统	红色(蓄电池正极)	R
起动、点火系统	白色	W
雾灯	蓝色	BL
灯光、信号系统	绿色	G
车身内部照明系统	黄色	Y
仪表、报警、喇叭系统	棕色	Br
收音机、电子钟、点烟器等辅助装置	紫色	V
辅助电动机及操作系统	灰色	Gr
电器装置搭铁线	黑(棕)色	B

2.2.3 汽车导线截面积

要使负载元件按设计要求正常工作,用于主要电路的导线尺寸不仅要能承受必需的电流,而且还要能承受振动和热辐射。

例如在起动电路中,起动机的工作电流很大(200~600A),因此,连接蓄电池与起动机的导线不以工作电流的大小来决定,而是以工作时的电压降来决定。为了保证起动机能正常工作,要求起动机电路中导线的截面积在16mm²以上。表1-3是汽车12V用电系统上装配导线时截面积参照表。

在汽车电路图中,导线的截面积标注在颜色代码前面,单位为平方毫米时可不标注单位。如1.25R表示导线截面积1.25mm²的红色导线;1.0GY表示导线截面积为1.0mm²的双色导线,主色为绿色,辅助色为黄色。截面积为0.5mm²的不标注,如R表示截面积为0.5mm²的红色导线。

汽车导线截面积参照表 表1-3

截面积(mm²)	导线用途	截面积(mm²)	导线用途
0.5	照明、仪表、牌照灯、尾灯	1.5～4	连接导线
0.8	转向灯、制动灯	6～25	电源线(蓄电池正负极)
1.0	前照灯、电喇叭(3A以下)	16～95	起动机电缆
1.5	电喇叭(3A以上)		

2.3 汽车插接器

插接器由插头和插座组成,如图1-8所示。插头和插座均与各个线束端相连,将插头插入相应的插座,即完成了线束之间的连接。插头的脚数与线束中导线条数相同,不同的线束应选不同的插头。

插接器是汽车电路中线束的中继站,线束与线束(导线与导线)、线束(导线)与电器部件之间的连接一般都用连接器连接。

为了防止插接器在汽车行驶中脱开,所有插接器均采用闭锁装置。需要拆开时,应先按下开锁夹,使锁扣脱开,才能将其分开。

导线和连接器之间的连接最好是焊接。

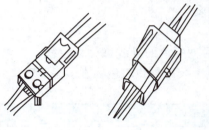

图1-8 汽车插接器

2.4 汽车熔断器及易熔线

熔断器又俗称保险丝,串联在电源与用电设备之间,当用电设备或线路发生短路或过载时,切断电源电路,以免电源、用电设备和线路损坏。按形状可分为丝状、管状和片状。如图1-9所示。

熔断器能承受长时间的额定电流负载,在过载的情况下,熔断丝会很快熔断,从而切断电路。熔断器检修时必须注意以下几点:

(1)熔断器熔断后,必须查明原因,彻底排除故障。

(2)更换熔断器时一定要与原规格相同,不可旁通或用更大容量的电路保护元件替换。

(3)安装时要保证熔断器与熔断器支架接触良好。

易熔线是一种截面积小于被保护电线截面积、可长时间通过额定电流的铜芯低压导线或合金线,用于保护总体线路或较重要电路,如图1-10所示。

图1-9 汽车熔断器　　　　图1-10 易熔线

2.5 电路断路器

断路器是串联在电路中起过载保护作用的一种能重复使用的"熔断丝"。相当于一个开关,在正常工作时,开关是闭合的,当电路过载或短路时,开关"断开",故障排除后,有的能自动闭合,有的则要靠手动闭合才能恢复正常工作。它们可以安装在熔断器盒面板上或线路中。

电路断路器分三种类型:自动复位电路断路器、手动复位电路断路器和正温度系数(PTC)固态电路断路器。如图1-11所示为自动复位电路断路器。

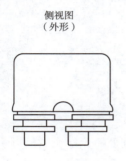
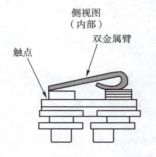
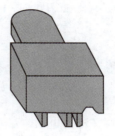

图1-11 自动复位电路断路器

使用断路器的优点:
(1)断路器一般不会损坏,使用寿命长久。
(2)断路器可重复使用,减少换熔断丝的麻烦。
(3)安装断路器有利于行车安全。

2.6 汽车开关

开关是控制电路接通和断开的关键。电路中主要的开关往往会汇集许多导线,如点火开关、车灯总开关等。

如图1-12所示为电动车窗开关,用来控制电动摇窗机完成车门玻璃的升降,有手动及自动挡位控制。

图1-13所示为点火开关,可自由开启或关闭点火线圈的主要电路,也适用于其他电系电路。

图1-12 电动车窗开关　　　　图1-13 点火开关

汽车点火开关挡位：

LOCK 锁死汽车，一般的车钥匙放到这个挡位就等于锁死了转向盘，转向盘不能有太大的转动量。

ACC 给全车通电，收音机、车灯等可以正常使用，不可以使用空调。

ON 除了起动机，其余的基础设备都是开着的，可以为转向盘解锁，可以使车内换气，但空调无制冷效果，因为此时空调压缩机未启动，只有换气电动机运转，吹出来的是自然风。汽车正常行车时钥匙处于 ON 状态，这时全车所有电路都处于工作状态。

START START 挡是发动机起动挡位，起动后会自动回位到 ON 挡。

3 汽车电路的电器元件

汽车电路中常用的电器元件有三种，分别是电阻器、电容器和电感器。

3.1 电阻器

电阻器又称为电阻，在电子产品和汽车电路中是一种必不可少的元件。它的种类繁多，形状各异，功率也不相同，在电路中使用电阻的目的是限压、限流或得到规定的电压等。

3.1.1 电阻器的分类

(1) 按制作材料分：碳膜电阻、金属膜电阻、绕线电阻和半导体电阻；

> **知识链接**
>
> 　　线性电阻，遵循欧姆定律的电阻称为线性电阻，它表示该段电路电压与电流的比值为常数。
> 　　线性电阻的伏安特性是一条过原点的直线。

(2) 按结构形式分：固定电阻和可变电阻；

(3) 按功率分：1/16W、1/8W、1/4W、1/2W、1W、2W 等；

(4) 按用途分：精密电阻、高频电阻、高压电阻、大功率电阻、熔断电阻、热敏电阻、光敏电阻、压敏电阻等。

3.1.2 固定电阻阻值的标注方法

1) 直接标注法

大电阻可直接用数字与单位标注在电阻上，如 R260Ω。贴片电阻用三位数字标注，前两位表示有效数字，第三位表示有多少个零，例标注 452 就是 4500Ω。

2) 色标法

对于碳膜和金属膜电阻分别用 4 环和 5 环色环标注阻值，阻值的读法如图 1-14 所示。例如，一个电阻器上有四条色带，颜色从左到右依次为红、紫、橙、金，则其阻值为 $27 \times 10^3 = 27 \text{k}\Omega$，允许偏差为 ±5%。若电阻器有五条色带，颜色从左到右依次为棕、紫、绿、金、银，则其阻值为 $175 \times 10^{-1} = 17.5\Omega$，允许偏差为 ±10%。

3.1.3 可变电阻

阻值可以调整的电阻器，用于需要调节电路电流或需要改变电路阻值的场合。常见的可变电阻有变阻器、电位计和热敏电阻。

汽车上常见的变阻器是前照灯开关,改变电阻器上滑动触头的位置,阻值会增加(灯变暗)或减小(灯变亮),以此来控制电流强度。

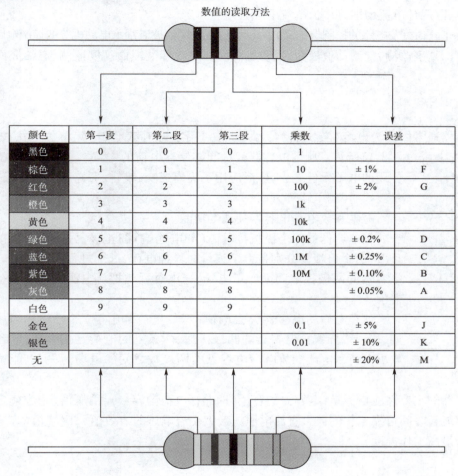

图1-14 电阻的色标法

电位计不同于变阻器之处在于它有三个接线端子并能控制电压。节流阀位置传感器就是装有电位计的一种输入传感器。

热敏电阻器是敏感元件的一类,按照温度系数不同分为正温度系数热敏电阻器(PTC)和负温度系数热敏电阻器(NTC)。正温度系数热敏电阻器(PTC)在温度越高时电阻值越大,负温度系数热敏电阻器(NTC)在温度越高时电阻值越低,它们同属于半导体器件。

热敏电阻的主要特点是:

①灵敏度较高;

②工作温度范围宽;

③体积小,能够测量其他温度计无法测量的空隙、腔体及生物体内血管的温度;

④使用方便,电阻值可在0.1~100kΩ间任意选择;

⑤易加工成复杂的形状,可大批量生产;

⑥稳定性好、过载能力强。

热敏电阻在汽车上的应用：

①控制空调温度，监测发动机冷却液温度、进气温度等。当冷却液温度上升时，热敏电阻阻值减小，测温计电流增加，反之，电流下降；

②汽车电动机及电路的控制保护，如中央门锁控制、风窗玻璃刮水电动机等的控制电路；

③液面高度监测，如制动液液面、发动机润滑油及冷却液液面高度监测，燃油液面高度监测等。

3.2　电容器

电容器通常简称为电容（英文名称：capacitor），用字母 C 表示，国际单位是法拉（F），如图1-15所示。所谓电容器就是能够储存电荷的"容器"，是电子设备中大量使用的电子元件之一，广泛应用于隔直通交，耦合，旁路，滤波，调谐回路，能量转换，控制电路等方面。

充电和放电是电容器的基本功能。

把电容器的一个极板接电源（如电池组）的正极，另一个极板接电源的负极，两个极板就分别带上了等量的异种电荷，这个过程称为充电。充电后电容器的两极板之间就有了电场，充电过程是把从电源的电能储存在电容器中。

使充电后的电容器失去电荷（释放电荷和电能）的过程称为放电。例如，用一根导线把电容器的两极接通，两极上的电荷互相中和，电容器就会放出电荷和电能。放电后电容器的两极板之间的电场消失，电能转化为其他形式的能。

图1-15　电容器

电容器的主要性能指标是：电容器的容量（即储存电荷的容量），耐压值（指在额定温度范围内电容能长时间可靠工作的最大直流电压或最大交流电压的有效值），耐温值（表示电容所能承受的最高工作温度）。

3.3　电感器

电感器是能够把电能转化为磁能而存储起来的元件，是用绝缘导线绕制的各种线圈。为了增加电感量并减小其体积，常在线圈中插入磁芯，如图1-16所示。

电感器的特性与电容器的特性正好相反，它具有阻止交流电通过而让直流电顺利通过的特性。直流信号通过线圈时的电阻就是导线本身的电阻；当交流信号通过线圈时，线圈两端将会产生自感电动势，自感电动势的方向与外加电压的方向相反，阻碍交流电的通过，所以电感器的特性是通直流、阻交流，频率越高，线圈阻抗越大。通直流是指不计电感线圈的电阻时电感器对直流呈通路关态。因为对直流电而言，线圈本身电阻对直流电的阻碍作用很小，在电路分析中往往忽略不计。

图1-16　电感器

知识链接

最原始的电感器是1831年英国的法拉第发现电磁感应现象的铁芯线圈。1832年美国的亨利发表关于自感应现象的论文,所以人们把电感量的单位称为亨利,简称亨。19世纪中期,电感器在电报、电话等装置中得到实际应用。1887年德国的赫兹,1890年美国特斯拉在实验中所用的电感器都是非常著名的,分别称为赫兹线圈和特斯拉线圈。

4 电阻的串、并联

4.1 电阻的串联

串联是连接电路元件的基本方式之一。将电路元件(如电阻、电容、电感,用电器等)逐个顺次首尾相连接组成的电路叫串联电路,如图1-17所示。串联电路中通过各用电器的电流都相等。

串联电路的特点:

(1)串联电路电流处处相等

$$I_总 = I_1 = I_2 = \cdots = I_n$$

(2)串联电路总电压等于各处电压之和

$$U_总 = U_1 + U_2 + \cdots + U_n$$

(3)串联电阻的等效电阻等于各电阻之和

$$R_总 = R_1 + R_2 + \cdots + R_n$$

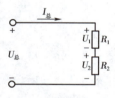

图1-17 电阻的串联

串联电阻在电路中一般起限流或分压作用,常作为汽车的基本控制电路,也可作汽车报警电路。如汽车防盗报警系统,在串联回路中的任何位置中断都会引发盗车警报系统报警。

串联电路不能应用在尾灯电路中,因为任何一个灯泡损坏就会使整个尾灯系统失灵,极不方便。

【例1-1】 在汽车多挡冷暖鼓风机电路中,通过3个串联电阻的限流作用,使鼓风机以4个不同挡位运转,如图1-18所示。

解:电流路径如下。

最低转速时:⊕→调节开关S→串联电阻R_{V1}→串联电阻R_{V2}→串联电阻R_{V3}→鼓风机电动机→⊖。

最高转速时:⊕→调节开关S→鼓风电动机→⊖。

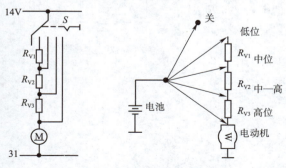

图1-18 汽车多挡冷暖鼓风机电路图
S-调节开关;R_V-串联电阻;Ⓜ-鼓风电动机

4.2 电阻的并联

两个或两个以上的电路元件，其正极接在一个共同结点上，所有负极接在另一个共同点上的连接方式叫并联。并联电路中电流会独立地在其中每个分支流动。

并联电路的特点是：

(1) 组合中的元件具有相同的电压

$$U_总 = U_1 = U_2 = \cdots = U_n \tag{1-4}$$

(2) 流入组合端点的电流等于流过几个元件的电流之和

$$I_总 = I_1 = I_2 + \cdots + I_n \tag{1-5}$$

(3) 并联电阻的等效电阻计算

$$\frac{1}{R_总} = \frac{1}{R_1} = \frac{1}{R_2} + \cdots + \frac{1}{R_n} \tag{1-6}$$

【例 1-2】 如图 1-19 是汽车后窗除霜电路图。

图中 1 是蓄电池，2 是点火开关，3 是熔断丝，4 是除霜器开关及指示灯，5 是除霜器（电热丝）。由图可看出，除霜器各条电热丝之间是并联关系，指示灯和各电热丝之间也是并联关系。

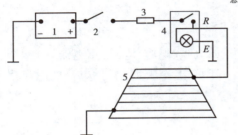

图 1-19 汽车后窗除霜电路图

4.3 电阻的混联

由串联电路和并联电路组合成的电路称为混联电路。惠斯通电桥是一种典型的混联电路。

惠斯通电桥（又称单臂电桥）是一种可以精确测量电阻的仪器。如图 1-20 所示是一个通用的惠斯通电桥。电阻 R_x，R_2，R_3，R_4 叫做电桥的四个臂，G 为检流计，用以检查它所在的支路有无电流。当 G 无电流通过时，称电桥达到平衡。平衡时，四个臂的阻值满足一个简单的关系，利用这一关系就可测量电阻。

$$R_x = \frac{R_4}{R_3} R_2$$

电桥在汽车传感器电路中得到广泛应用。如电控燃油喷射系统的空气流量计、半导体压敏电阻式进气歧管压力传感器、电阻应变式碰撞传感器电路中都用到了惠斯通电桥。

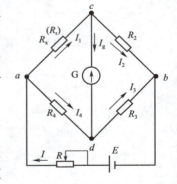

图 1-20 惠斯通电桥

5 基尔霍夫定律

5.1 相关概念

简单电路：能够用串、并联关系和欧姆定律求解的电路。
复杂电路：用串、并联关系和欧姆定律不能求解的电路。

支路:一段包含电路元件(电源、电阻等)的不分支的电路。
节点:三条或三条以上支路的交汇点。
回路:任意的闭合路径。
网孔:不可再分的回路,即最简单的回路。

> **知识链接**
>
> 古斯塔夫·罗伯特·基尔霍夫(1824～1887年),德国物理学家。他提出了稳恒电路网络中电流、电压、电阻关系的两条电路定律,即著名的基尔霍夫电流定律(KCL)和基尔霍夫电压定律(KVL),解决了电器设计中电路方面的难题。被誉为"电路求解大师"。

下面举例来说明复杂电路的概念。

【例1-3】 根据定义判断图1-21所示的复杂电路中有几条支路,几个节点,几个网孔?

解:由支路的定义可知:图1-21中有5条支路,分别为 $A \to R_1 \to E_1 \to D$, $A \to R_3 \to D$, $A \to R_5 \to B$, $B \to R_4 \to C$, $B \to R_2 \to E_2 \to C$。

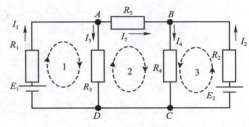

图1-21 复杂电路

由节点的定义可知:图1-21中有3个节点,分别为 A 点,B 点和 C(或 D)点。由于 C 点和 D 点之间没有电路元件,不属于一条支路,所以它们实际上是一个节点。

由网孔的定义可知:图1-21中有3个网孔,分别为 $A \to R_3 \to D \to E_1 \to R_1 \to A$, $A \to R_5 \to B \to R_4 \to C \to D \to R_3 \to A$, $B \to R_2 \to E_2 \to C \to R_4 \to B$。

5.2 基尔霍夫定律

5.2.1 基尔霍夫电流定律

基尔霍夫电流定律指出:在任一时刻,对电路中任意一个节点,流入该节点的电流之和必定等于流出该节点的电流之和。即

$$\sum I_{入} = \sum I_{出} \tag{1-7}$$

例如由基尔霍夫电流定律可得,图1-21中的

节点 A 有

$$I_1 = I_3 + I_5$$

节点 B 有

$$I_2 + I_5 = I_4$$

节点 C(或 D)有

$$I_1 + I_2 = I_3 + I_4$$

5.2.2 基尔霍夫电压定律

基尔霍夫电压定律指出:在任一时刻,对任一回路,沿回路绕行方向上各段电压的代数和为零,即

$$\sum U = 0 \tag{1-8}$$

根据这一定律列出的方程称为回路电压方程式。在列方程时,关键是要正确确定电压的正负。通常先在回路中选择一个绕行方向,然后按此方向绕行时当经过电阻 R 时,若绕行方向与流过该电阻的电流方向一致,则电压 IR 取正号,否则取负号;当经过电动势时,若从正极绕行到负极,电压 E 取正号,否则取负号。

5.3 支路电流法解复杂电路

所谓支路电流法是先假设各支路的电流方向和回路绕行方向,再根据基尔霍夫定律列出方程式进行计算的方法。支路电流法解题步骤如下:

(1)先标出各支路的电流方向和回路绕行方向。

电流方向和回路绕行方向都是可以任意假设的。对于具有两个以上电动势的回路,通常取电动势大的方向为回路绕行方向。

(2)用基尔霍夫电流定律列出节点电流方程。

一个具有 n 条支路、m 个节点($n>m$)的复杂电路,需列出 n 个相互独立的方程式来联立求解。由于 m 个节点只能列出 $(m-1)$ 个独立方程,这样不足的 $n-(m-1)$ 个方程式可由基尔霍夫电压定律列出。

(3)用基尔霍夫电压定律列出回路电压方程。

为保证方程式独立,要求每列一个方程式都至少包含一条新支路。所谓新支路是指已列出的方程式没有使用过的支路。

(4)代入已知数,解联立方程组求出各支路的电流,并根据其正负确定各支路电流的实际方向。

若计算结果是正值时,说明实际方向与假设方向相同;若计算结果是负值时,实际方向与假设方向相反。

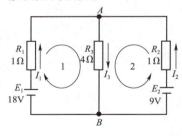

图 1-22 例 1-4 图

【例 1-4】 如图 1-22 所示电路。已知 $E_1=18\text{V}$,$E_2=9\text{V}$,$R_1=R_2=1\Omega$,$R_3=4\Omega$,求通过各支路的电流。

解:(1)假设各支路电流方向和回路绕行方向,如图 1-22 所示。

(2)电路中只有两个节点,所以只能列出一个独立的节点电流方程式。对节点 A 有

$$I_1 + I_2 = I_3$$

(3)电路中有三条支路,需列出三个方程式。现已有一个,另外两个方程由基尔霍夫电压定律列出。对于网孔 1 和网孔 2 分别列出

$$R_1 I_1 + R_3 I_3 - E_1 = 0$$
$$R_2 I_2 + R_3 I_3 - E_2 = 0$$

(4)代入已知数得

$$I_1 + I_2 = I_3$$
$$I_1 + 4I_3 = 18$$
$$I_2 + 4I_3 = 9$$

解联立方程组得

单元一 直流电路基本知识及汽车电路特点

$I_1 = 6A$　　方向与假设相同

$I_2 = -3A$　　方向与假设相反

$I_3 = 3A$　　方向与假设相同

6　电路中电位的计算

6.1　电位及参考点

在进行电路分析时，经常要测量和计算电路中各点的电位值，从而确定电路的工作状态。为了确定电路中各点的电位值，可任意选择电路中的某一点作为参考点，假定其电位为零。此时电路中其他各点的电位都是与参考点进行比较而言的；或者说，电路中某点的电位就是这一点与参考点之间的电压。例如在图 1-23 中，选 C 点为参考点，即 C 点的电位 $V_C = 0$。

$$V_A = V_A - V_C = U_{AC}$$
$$V_B = V_B - V_C = U_{BC}$$

电路中任意两点之间的电位差即为该两点间的电压。所以，知道了各点的电位，便可以求得任意两点间的电压，如图 1-23 中，$U_{AB} = V_A - V_B$。

原则上，参考点可以任意选择，但工程上常选大地为参考点。机壳需要搭铁的设备，就可以把机壳作为参考点，凡是与机壳直接相连接的各点电位均为零。有些电子设备，机壳虽然不搭铁，但许多元件都接到一条公共线上，通常则把这条公共线选做参考点。因此参考点也称为"搭铁"，在电路图中用符号"⊥"表示。在汽车上常以车身为参考点，称为"搭铁"。

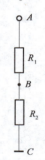

图 1-23　电位与电压

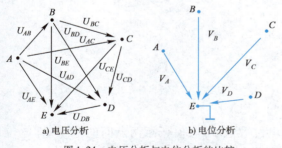

a) 电压分析　　b) 电位分析

图 1-24　电压分析与电位分析的比较

在进行电路分析时，用电位会将烦琐和复杂的问题变得简单明了。例如，一个电路有 5 个不同的点，任何两点间均有电压，如果用电压来分析时，将涉及 10 个电压值（如果考虑反向电压，将有 20 个电压值）；若用电位分析时，可选定任意一点为参考点，并规定其电位为零。然后只需分析其他 4 点的电位即可，如图 1-24 所示。

6.2　电位的计算

要计算电路中某点的电位，只要从这一点通过一定的路径绕到零电位点，该点的电位即等于此路径上全部电压降的代数和。但要注意每一项电压的正负值，如果在绕行过程中从正极到负极，电压便是正的；反之，电压则是负的。电压可以是电源电压，也可以是电阻上的电压。电源电压的正负极是直接给出的，电阻上电压的正负极则是根据电路中电流方向来确定的。

综上所述，计算电路中某点电位的步骤可归纳为：

（1）根据题意选择一个合适的点为零电位点；

(2)确定电路中的电流方向和各元件两端电压的正负极;

(3)从被求点出发通过一定的路径绕到零电位点,则该点的电位即等于此路径上全部电压降的代数和。

【例1-5】 图1-25中,$E=24V$,$R_1=4\Omega$,$R_2=8\Omega$。求分别以d、a为参考点时,各点的电位及U_{ab}。

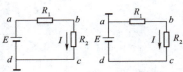

图1-25 例1-5图
a) 以d为参考点　　b) 以a为参考点

解:电路中的电流

$$I = \frac{E}{R_1 + R_2} = \frac{24}{4+8} = 2(A)$$

(1)以d点为参考点[图a)]:

$$V_d = 0$$
$$V_a = U_{ad} = E = 24(V)$$

或

$$V_a = U_{ad} = IR_1 + IR_2 = 2 \times 4 + 2 \times 8 = 24(V)$$
$$V_b = U_{bd} = IR_2 = 2 \times 8 = 16(V)$$
$$V_c = V_d = 0$$
$$U_{ab} = V_a - V_b = 24 - 16 = 8(V)$$

(2)以a点为参考点[图b)]:

$$V_a = 0$$
$$V_b = U_{ba} = -IR_1 = -2 \times 4 = -8(V)$$

或

$$V_b = U_{ba} = IR_2 - E = 2 \times 8 - 24 = -8(V)$$
$$V_c = U_{ca} = -E = -24(V)$$
$$V_d = V_c = -24(V)$$
$$U_{ab} = V_a - V_b = 0 - (-8) = 8(V)$$

可见,选择不同的参考点,电路中同一点的电位数值不同,但任意两点间的电压(即电位差)值是不变的。所以,电路中各点电位的高低是相对的,而两点间的电压值是固定的。

在选定参考点后,某一点电位的计算结果与选择的路径无关,通常选择最简捷的路径。

 **知识扩展**

汽车电路简单识读

1. 汽车电路图的分类

在汽车电气和电子系统中,由许多元件、组件和系统共同起作用,只有在电路图中才能看出元件、组件和系统的共同作用关系,并分析它们的电器连接情况。

元件,如电阻、晶体管、电容器等;

组件,如间隔刮水继电器、危险报警器等;

系统,如点火系、照明系、起动系等。

汽车电路图的结构及分类:

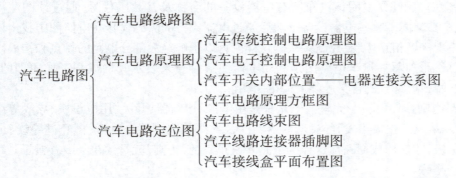

汽车电路原理图是将汽车各电器部件的图形符号,按电路原理,用导线合理地连接起来。它可分为电路线路图、原理图和定位图。

1.1 汽车电路线路图

汽车电路线路图是传统的汽车电路图表达方式,它将汽车电器在车上的实际位置相对应地用外形简图表示在电路图上,再用线条将电路、开关、保险装置等和这些电器一一连接起来。

线路图的特点是:由于电器设备的外形和实际位置都和原车一致,因此,查找线路时,导线中的分支、接点很容易找到,线路的走向和车上实际使用的线束的走向基本一致。其缺点是:线条密集、纵横交错,导致读图和查找、分析故障时,非常不方便。

识读线路图的要点是:对该车所使用的电器设备结构、原理有一定的了解,对其电器设备规范比较清楚;通过识读认清该车所有电器设备的名称、数量以及它们在汽车上的实际安装位置;通过识读认清该车每一种电器设备的接线柱的数量、名称,了解每一接线柱的实际意义。

1.2 汽车电路原理图

汽车电路原理图是通过电器图形符号按工作顺序或功能排列,详细表示汽车电路各元件之间的控制关系和工作原理,不考虑其实际位置的简图。它具有电路清晰、简单明了的特点,便于分析和查找电路故障。它可分为整车电路原理图和局部电路原理图。

1.3 汽车电路定位图

汽车电路定位图用于指示用电器、控制器件(包括传感器、电控单元、开关、继电器等)、连接器、接线盒、熔丝盒、继电器盒等在车上的具体位置,可以帮助我们迅速准确地找到各电器元件在车上的安装位置。它具有直观、立体感强的特点,有很高的实用价值。

1.4 汽车电路线束图

汽车电路线束图表明电路线束与各用电器的连接部位、接线柱的标记、线头、插接器的形状及位置等,是人们在汽车上能够实际接触到的汽车电路图。一般不去详细描绘线束内部的电线走向,只将露在线束外面的线头与插接器详细编号或用字母标记。常用于汽车厂总装线和修理厂的线束连接、检修、配线和更换。

1.5 汽车电路方框图

汽车电路方框图指通过带注释的方框或符号表示汽车电路系统的基本组成、相互关系及主要特征的简图。方框图是为了说明电路工作原理服务的,主要用于汽车电路学习和维修过程中,为方便掌握电路系统而绘制。

2. 汽车电路图的简单识读方法

(1)认真读图注。图注是说明该汽车所有电器设备的名称及其数码代号,通过读图注可以初步了解该汽车都装配了哪些电器设备。然后通过电器设备的数码代号在电路图中找出该电器设备,再进一步找出相互连线、控制关系。这样就可以了解绝大部分电路的特点和构成。

(2)牢记电器图形符号。汽车电路图是利用电器图形符号来表示其构成和工作原理的。因此,必须牢记电器图形符号的含义才能看懂电路图。

(3)牢记回路原则。任何一个完整的电路都是由电源、熔断器、开关、用电设备、导线等组成。电流流向必须从电源正极出发,经过熔断器、开关、导线等到达用电设备;再经过导线(或搭铁)回到电源负极,才能构成回路。这样的电路才是正确的,否则,就是读错了或查错了。

(4)牢记负极搭铁。

(5)注意开关在电路中的作用。

(6)掌握电器装置在电路图中的布置。

实例分析

汽车鼓风机电路故障分析

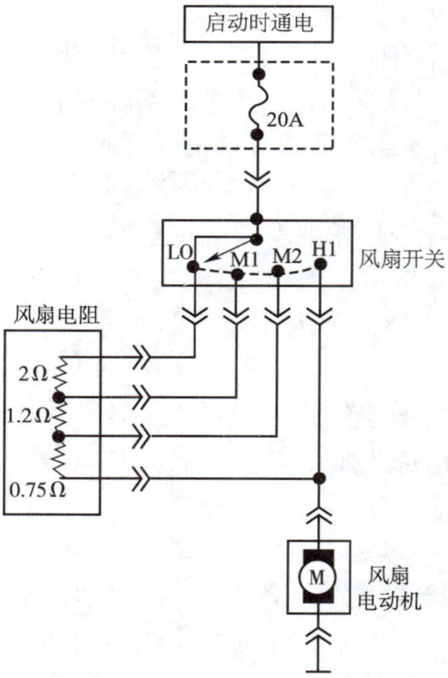

汽车鼓风机电路如图 1-26 所示,风扇电动机在 LO 位置和 M1 位置不能正常工作,但在 M2 位置和 HI 位置可以正常工作。试分析此电路中可能存在的故障点。

分析过程如下:

(1)该电路是典型的利用串联电阻在电路中进行分压调速。

(2)由于风扇电动机在 M2 位置和 HI 位置可以正常工作,说明电动机正常;电动机搭铁正常;M2、HI 到电动机的线路正常,连接器良好,分压电阻正常。

(3)由于风扇电动机在 M2 位置和 HI 位置可以正常工作,说明熔断器及熔断器到风扇开关的连接器正常。

(4)可能故障点有:

①风扇开关中动触点和静触点 LO 不能连接;

②风扇开关中动触点和静触点 M1 不能连接;

③静触点 LO 到 2Ω 电阻之间的导线或连接器断开;

④2Ω 电阻断开;

⑤静触点 M1 到 1.2Ω 电阻之间的导线或连接器

图 1-26 汽车鼓风机调速电路图

⑥1.2Ω 电阻断开；

(5)最有可能是 1.2Ω 电阻断开,可用万用表电阻挡分段检测电阻。

单元小结

1. 电路是电流所经过的路径,一般由电源、用电器、导线和开关等四部分组成。如果不特别指出,连接导线的电阻可忽略不计。

2. 电源是把其他形式的能转换成电能的装置。电源的状态有三种:空载、负载和短路。

3. 汽车电路的特点是双电源、并联制、单线制、负极搭铁。

4. 汽车电路中常见的电器元件有开关、易熔线、熔断器、电路断路器、线束等。

5. 电阻器是汽车常用的元件之一,有固定电阻、电位器和可变电阻三种,在电路中起分压和限流作用。

6. 汽车电路主要采用并联制,但也会在某些电路用串联来进行控制和保护。

7. 基尔霍夫定律是解复杂电路基本定律。它包括节点电流定律和回路电压定律。其内容是:在任一时刻,对电路中任意一个节点,流入该节点的电流之和必定等于流出该节点的电流之和。在任一时刻,对任一回路,沿回路绕行方向上各段电压的代数和为零。

8. 电路中某点的电位是该点到参考点的电压。电位数值与参考点的选择有关,是相对值。而电路中任意两点间的电压就是这两点的电位差,数值与参考点无关,是固定值。

思考练习

一、填空题

1. 电路由_____、_____、_____、_____四部分组成。

2. 电路中_____因所选的参考点不同而变化,但电路两点之间_____是不变的。

3. 电阻在电路中的作用是限制_____的大小或进行_____的分配。

4. 继电器在电路中的作用是用_____控制_____。

二、选择题

1. 某电阻元件的额定数据为"1kΩ、2.5W",正常使用时允许流过的最大电流为(　　)。
   A. 50mA　　　　　　B. 2.5mA　　　　　　C. 250mA

2. 有"220V、100W""220V、25W"白炽灯两盏,串联后接入220V交流电源,其亮度情况是(　　)。
   A. 两只灯泡一样亮　　B. 100W 灯泡最亮　　C. 25W 灯泡最亮

3. 电路如习图 1-1 所示,测得 $U_{AB}=5V$, $U_{BC}=5V$, $V_C=-5V$。试判断此电路的参考点是(　　)。
   A. A 点　　　　　　B. B 点　　　　　　C. C 点

4. 电路如习图 1-2 所示,电流 I、电压 U、电动势 E 三者之间的关系为(　　)。

A. $E = U + IR$ B. $E = U - IR$ C. $E = IR - U$

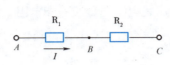

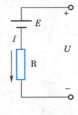

习图 1-1   习图 1-2

三、简答题

1. 简述汽车电路的构成及其特点。
2. 汽车电路的开关有哪些,各有哪些功能?
3. 汽车电路中对导线有哪些要求?
4. 汽车电路要用到哪些继电器?简述其结构特点及检测方法。

四、计算题

1. 一只白炽灯,$P_N = 100W$,$U_N = 220V$,求其 I_N、R 的值。
2. 如图 1-22 所示,已知 $E_1 = 18V$,$E_2 = 15V$,$R_1 = 12\Omega$,$R_2 = 10\Omega$,$R_3 = 15\Omega$,试用不同的方法求流过各支路的电流。

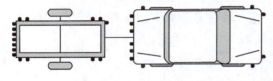

习图 1-3　车辆及拖车照明灯布图局

3. 如习图 1-3 是车辆及拖车照明灯布局,习图 1-4 是车辆及拖车照明灯示意框图。没有挂拖车时,车辆的驻车灯和尾灯工作良好。挂上拖车,则额定电流 10A 的熔断器熔断。已知:

(1)汽车运行电压 14V;

(2)汽车前照灯每个电阻 23.73Ω,标志灯每个电阻 51.85Ω,尾灯每个电阻 23.73Ω;

(3)拖车前照灯每个电阻 23.73Ω,标志灯每个电阻 58.33Ω,尾灯每个电阻 23.73Ω。

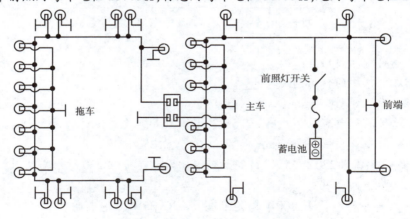

习图 1-4　车辆及拖车照明灯示意框图

请回答下面问题:

(1)汽车及拖车照明灯以什么方式连接?

(2)汽车照明灯总电阻是多少?

(3)汽车照明灯总电流是多少？
(4)10A 的熔断器是否适合汽车电流流量？
(5)拖车照明灯总电流是多少？
(6)汽车挂上拖车后总电流是多少？10A 的熔断器是否适合总电流流量？

4.计算习图 1-5 中开关 S 断开和闭合时 A 点的电位 V_A。

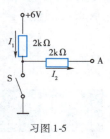

习图 1-5

技能训练

实训一　指针式万用表的使用

一、实训目的

1. 了解万用表的面板结构及测量功能。
2. 学习万用表的使用方法。
3. 学会用伏安法测量电阻。

二、实训器材

1. 直流稳压电源　　　1 台
2. 指针式万用表　　　1 块
3. 电阻　　　　　　　10 只（其中 1kΩ、5W 一只，用于伏安法测量电阻）
4. 导线　　　　　　　若干

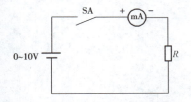

实训图 1-1　用伏安法测量电阻

三、实训电路

实训电路如实训图 1-1 所示。

四、实训步骤

1.用万用表电阻挡测电阻

(1)把万用表转换开关旋至电阻挡位置,并选择适当的倍率挡。万用表常用的倍率挡有 R×1、R×10、R×100、R×1k、R×10k 等。测量前根据被测电阻值的大小,选择适当的倍率挡。

(2)挡位选定后,将两个表笔短接,调节"调零旋钮",使指针指在电阻刻度的零位。

(3)将两个表笔分别与电阻的两个电极引线相接,读取指针读数,则被测电阻的实际值为:读数×倍率。

(4)测量 10 只标称电阻,将结果记于实训表 1-1。

用万用表测量电阻实验数据　　　　　　　　　　　　　　　实训表 1-1

标称值(Ω)										
测量值(Ω)										

2.用万用表直流电压挡测直流电压

(1)把万用表转换开关旋至直流电压挡位置。
(2)根据被测直流电压的大小,选择适当的量程。
(3)测量时将两个表笔的正、负极与被测电压的正、负极相并联,从直流电压表刻度上读取指针示数。

(4)调整直流稳压电源,使其电压值为实训表1-2所示值,用万用表测量对应电压,记于实训表1-2。

用万用表测量直流电压实验数据　　　　　　　　　实训表1-2

稳压电源电压值(V)	2	4	6	8	10	12	14	16	18	20
测量值(V)										

3．用伏安法测量电阻,作伏安特性曲线

(1)按实训图1-1连接电路,电源用直流稳压电源。

(2)把万用表转换开关旋至直流电流挡位置,选择10mA量程。

(3)按实训表1-2的要求调整直流稳压电源电压,测出相应的电流,记入实训表1-3。

(4)由测得的电流值计算电阻,将结果记入实训表1-3。

用伏安法测量电阻实验数据　　　　　　　　　实训表1-3

电压(V)										
电流(mA)										
电阻(Ω)										

4．实验数据

五、问答题

(1)分析用伏安法测电阻时产生误差的原因。

(2)由实训表1-3的电压、电流值,绘制R的伏安特性曲线。

实训二　检查测试汽车电路元件

一、实训目的

1．掌握电路中电压、电流及电阻的测量方法。

2．通过实验熟悉汽车保护器件如熔线、电路断路器和熔断器。

3．通过实验熟悉开关、连接器及继电器。

4．进一步熟悉万用表的使用。

二、实训器材

1．直流稳压电源　　1台

2．指针式万用表　　1块

3．轿车　　1台

三、实训步骤

1．记录汽车型号＿＿＿＿＿＿＿＿＿＿＿＿＿＿＿；

2．找出该车熔断器盒的数量及在车上的位置

熔断器盒＿＿＿＿＿＿＿＿＿＿＿＿＿＿＿＿＿＿＿＿＿＿＿＿＿＿＿＿＿＿＿。

3．写出每个熔断器所保护线路及容量

4. 写出每个继电器的名称

5. 用万用表或试灯检测熔断器的好坏

四、实训报告
根据检测结论填写实训报告。

单元二　正弦交流电路

学习目标

知识目标
1. 简述正弦交流电的相量表示及优点。
2. 正确描述正弦交流电的基本概念和基本关系。

能力目标
1. 会进行单相照明电路的安装和检查。
2. 会分析和计算单相交流电路并且判断电路的性质。

　　大小和方向都随时间作周期性变化的电动势、电压和电流分别称为交变电动势、交变电压和交变电流,三者统称为交流电。交流电分为正弦交流电和非正弦交流电两大类。正弦交流电是随时间按正弦规律变化的,而非正弦交流电却不按正弦规律变化,如图 2-1c)、图 2-1d)所示。图 2-1a)为恒定直流电,图 2-1b)为脉动直流电。本单元只讨论正弦交流电及其电路。

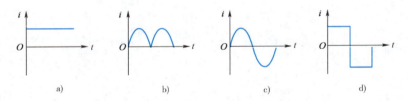

图 2-1　直流电和交流电的波形图

　　正弦交流电和直流电比较主要有三个优点:第一,交流电可用变压器来改变其电压的大小,便于远距离输电和向用户提供各种不同等级的电压;第二,交流电动机比相同功率的直流电动机构造简单、成本低、工作可靠;第三,交流电也可经过整流装置转换为电车、电镀、电子设备等需要的直流电。因此,交流电在生产和生活中得到广泛的应用。

　　在交流电作用下的电路称为交流电路。在交流电路中,我们将讨论三种不同性质的负载元件:电阻元件、电感元件和电容元件。三种元件在电路中的作用完全不同。电阻元件把电能转化为热能消耗掉,其转换过程不可逆转,因此,它是耗能元件。电感元件把从电路中吸收的电能转化成磁场能储存起来;电容元件把从电路中吸收的电能转化成电场能储存起来,但电感元件和电容元件又能在一定的条件下放出能量返送回电路,因此,它们是储能元件。

　　学习交流电,不但要注意它与直流电的共同点,而且要注意两者之间的区别,要加深对交流电特性的理解,千万不要轻易地把直流电路的规律套用到交流电路中去。

1 正弦交流电的三要素

1.1 正弦交流电的周期、频率和角频率

交流电每重复一次变化所需要的时间称为周期,用字母 T 表示,单位是秒,用字母 s 表示。交流电 1s 内重复变化的次数称为频率,用字母 f 表示,单位是赫兹,用字母 Hz 表示。根据周期和频率的定义可知,周期和频率互为倒数,即

$$f = \frac{1}{T} \quad 或 \quad T = \frac{1}{f} \tag{2-1}$$

我国工农业及生活中使用的交流电频率为 50Hz(习惯上称为工频),其周期为 0.02s。

> **知识链接**
> 电网频率:我国为 50Hz,美国、日本为 60Hz
> 高频炉频率:200~300kHz
> 中频炉频率:500~8000Hz
> 无线通信频率:30kHz~30GMHz

所谓角频率(即电角速度)是指交流电在 1s 内变化的电角度,用字母 ω 表示,单位是弧度/秒(rad/s)。如果交流电在 1s 内变化了 1 次,则电角度正好变化了 2π 弧度,也就是说该交流电的角频率 $\omega = 2\pi$(rad/s)。若交流电 1s 内变化了 f 次,则可得角频率与频率的关系式为

$$\omega = \frac{2\pi}{T} = 2\pi f \tag{2-2}$$

周期、频率和角频率都是表示正弦交流电变化快慢的物理量。三个物理量中只要知道其中的一个,就可通过式(2-1)或式(2-2)求出另外两个。通常把角频率(或频率、或周期)称为正弦交流电的三要素之一。

1.2 正弦交流电的瞬时值、最大值和有效值

正弦交流电随时间按正弦规律变化,我们把正弦交流电在任意时刻的数值称为瞬时值。正弦电动势、电压、电流的瞬时值分别用字母 e、u、i 表示。瞬时值有正、有负,也可能为零。正弦交流电压的瞬时值表达式为

$$u = U_m \sin(\omega t + \varphi) \tag{2-3}$$

最大的瞬时值称为最大值(或峰值、振幅)。正弦交流电动势、电压和电流的最大值分别用 E_m、U_m 和 I_m 来表示。虽然最大值有正、有负,但习惯上都以绝对值表示。最大值是正弦交流电的三要素之一。

交流电是在不断变化的,瞬时值和最大值均不能反映交流电实际做功的效果。因此,在电工技术中,常用有效值来衡量做功能力的大小。如图 2-2 所示,让交流电和直流电分别通过阻值完全相同的电阻,如果在相同的时间内这两种电流产生的热量相等,就把此直流电的数值称

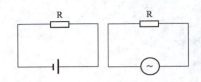

图 2-2 正弦交流电的有效值

为该交流电的有效值。换句话说，把热效应相等的直流电流（或电压、电动势）定义为交流电流（或电压、电动势）的有效值。交流电流、电压和电动势有效值的符号分别是 I、U 和 E。

可以证明，正弦交流电的有效值和最大值之间有以下关系

$$I = \frac{I_m}{\sqrt{2}} \approx 0.707 I_m$$

$$U = \frac{U_m}{\sqrt{2}} \approx 0.707 U_m \tag{2-4}$$

$$E = \frac{E_m}{\sqrt{2}} \approx 0.707 E_m$$

特别应指出的是，今后若无特殊说明，交流电的大小总是指有效值。各种交流电气设备上所标注的额定电压和额定电流的数值也都是有效值。通常照明电路的电压是 220V，指的是电压有效值为 220V，电压最大值 $U_m = \sqrt{2} \times 220V \approx 311V$。

【例 2-1】 已知某正弦交流电动势为 $e = 311\sin 314t \, V$，试求该电动势的最大值、角频率、频率和周期各为多少？

解：将式 $e = 311\sin 314t \, V$ 与公式 $e = E_m \sin \omega t \, V$ 比较可得

$$E_m = 311V$$

$$\omega = 314 \, rad/s$$

$$f = \frac{\omega}{2\pi} = \frac{314}{2 \times 3.14} = 50(Hz)$$

$$T = \frac{1}{f} = 0.02(s)$$

1.3 正弦交流电的相位、初相位和相位差

正弦量的变化进程常常用随时间变化的电角度（即相位）来反映。电压瞬时值表达式中的 $(\omega t + \varphi)$ 就是反映正弦交流电压在变化过程中任意时刻所对应的电角度，它随着时间而变化。通常把它称为相位角，也叫相位或相角。

$t = 0$ 时的相位角 φ，称为初相角，也叫初相位或初相。初相反映了正弦交流电计时起点的状态。在正弦量的解析式中，通常规定初相不得超过 ±180°。在此规定下，初相为正角时，正弦量对应的初始数值一定为正值；初相为负角时，正弦量对应的初始数值一定为负值。在波形图上表示初相角时，横坐标常以弧度（rad）或度（°）为单位，取曲线由负值变为正值的零点（取离坐标原点最近的零点）与坐标原点间的角度为初相角，在坐标原点左侧的初相角为正值，在右侧的为负值。如图 2-3 中的 φ_1 为正，φ_2 为负。初相角是正弦交流电的要素之三。

为了比较两个同频率正弦交流电在变化过程中的相位关系和先后顺序，我们引入相位差的概念。所谓相位差，就是两个同频率正弦交流电的相位之差，用字母 $\Delta\varphi$ 表示。设 i_1 的相位为 $(\omega t + \varphi_1)$，i_2 的相位为 $(\omega t + \varphi_2)$，则两者的相位差为

$$\Delta\varphi = (\omega t + \varphi_1) - (\omega t + \varphi_2) = \varphi_1 - \varphi_2 \qquad (2-5)$$

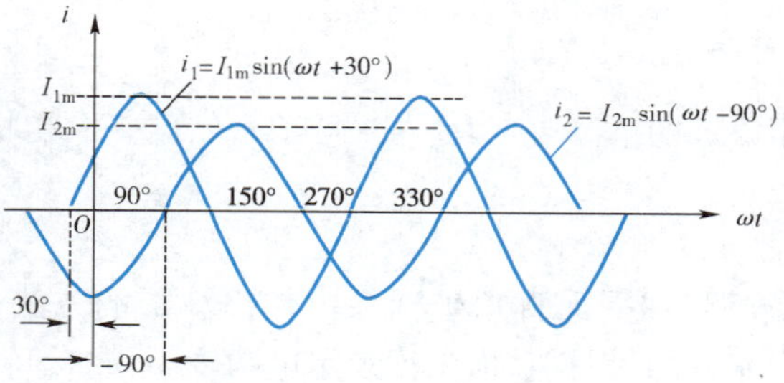

图 2-3 同频率正弦量的相位及其关系

上式表明,同频率正弦交流电的相位差,实质上就是它们的初相角之差,与时间无关。如果 $\Delta\varphi > 0$,如图 2-3 所示,i_1 比 i_2 先达到最大值,称 i_1 超前 i_2,或 i_2 滞后 i_1;若 $\Delta\varphi = 0$,即两者的初相角相等,称它们同相,如图 2-4a)所示;若 $\Delta\varphi = 180°$,即它们的初相相差 180°,则称它们的相位相反,简称反相,如图 2-4b)所示。

由式 $e = E_m \sin(\omega t + \varphi)$ 可以看出,当正弦交流电的最大值、角频率(或频率、周期)和初相角这三个量确定时,正弦交流电才能确定,也就是说这三个量是描述正弦交流电必不可少的要素,所以称它们为正弦交流电的三要素。

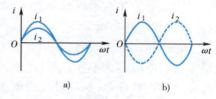

图 2-4 交流电的同相和反相

【例 2-2】 已知某正弦交流电动势为 $e = 14.1\sin\left(800\pi t + \dfrac{3\pi}{2}\right)$ V,求该正弦交流电的三要素各是多少?

解:将式 $e = 14.1\sin\left(800\pi t + \dfrac{3\pi}{2}\right)$ V 与公式 $e = E_m \sin(\omega t + \varphi)$ 比较可得

$$E_m = 14.1\,\text{V}$$

$$\omega = 800\pi\,\text{rad/s}$$

$$f = \frac{\omega}{2\pi} = 400\,(\text{Hz})$$

$$T = \frac{1}{f} = 2.5\,(\text{ms})$$

$$\varphi = \frac{3\pi}{2} - 2\pi = -\frac{\pi}{2}$$

2 正弦交流电的表示法

2.1 解析表示法

用三角函数式表示正弦交流电随时间变化的方法叫解析法。根据前面所学,正弦交流电动势、电压和电流的解析式为

$$e = E_m \sin(\omega t + \varphi_e)$$
$$u = U_m \sin(\omega t + \varphi_u)$$
$$i = I_m \sin(\omega t + \varphi_i)$$

一般而言，ωt 和初相角 φ 的单位均应为弧度，但有时为了方便，初相角的单位也可以用度。

2.2 波形表示法

根据解析式的计算数据，在平面直角坐标系中作出波形的方法叫波形法，如图 2-5b)所示。图中，纵坐标表示交流电的瞬时值，横坐标表示电角度 ωt 或时间 t。我们把这种曲线叫做正弦交流电的曲线图或波形图。

2.3 相量表示法

为了形象化表示正弦交流电，使正弦交流电的计算更加简便，常采用旋转相量法。

2.3.1 旋转相量法

在描绘正弦曲线时，数学上常用这样的方法，如图 2-5a)所示。取一段长度等于正弦函数最大值的线段作为半径，令其绕坐标原点逆时针旋转，它在各个不同角度时的纵轴投影即为各对应角的正弦函数，由此可描绘出正弦函数的曲线。同样对于一个正弦电流，也可以用一个这样的方法来表示。所谓旋转相量法，就是用一个在直角坐标系中绕原点作逆时针方向不断旋转的相量来表示正弦交流电的方法。

2.3.2 最大值相量

(1) 旋转相量的长度代表正弦交流电的最大值。最大值相量任意瞬间在纵轴上的投影，就是该瞬间正弦交流电的瞬时值。最大值相量常用 $\dot{U}_m$、$\dot{I}_m$ 和 $\dot{E}_m$ 来表示。

(2) 旋转相量沿逆时针方向旋转的角速度等于正弦交流电的角频率。

(3) 旋转相量起始时与 x 轴正方向的夹角代表正弦交流电的初相角。若旋转相量起始时与 x 轴的正方向同向，则正弦交流电的初相为零。

在图 2-5a)中，若旋转相量的长度为 E_m，逆时针方向旋转的角速度为 ω，起始时与横轴正方向的夹角为 φ，则 t 时刻旋转相量在纵坐标上的投影为 $y = e = E_m \sin(\omega t + \varphi)$，即正弦交流电在 t 时刻的瞬时值。由于旋转相量在坐标系中的位置与时间有关，在图 2-5a)中，相量的起始位置用实线表示，经过时间 t 后它已转到虚线位置。所以旋转相量是时间 t 的函数，通常把它称为时间相量。

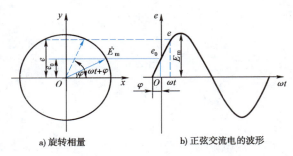

a) 旋转相量　　　　　　b) 正弦交流电的波形

图 2-5　正弦交流电的相量表示法

虽然正弦交流电本身不是相量,但它是时间的函数,又因为旋转相量的三个特征(长度、转速、与横坐标的夹角)可以分别表示正弦交流电的三要素(最大值、角频率、初相角),所以可以借助旋转相量按一定的法则来表示正弦交流电。使用旋转相量法后,就可运用平行四边形法则进行正弦交流电的加减运算,而且表示更为直观。

用旋转相量法计算正弦量,必须注意以下几点:

(1)旋转相量法只适用于同频率的正弦交流电的加减。

(2)合成正弦量的瞬时值就等于各正弦量瞬时值的代数和;合成正弦量的最大值应等于各正弦量最大值的相量和,而不等于各正弦量最大值的代数和。因为最大值往往不是在同一时刻出现的。

(3)旋转相量法中的各旋转相量都是以相同的角速度 ω 作逆时针旋转,在旋转过程中各相量间的夹角保持不变,所以只需画出起始时各相量的位置就可以进行计算。

2.3.3 有效值相量

在实际中,交流电各量的表示一般常用有效值,因此往往采用有效值相量图来计算同频率正弦量的加减。有效值相量图简称相量图,它具有以下几个特点:

(1)相量的长度表示正弦交流电的有效值。

(2)相量与水平方向的夹角仍表示正弦交流电的初相角,沿逆时针转动的角度为正,反之为负。

(3)在仅仅为了表示几个正弦交流电的相位关系时,既可以选横轴的正方向为参考方向,也可任意选一个相量作参考相量,并取消直角坐标轴。

(4)有效值相量用 $\dot{U}$、$\dot{I}$ 和 $\dot{E}$ 来表示。

根据有效值相量图,用平行四边形法则,求得合成相量的大小和初相位后,就不难列出对应的正弦交流电的瞬时值表达式,也不难作出波形图。

> **知识链接**
>
> 注意:只有正弦量才能用相量表示,只有频率相同的正弦量才能画在同一相量图上,可以用平行四边形法则进行"和"与"差"的计算。两个同频率正弦交流电的"和"与"差"频率不变。不同频率的正弦量不能画在一个相量图上进行比较、计算。

值得注意的是,有效值相量在纵轴上的投影并不等于正弦交流电的瞬时值。这一点与最大值相量图是不一样的。

【例 2-3】 已知 $u_1 = 3\sqrt{2}\sin 100\pi t$ V,$u_2 = 4\sqrt{2}\sin(100\pi t + \pi/2)$ V,求 $u = u_1 + u_2$ 的瞬时值表达式。

解:画出 $\dot{U}_1$、$\dot{U}_2$ 相量(图2-6)

从相量图上看

$$U = \sqrt{U_1^2 + U_2^2} = \sqrt{3^2 + 4^2} = 5 \text{ (V)}$$

$$\varphi = \arctan\frac{4}{3} \approx 53.1°$$

于是可得电压 $u = u_1 + u_2$ 的三要素为

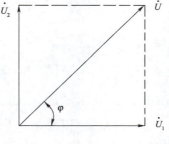

图 2-6 例 2-3 图

$$U_m = 5\sqrt{2}\text{V}$$
$$\omega = 100\pi\,\text{rad/s}$$
$$\varphi = 53.1°$$

所以
$$u = 5\sqrt{2}\sin(100\pi t + 53.1)(\text{V})$$

由此可知,采用相量法表示正弦量比前述波形图法和三角函数求和法两种方法简单、方便。

3 单一参数的正弦交流电路

3.1 纯电阻电路

我们把负载中只有电阻的交流电路称为纯电阻电路。由白炽灯、电烙铁、电阻炉或电阻器组成的交流电路都可近似看成纯电阻电路。在交流电路中接入纯电阻元件,就构成纯电阻电路,如图2-7a)所示。

3.1.1 电流与电压的关系

设加在电阻两端的电压为
$$u_R = U_{Rm}\sin\omega t \tag{2-6}$$

实验证明,在任意瞬间,电阻上的电压和电流之间符合欧姆定律,即
$$i = \frac{u_R}{R} = \frac{U_{Rm}}{R}\sin\omega t \tag{2-7}$$

对比正弦交流电流的通式 $i = I_m\sin\omega t$ 得
$$I_m = \frac{U_{Rm}}{R} \quad 或 \quad I = \frac{U_R}{R} \tag{2-8}$$

上述各式表明:电流与电压的频率相同,相位相同,数值之间仍符合欧姆定律。电阻上的电压、电流的相量图见图2-7b)。

3.1.2 电阻的功率

由于电阻两端的电压和电阻中流过的电流都在不断变化,所以电阻消耗的功率也在不断变化。功率的瞬时值可用下式求出
$$p_\text{瞬} = u_R i$$

> **知识链接**
> 电路的瞬时功率为正值表示该时刻元件吸收能量;瞬时功率为负值表示该时刻元件放出能量。

根据上式,将电压和电流同一时刻的数值逐点相乘,即可画出瞬时功率的变化曲线。由于在前半周内电压和电流都是正值,则功率都是正值;在后半周内虽然电压和电流都是负值,但二者的乘积仍为正值,所以瞬时功率曲线都为正值(除电压和电流都为零的瞬间外)。另外,

从能量的观点来看,不论电流的方向如何,电阻总要消耗能量,所以电阻上的功率只能是正值。电阻上的电压、电流及功率变化曲线如图 2-7c)所示。

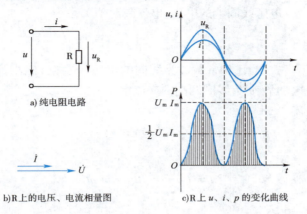

图 2-7 纯电阻电路电压、电流和功率

由于瞬时功率的测量和计算都不方便,交流电的功率规定为一个周期内瞬时功率的平均值,即平均功率。又因为电阻消耗电能说明电流做了功,从做功的角度而论,又把平均功率叫做有功功率,简称功率,以 P 表示,单位仍是瓦(W)。经数学证明,有功功率等于最大瞬时功率的一半,即

$$P = \frac{1}{2}U_{Rm}I_m = U_R I = I^2 R = \frac{U_R^2}{R} \tag{2-9}$$

式中:P——有功功率(W);
$\quad U_R$——电阻两端交流电压的有效值(V);
$\quad\quad I$——电阻上交流电流的有效值(A)。

【例 2-4】 已知某白炽灯工作时的电阻为 484Ω,其两端加有电压为 $u = 311\sin 314t$ V,试求:(1)电流有效值,并写出电流瞬时值的解析式;(2)白炽灯的有功功率。

解:(1)由 $u = 311\sin 314t$ V 可知,交流电压的有效值

$$U = \frac{U_m}{\sqrt{2}} = \frac{311}{\sqrt{2}} = 220(\text{V})$$

则电流的有效值为

$$I = \frac{U}{R} = \frac{220}{484} \approx 0.45(\text{A})$$

又因为白炽灯可视为纯电阻,电压与电流同相,所以电流瞬时值的解析式为

$$i = 0.45\sqrt{2}\sin 314t(\text{A})$$

(2)白炽灯的有功功率

$$P = \frac{U^2}{R} = \frac{220^2}{484} = 100(\text{W})$$

3.2 纯电感电路

电阻为零的线圈称为纯电感线圈,如果把它接到交流电源上,则构成纯电感电路,如

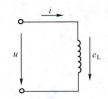

图 2-8 纯电感电路

图 2-8 所示。

3.2.1 电压与电流的关系

电感线圈上的电压、电流瞬时值关系为

$$u = -e_L = L\frac{di}{dt} \tag{2-10}$$

式中,比例常数 L 为线圈的电感(或称自感系数),单位为亨利(H)。e_L 为线圈产生的感应电动势,u 为线圈两端的交流电压。

假定电路中的电流

$$i = I_m \sin\omega t$$

则

$$\begin{aligned} u &= L\frac{di}{dt} = LI_m\omega\cos\omega t \\ &= I_m\omega L\sin\left(\omega t + \frac{\pi}{2}\right) \\ &= U_m\sin\left(\omega t + \frac{\pi}{2}\right) \end{aligned} \tag{2-11}$$

由式(2-10)、(2-11)和图 2-9 可得以下三点结论:

(1)纯电感元件上的电压与电流同频率。

(2)纯电感元件上电压与电流的数值关系。

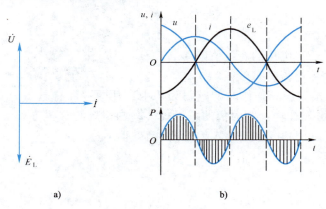

图 2-9 纯电感电路的电压、电流和功率

$$U_m = I_m\omega L$$

$$I_m = \frac{U_m}{\omega L} = \frac{U_m}{X_L} \quad \text{或} \quad I = \frac{U}{X_L} \tag{2-12}$$

式中,$X_L = \omega L = 2\pi f L$ 为感抗,它表示了电感对电流的阻碍作用。对比纯电阻电路的欧姆定律可知,X_L 相当于电阻 R。

值得注意的是,虽然感抗与电阻相当,但感抗只在交流电路才有意义,而且不能代表电压与电流瞬时值的比值。

(3)电压超前电流 π/2(或 90°),即电压超前,电流滞后。

图2-9b)画出了纯电感电路中电压、电流的波形图。在图中,电压超前电流90°。

3.2.2 电感的功率

在纯电感电路中,电压瞬时值和电流瞬时值的乘积,称为瞬时功率。即

$$P_L = ui = U_m\sin\left(\omega t + \frac{\pi}{2}\right)I_m\sin\omega t$$
$$= U_m I_m \cos\omega t \sin\omega t$$
$$= \frac{1}{2}U_m I_m \sin2\omega t \qquad (2\text{-}13)$$
$$= UI\sin2\omega t$$

由于纯电感瞬时功率的频率是电压和电流频率的两倍,则在交流电的第一及第三个1/4周期内,P_L为正值,这表示电感吸收电源的能量并以磁场能的形式储存在线圈中;在第二及第四个1/4周期内,P_L为负值,这表示电感把储存的能量送回电源,如图2-9b)所示。不同的电感与电源交换能量的规模是不同的,但经数学计算或从图中波形分析均可得到瞬时功率在一个周期内的平均值为零,则纯电感电路中的平均功率为零。即

$$P = 0 \qquad (2\text{-}14)$$

在供电系统中,只要接有电感负载,就要出现电能与磁场能的相互转换,能量在电源与负载之间往返传输。为了计量这一部分往返传输的功率,我们取交换功率的最大值为计量数据,并把它叫做电路的无功功率。为了区分,无功功率用Q_L表示,以乏(var)为单位,数学式为

$$Q_L = UI = I^2 X_L = \frac{U^2}{X_L} \qquad (2\text{-}15)$$

必须指出,"无功"的含义是"交换"而不是"消耗",它是相对于"有功"而言的,绝不能理解为"无用"。事实上无功功率在生产实践中占有很重要的地位。具有电感性质的变压器、电动机等设备都是靠电磁转换工作的。

【例2-5】 如图2-10b)所示,设有一个电阻可以忽略的线圈接在电压$u = 220\sqrt{2}\sin(314t + 30°)$V的交流电源上,线圈的电感量$L = 0.7$H。试求:(1)流过线圈电流的瞬时值表达式;(2)电路的无功功率;(3)作电压和电流的相量图。

解:(1)因线圈感抗

$$X_L = \omega L = 314 \times 0.7 \approx 220(\Omega)$$

电压的有效值

$$U = \frac{U_m}{\sqrt{2}} = \frac{220\sqrt{2}}{\sqrt{2}} = 220(\text{V})$$

则电流的有效值

$$I = \frac{U}{X_L} = \frac{220}{220} = 1(\text{A})$$

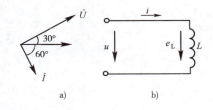

图2-10 例2-5图

又因为电流滞后电压90°,而电压的初相为30°,则电流的初相为

$$\varphi_i = \varphi_u - 90° = 30° - 90° = -60°$$

所以流过线圈电流的瞬时值表达式为

$$i = \sqrt{2}\sin(314t - 60°)(\text{A})$$

(2)电路的无功功率为

$$Q_L = UI = 220 \times 1 = 220(\text{var})$$

(3)电压和电流的相量图如图2-10a)所示。

3.3 纯电容电路

由介质损耗很小、绝缘电阻很大的电容器组成的交流电路,都可以近似看成是纯电容电路,如图2-11a)所示。

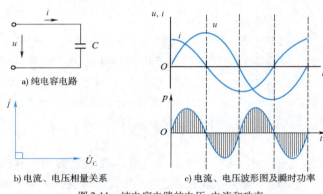

a) 纯电容电路

b) 电流、电压相量关系

c) 电流、电压波形图及瞬时功率

图 2-11 纯电容电路的电压、电流和功率

3.3.1 电压与电流的关系

纯电容电路中的电流,是由于电压的瞬时值不断变化引起电容器极板上电荷量变化而产生的,所以,电流的瞬时值等于电荷量的变化率,即

$$i = \frac{dq}{dt} = \frac{dCu}{dt} = C\frac{du}{dt} \tag{2-16}$$

这就是纯电容交流电路中电压、电流瞬时值的基本关系式。式中 C 代表电容器的电容量,单位是法拉(F)。

设电源电压为正弦交流电压,且初相为零,即

$$u = U_m \sin\omega t$$

$$i = C\frac{du}{dt} = CU_m\omega\cos\omega t$$

$$= U_m\omega C\sin\left(\omega t + \frac{\pi}{2}\right) \tag{2-17}$$

$$= I_m\sin\left(\omega t + \frac{\pi}{2}\right)$$

由此可得以下结论:

(1)纯电容元件上的电压与电流同频率。

(2)纯电容元件上电压与电流的数值关系。

$$I_m = U_m\omega C$$

$$I_m = \frac{U_m}{\frac{1}{\omega C}} = \frac{U_m}{X_C} \quad 或 \quad I = \frac{U}{X_C} \tag{2-18}$$

式中，$X_C = 1/\omega C = 1/2\pi fC$ 称为容抗，它表示了电容对电流的阻碍作用。对比纯电阻电路的欧姆定律可知，X_C 相当于电阻 R。

值得注意的是，虽然容抗与电阻相当，但容抗只有在交流电路才有意义，而且不能代表电压与电流瞬时值的比值。

(3)电压滞后电流 $\pi/2$(或 90°)，即电流超前，电压滞后。

图 2-11a)画出了纯电容电路中电压、电流的波形图和相量图。

3.3.2 电容的功率

在纯电容电路中，电压瞬时值和电流瞬时值的乘积，称为电容器的瞬时功率。即

$$\begin{aligned}P_C &= ui = U_m\sin\omega t I_m\sin\left(\omega t + \frac{\pi}{2}\right)\\ &= U_m I_m\sin\omega t\cos\omega t\\ &= \frac{1}{2}U_m I_m\sin2\omega t\\ &= UI\sin2\omega t\end{aligned} \quad (2\text{-}19)$$

由于纯电容瞬时功率的频率是电压和电流频率的两倍，则在交流电的第一及第三个 1/4 周期内，P_C 为正值，这表示电容吸收电源的能量并以电场能的形式储存在电容器中；在第二及第四个 1/4 周期内，P_C 为负值，这表示电容把储存的能量送回电源，如图 2-11b)所示。不同的电容与电源交换能量的规模是不同的，但经数学计算或从图中波形分析均可得到瞬时功率在一个周期内的平均值为零，则纯电容电路中的平均功率为零。即

$$P = 0 \quad (2\text{-}20)$$

在供电系统中，只要接有电容负载，电容器与电源之间就会进行能量交换。为了计量这一部分能量，我们取交换功率的最大值为计量数据，叫做电路的无功功率，用 Q_C 表示，以乏(var)为单位，数学式为

$$Q_C = UI = I^2 X_C = \frac{U^2}{X_C} \quad (2\text{-}21)$$

【例 2-6】 如图 2-12 所示，已知某纯电容电路两端的电压 $u = 220\sqrt{2}\sin(314t + 30°)$ V，电容器的电容量 $C = 31.9\mu F$。求(1)电容上电流的瞬时值表达式；(2)电路的无功功率；(3)作电压和电流的相量图。

解：(1)因容抗

$$X_C = \frac{1}{\omega C} = \frac{1}{314 \times 31.9 \times 10^{-6}} \approx 100(\Omega)$$

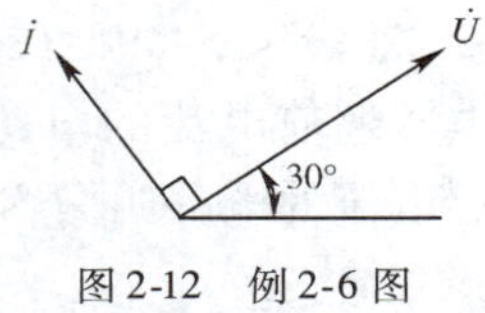

电压的有效值

图 2-12 例 2-6 图

$$U = \frac{U_m}{\sqrt{2}} = \frac{220\sqrt{2}}{\sqrt{2}} = 220(V)$$

则电流的有效值

$$I = \frac{U}{X_C} = \frac{220}{100} = 2.2(A)$$

又因为电流超前电压 90°，而电压的初相为 30°，则电流的初相为

$$\varphi_i = \varphi_u + 90° = 30° + 90° = 120°$$

所以流过电容的电流瞬时值表达式为

$$i = 2.2\sqrt{2}\sin(314t + 120°)(A)$$

(2) 电路的无功功率为

$$Q_C = UI = 220 \times 2.2 = 484(\text{var})$$

(3) 电压和电流的相量图如图 2-12 所示。

4　电阻、电感、电容器的串联电路

在含有线圈的交流电路中，当线圈的电阻不能被忽略时，就构成了 RL 串联交流电路；当线圈与电容器串联时，就构成了 RLC 串联交流电路。RLC 串联电路如图 2-13 所示。

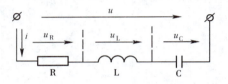

图 2-13　RLC 串联电路

4.1　电流与电压的频率关系

由于纯电阻电路、纯电感电路、纯电容电路的电流与电压的频率相同，所以 RLC 串联电路中电流与电压的频率也相同。

4.2　电流与电压的相位关系

由于纯电阻电路的电流与电压同相，纯电感电路的电压超前电流 90°，纯电容电路的电压滞后电流 90°，又因为串联电路中电流处处相等，所以 RLC 串联电路两端的电压不与电流同相，各电压的相位也不相同。为了求得电路各量间的数量关系，较为简便的办法是先画出电路电压和电流以及各电压间的相量图。

图 2-14 是以总电流为参考正弦量作出的相量图。图中 $\dot{U}_R$、$\dot{U}_L$ 和 $\dot{U}_C$ 分别表示电阻、电感和电容两端交流电压的有效值相量，$\dot{U}$ 表示总电压相量。由图可知，总电压 $\dot{U}$ 超前（或滞后）电流 $\dot{I}$ 某一角度，且 $0° < \varphi < 90°$（或 $-90° < \varphi < 0°$）。通常把总电压超前电流的电路叫做感性电路，把总电压滞后电流的电路叫做容性电路。

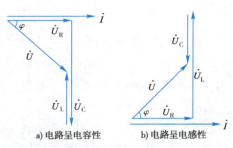

a) 电路呈电容性　　b) 电路呈电感性

图 2-14　RLC 串联电路的电流、电压相量图

4.3　电流与电压的数量关系

对于电阻、电感和电容元件来说，它们两端的电压和电流以及电阻（或感抗、容抗）之间的关系仍满足欧姆定律。

要求总电压和电流之间的数量关系，首先要讨论电流和各分电压之间的数量关系。由于各分电压间存在相位差，所以总电压不等于各分电压的代数和，而应是各个分电压的相量和。即 $\dot{U} = \dot{U}_R + \dot{U}_L + \dot{U}_C$。

从相量图看出,总电压和分电压的数量关系为

$$U = \sqrt{U_R^2 + (U_L - U_C)^2} \tag{2-22}$$

又因

$$U_R = IR \quad U_L = IX_L \quad U_C = IX_C$$

则

$$U = \sqrt{U_R^2 + (U_L - U_C)^2} = I\sqrt{R^2 + (X_L - X_C)^2}$$

令

$$U_X = U_L - U_C \quad X = X_L - X_C \quad |Z| = \sqrt{R^2 + X^2} \tag{2-23}$$

可得常见的欧姆定律形式

$$I = \frac{U}{|Z|} \tag{2-24}$$

式中,$|Z|$ 表示 RLC 串联电路对交流电流的阻碍作用,称为 RLC 串联电路的阻抗,单位为欧姆(Ω);X 称为电抗,单位为欧姆(Ω)。

电流与电压之间的相位差可由下式求得

$$\varphi = \arctan\frac{U_X}{U_R} = \arctan\frac{X}{R} \tag{2-25}$$

当 $X = X_L - X_C > 0$ 时,$\varphi > 0$,电路的电流滞后于总电压 φ 角,这时电路呈电感性;当 $X = X_L - X_C < 0$ 时,$\varphi < 0$,电路的电流超前于总电压 φ 角,这时电路呈电容性。

当 $X = X_L - X_C = 0$ 时,$\varphi = 0$,电路的电流与总电压同相位,这时电路呈电阻性,且串联电路中的电流有效值为最大。这种现象称为串联谐振,此时 $U = U_R$。当 $X_L = X_C \gg R$ 时,则 $U_L = U_C \gg U$,即出现了电路中部分电压远大于电源电压的现象。故串联谐振又称为电压谐振。电感或电容上产生过电压,将危及设备和人身安全,对此要有充分的认识和注意。

串联电路的谐振条件为

$$X_L = X_C \tag{2-26}$$

串联电路谐振频率为

$$f_0 = \frac{1}{2\pi\sqrt{LC}} \tag{2-27}$$

4.4 功率

电路两端的电压与电流的有效值的乘积,称为视在功率,以 S 表示,单位为伏安(V·A),其数学式为

$$S = UI \tag{2-28}$$

视在功率表示了电源提供的总功率,反映了交流电源容量的大小。

电路的有功功率、无功功率分别为

$$P = U_R I = UI\cos\varphi = S\cos\varphi \tag{2-29}$$

$$Q = (U_L - U_C)I = Q_L - Q_C = UI\sin\varphi = S\sin\varphi \tag{2-30}$$

则三个功率之间有以下关系

$$S = \sqrt{P^2 + Q^2} \tag{2-31}$$

由此可见,电源提供的功率不能被负载完全吸收,只是有功功率被负载吸收,而无功功率是负载和电源进行能量交换的功率。所以电源提供给负载的功率为视在功率 S,而真正被利用的功率为有功功率 P,这样就存在一个功率利用率的问题。为了反映这种利用率,引入功率因数 λ 的概念。

$$\lambda = \cos\varphi = \frac{P}{S} \tag{2-32}$$

上式表明,当电源提供的视在功率一定时,功率因数越大,说明用电器的有功功率越大,电源的功率利用率就越高。这也是供电部门所期望的。但工厂中的用电器(如交流电动机、电焊机等)多数是感性负载,功率因数往往较低。为了提高功率因数,采取了一些相应的措施,这一内容将在以后介绍。

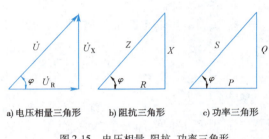

a) 电压相量三角形　　b) 阻抗三角形　　c) 功率三角形

图 2-15　电压相量、阻抗、功率三角形

从图 2-15a) 可以看出,电压相量 $\dot{U}_R$、$\dot{U}_X$ ($\dot{U}_X = \dot{U}_L + \dot{U}_C$) 和 $\dot{U}$ 组成一个直角三角形。若把这个三角形各边除以电流 I,就可以得到表示电阻、感抗、容抗和阻抗之间数量关系的阻抗三角形,如图 2-15b) 所示。若把电压三角形的各边乘以电流 I,又得到表示有功功率、无功功率和视在功率的功率三角形,如图 2-15c) 所示。很显然,这三个三角形相似。熟练掌握这一关系,将为分析、计算交流电路带来极大的方便。在三个三角形中,只有电压三角形是相量三角形,其他两个三角形都不能用相量表示,只是数量关系。同时,当电路参数 R、L、C 和 f 一定时,阻抗三角形的形状就一定,与电源电压无关。

【例 2-7】 将电感为 25.5mH、电阻为 6Ω 的线圈接到电压有效值 $U = 220$V,角频率 $\omega = 314$rad/s 的电源上。求:(1)线圈的阻抗;(2)电路中的电流;(3)电路中的 P、Q 和 S;(4)电路的功率因数;(5)以电流为参考量作电压三角形。

解:(1)线圈的阻抗
因
$$X_L = \omega L = 314 \times 25.5 \times 10^{-3} \approx 8(\Omega)$$
则
$$|Z| = \sqrt{R^2 + X_L^2} = \sqrt{6^2 + 8^2} = 10(\Omega)$$

(2)电路中的电流
$$I = \frac{U}{|Z|} = \frac{220}{10} = 22(A)$$

(3)电路中的功率
$$P = I^2 R = 22^2 \times 6 = 2\,904(W)$$
$$Q = I^2 X_L = 22^2 \times 8 = 3\,872(\text{var})$$
$$S = UI = 220 \times 22 = 4\,840(V \cdot A)$$

(4)电路的功率因素

$$\lambda = \cos\varphi = \frac{P}{S} = \frac{R}{|Z|} = \frac{6}{10} = 0.6$$

(5)电压三角形各边的边长

$$U_R = IR = 22 \times 6 = 132(V)$$
$$U_L = IX_L = 22 \times 8 = 176(V)$$
$$\varphi = \arccos 0.6 \approx 53°8'$$

由于是感性负载,因此电压超前电流,电压三角形如图 2-16 所示。

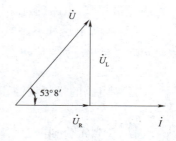

图 2-16 例 2-7 的电压三角形

 知识扩展

RLC 串联电路谐振的研究

1. RLC 串联电路的谐振频率

RLC 串联电路的阻抗是电源角频率 ω 的函数,即 $Z = \sqrt{R^2 + (\omega L - 1/\omega C)^2}$。当 $\omega L = 1/\omega C$ 时,电路处于串联谐振状态,谐振角频率为 $\omega_0 = 1/\sqrt{LC}$,谐振频率为 $f_0 = 1/2\pi\sqrt{LC}$。

显然,谐振频率仅与元件 L、C 的数值有关,而与电阻 R 和激励电源的角频率 ω 无关。当 $\omega < \omega_0$ 时,电路呈容性,阻抗角 $\varphi < 0$;当 $\omega > \omega_0$ 时,电路呈感性,阻抗角 $\varphi < 0$。

2. 电路处于谐振状态时的特性

(1)由于回路总电抗 $X_0 = \omega L - 1/\omega C = 0$,因此,回路阻抗 $|Z_0|$ 为最小值,整个回路相当于一个纯电阻电路,激励电源的电压与回路的响应电流同相位。

(2)由于感抗 $\omega_0 L$ 与容抗 $1/\omega_0 C$ 相等,所以电感上的电压 U_L 与电容上的电压 U_C 数值相等,相位相差 180°。电感上的电压(或电容上的电压)与电源电压之比称为品质因数 Q,即

$$Q = \frac{U_L}{U} = \frac{U_C}{U} = \frac{U_L}{U_R} = \frac{\omega_0 L}{R} = \frac{1/\omega_0 C}{R} = \frac{\sqrt{L/C}}{R}$$

L 和 C 为定值的条件下,Q 值仅仅决定于回路电阻 R 的大小。

(3)在电源电压(有效值)不变的情况下,回路中的电流 $I = U/R$ 为最大值。

3. 串联谐振电路的频率特性

(1)回路电流与电源电源的角频率的关系称为电流的幅频特性(表明其关系的图形为串联谐振曲线),表达式为

$$I(\omega) = \frac{U}{\sqrt{R^2 + (\omega L - \frac{1}{\omega C})^2}}$$

当电路的 L 和 C 保持不变时,改变 R 的大小,可以得出不同 Q 值时电流的幅频特性曲线。显然,Q 值越高,曲线越尖锐。

(2)为了衡量谐振电路对不同频率的选择能力,定义通用幅频特性中幅值下降至峰值的 0.707 倍时的频率范围为相对通频带(以 B 表示),即 $B = \omega_2/\omega_0 - \omega_1/\omega_0$。显然,$Q$ 值越高,相

对通频带越窄,电路的选择性越好。

(3)电源电压和电路电流的相位差 φ 与电源角频率 ω 的关系称为相频特性,它可由公式 $\varphi(\omega)=(\arctan\omega L-1/\omega C)/R$ 计算得出或由实验测定。相角 φ 和 ω/ω_0 的关系称为通用相频特性。

谐振电路的幅频特性和相频特性是衡量电路特性的重要标志。

实例分析

汽车氙气大灯

1. 氙气大灯概念

氙气大灯的全称是 HID(High Intensity Discharge Lamp)气体放电灯,它利用配套镇流器,将汽车电池 12V 电压瞬间提升到 23KV 以上的触发电压,将氙气大灯中的氙气电离形成电弧放电并使之稳定发光,提供稳定的汽车大灯照明系统。如图 2-17 所示。

与普通灯泡相比,氙气灯泡有两个显著的优点:一方面,氙气灯泡拥有比普通卤素灯泡高三倍的光照强度,耗能却仅为其三分之二;另一方面,氙气灯泡采用与日光近乎相同的光色,为驾驶者创造出更佳的视觉条件。氙气灯具使光照范围更广,光照强度更大,大大地改善了驾驶的安全性和舒适性。

图 2-17 氙气大灯

2. 氙气大灯发光原理

汽车 HID 氙气灯与传统卤素灯不同,这是一种高压放电灯,它的发光原理是利用正负电刺激氙气与稀有金属产生化学反应而发光。它采用一个特制的镇流器,利用汽车电池 12V 电压产生 23000V 以上的触发电压使灯启动。在灯稳定后镇流器向灯提供约 85V 供电电压保持灯以恒定功率运转。

3. 镇流器

镇流器是电感量较大的铁芯线圈,是用来配合启辉器(启动器)产生瞬间高压使灯管发光,在灯管正常发光后又能起到限制灯管电流的作用。

普通镇流器由于功率因数较低,能量损耗大,启动性能差,有噪声等缺点,现在已经逐渐被电子镇流器代替。

电子镇流器问世于 20 世纪 80 年代初,由荷兰飞利浦电子公司首先研制成功。与传统的电感镇流器相比,电子镇流器功率因数高;电能损耗很小;低电压启动性能很好;因工作频率在 20KHz 以上,故无闪烁感觉;无音频噪声,体积小,重量轻。所以电子镇流器具有强大的生命力。

单元小结

1. 大小和方向都随时间按正弦规律作周期性变化的电动势、电压和电流统称为正弦交流电。

2. 交流电的基本概念有周期、频率、角频率、瞬时值、最大值、有效值、相位、初相位和相位差等。其中最大值(或有效值)、角频率(或频率、周期)和初相角称为正弦交流电的三要素。

3. 正弦交流电的基本关系：有效值和最大值之间的关系为 $I = I_m/\sqrt{2} \approx 0.707 I_m$；周期、频率和角频率之间的关系为 $\omega = 2\pi f = 2\pi/T$。

4. 在交流电作用下的电路称为交流电路。交流电路中的负载元件包括电阻、电感和电容。电阻是耗能元件，电感和电容是储能元件。这些元件的电压、电流关系是分析交流电路的基础，其关系见小结表1-1。

小结表1-1

项目	电路形式	纯电阻电路	纯电感电路	纯电容电路
对电流的阻碍作用		电阻 R	感抗 $X_L = \omega L = 2\pi f L$	容抗 $X_C = \dfrac{1}{\omega C} = \dfrac{1}{2\pi f C}$
电流和电压间的关系	大小	$I = U/R$	$I = U/X_L$	$I = U/X_C$
	相位	电流与电压同相	电压超前电流90°	电压滞后电流90°
有功功率		$P = U_R I = I^2 R$	0	0
无功功率		0	$Q_L = U_L I = I^2 X_L$	$Q_C = U_C I = I^2 X_C$

5. 串联电路中的电压、电流和功率关系见小结表1-2。

小结表1-2

项目	电路形式	RL串联电路	RC串联电路	RLC串联电路
阻抗		$\lvert Z \rvert = \sqrt{R^2 + X_L^2}$	$\lvert Z \rvert = \sqrt{R^2 + X_C^2}$	$\lvert Z \rvert = \sqrt{R^2 + (X_L - X_C)^2}$
电流和电压间的关系	大小	$I = \dfrac{U}{\lvert Z \rvert}$	$I = \dfrac{U}{\lvert Z \rvert}$	$I = \dfrac{U}{\lvert Z \rvert}$
	相位	电压超前电流 φ $\tan\varphi = \dfrac{X_L}{R}$	电压滞后电流 φ $\tan\varphi = -\dfrac{X_C}{R}$	$\tan\varphi = \dfrac{X_L - X_C}{R}$ $X_L > X_C$，电压超前电流 φ $X_L < X_C$，电压滞后电流 φ $X_L = X_C$，电压电流同相
有功功率		$P = U_R I = UI\cos\varphi$	$P = U_R I = UI\cos\varphi$	$P = U_R I = UI\cos\varphi$
无功功率		$Q = U_L I = UI\sin\varphi$	$Q = U_C I = UI\sin\varphi$	$Q = (U_L - U_C)I = UI\sin\varphi$
视在功率				$S = UI = \sqrt{P^2 + Q^2}$

6. 电路的有功功率与视在功率的比值称为电路的功率因数，即

$$\lambda = \cos\varphi = \frac{P}{S}$$

为提高发电设备的利用率,减少电能损耗,提高经济效益,必须提高电路的功率因数。其方法是在电感性负载两端并联一只电容量适当的电容器。

思考练习

一、填空题

1. 正弦交流电的三要素通常是指_____、_____和_____。它们分别表征_____、_____和_____。

2. 在RLC串联电路中,已知电流为5A,电阻为30Ω,电感为40Ω,容抗为80Ω,那么电路的阻抗为_____,该电路为_____性电路。电路的有功功率为_____,无功功率为_____。

3. 已知 $i = 220\sqrt{2}\sin(314t + 60°)$ A,则该正弦交流电流的最大值为_____,有效值为_____,角频率为_____,周期为_____,初相为_____。

4. 一个电容器接在直流电源上,其容抗为_____,电路稳定后相当于_____。

二、判断题

1. 正弦量的三要素是指最大值、角频率和相位。( )
2. 因为正弦量可以用相量来表示,所以说相量就是正弦量。( )
3. 电压三角形、阻抗三角形和功率三角形都是相量图。( )
4. 正弦交流电路的频率越高,阻抗越大;频率越低,阻抗越小。( )

三、选择题

1. 某正弦电压有效值为380V,频率为50Hz,计时起始数值等于380V,其瞬时值表达式为( )。
   A. $u = 537\sin 314t$
   B. $u = 537\sin(314t + 45°)$
   C. $u = 380\sin(314t + 90°)$
   D. $u = 380\sin(314t - 90°)$

2. 已知 $i_1 = 10\sin(314t + 90°)$,$i_2 = 10\sin(628t + 30°)$,则( )。
   A. i_1 超前 i_2 60°
   B. i_1 滞后 i_2 60°
   C. i_2 超前 i_1 300°
   D. 相位差无法判断

3. 在纯电容电路中,电压有效值不变,频率增大时,电路中电流将( )。
   A. 增大   B. 减小   C. 不变   D. 无法判断

4. 某电感线圈,接入直流电,测出 $R = 12Ω$;接入工频交流电,测出阻抗为20Ω,则线圈的感抗为( )。
   A. 20Ω   B. 16Ω   C. 8Ω   D. 32Ω

5. 已知 $u = 100\sin(314t - 30°)$ V,则它的角频率、最大值、初相分别为( )。
   A. 314rad/s,100V,-30°
   B. 314rad/s,50V,-30°
   C. 50Hz,100V,-30°
   D. 314rad/s,100V,30°

四、计算题

1. 把电阻 $R=3\Omega$、电抗 $X_L=4\Omega$ 的线圈接在 $f=50Hz$、$U=220V$ 的交流电路中,求 I、U_L、$\cos\varphi$、P、Q、S、L 各为多少?并画出电压、电流相量图。

2. 利用交流电流表、交流电压表和交流单相功率表可以测量实际线圈的电感量。设加在线圈两端的电压为工频 110V,测得流过线圈的电流为 5A,功率表读数为 400W。则该线圈的电感量为多大?

3. 一个线圈接到 100V 的直流电源上,消耗的功率为 2.5kW。当该线圈接到 100V、50Hz 的交流电源上,消耗的功率为 1.6kW。求线圈的电感量 L 和电阻 R。

技能训练

实训三 日光灯电路实验

一、实训目的
1. 熟悉日光灯电路,了解各元件的作用。
2. 会组装日光灯电路。
3. 验证 RL 串联电路中各电压的关系。
4. 进一步加深了解并联电容器是提高电路功率因数的有效方法。

二、实训器材
1. 单相交流电源　　　　1 台
2. 交流电流表　　　　　1 只
3. 交流电压表　　　　　1 只
4. 单相功率表　　　　　1 只
5. 日光灯元件　　　　　1 套
6. 电容器箱　　　　　　1 只
7. 导线、开关等　　　　若干

三、实训电路
日光灯电路是由日光灯管、镇流器、启辉器组成,如实训图 2-1 所示。启辉器相当于一个自动开关,其作用是配合镇流器产生瞬间高压使灯管发光,在灯丝电路接通后又自动断开。镇流器是电感量较大的铁芯线圈,其作用是配合启辉器产生瞬间高压使灯管发光,在灯管正常发光后又能起到降压限流的作用。

四、实训内容
1. 按实训图 2-2 接线,在合上电源开关 S1 前,开关 S2 应闭合,防止日光灯较大的启动电流冲击功率表和电流表。电容器箱开关全部断开。闭合开关 S2,读取电流表、电压表、功率表数值记入实训表 2-1 中,用公式 $\cos\varphi = P/IU$ 测算电路的功率因数,记入实训表 2-1 中。

2. 接入电容器,读取电流表、电压表、功率表数值记入实训表 2-1 中,用公式 $\cos\varphi = P/IU$ 测算电路的功率因数,记入实训表 2-1 中。

3. 改变电容器值,读取电流表、电压表、功率表数值记入实训表 2-1 中,用公式 $\cos\varphi = P/IU$

测算电路的功率因数,记入实训表2-1中。

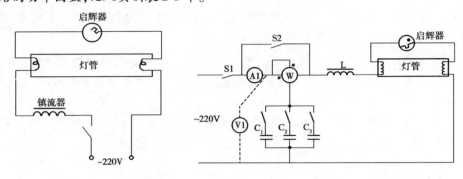

实训图2-1　日光灯电路图　　　　　　　　实训图2-2

并联电容器提高功率因数　　　　　　　　实训表2-1

电容量	测量值			计算值
	U	I	P	$\cos\varphi$

五、注意事项

1. 单相功率表共有两个线圈,四个接线端子,其中两个是电压线圈的接线端子,测量时应与被测电路并联。另两个是电流线圈的接线端子,测量时应与被测电路串联。注意不可接错。

2. 电容器箱在试验前应处于断开状态,根据试验情况逐步增大电容量,应注意电容器的耐压要符合要求。

3. 日光灯线路连接要正确,防止损坏灯管。

六、实训报告

写出实训报告并回答下列问题:

1. 日光灯正常发光后,能否拆除启辉器?

2. 灯管电压、镇流器电压、电源电压有何关系?

单元三　三相交流电路

学习目标

知识目标
1. 简述三相交流电的特点及星形连接和三角形连接时的基本关系。
2. 正确描述相电压、相电流、线电压、线电流等概念。

能力目标
1. 会用万用表的交流电压挡测量相电压、线电压的数值。
2. 能解决三相对称负载(主要是三相交流电动机)的星形、三角形连接问题。
3. 会分析简单的三相电路并计算三相电功率。

目前电能的产生、输送、分配和使用几乎全部采用三相交流电路。三相交流供电系统之所以应用非常广泛,是因为它有以下几方面的优点:

(1)三相交流发电机以体积小、质量小的优点在工农业生产中得到广泛应用,在汽车上迅速取代了传统的直流发电机。

(2)用三相制传输电能,可以节省材料,减少线损。三相四线制电路中,既可以各相分别接入各种单相用电设备(如照明设备),也可以接入三相用电设备(如三相电动机)。

(3)三相异步电动机结构简单,性能能够满足生产中大部分机械设备的拖动要求,是当前生产中的主要动力设备。

1　三相交流电源

1.1　三相交流电的产生

三相交流电是由三相交流发电机产生的。如图 3-1 所示为三相交流发电机原理示意图。图中 U_1、V_1、W_1 分别表示三个绕组的始端(首端),U_2、V_2、W_2 分别表示末端。每一个绕组(线圈组)叫做发电机的一相,在空间上彼此相隔 120°。

当原动机(如气轮机、水轮机、启动机等)带动三相发电机的转子顺时针匀速转动时,定子绕组切割磁力线,则定子每个绕组中产生的感应电动势分别为 e_1、e_2、e_3。由于各绕

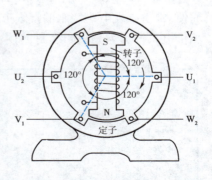

图 3-1　三相交流发电机原理示意图

组的结构相同而位置依次互差120°,因此三个电动势的最大值相等、频率相同,而初相依次互差120°,这样的三个电动势称为三相对称电动势。规定每相电动势的参考方向是从绕组的末端指向始端,即当电流从始端流出时为正,反之为负。

1.2 三相交流电的表示

若以第一相为参考正弦量,可得三相电动势的解析式如下:

$$e_1 = E_m \sin\omega t$$
$$e_2 = E_m \sin(\omega t - 120°)$$
$$e_3 = E_m \sin(\omega t - 240°) = E_m \sin(\omega t + 120°) \tag{3-1}$$

三相电动势的波形图和相量图如图 3-2 所示。三相电动势最大值出现的次序称为相序。U、V、W 三个绕组分别称为第一相绕组、第二相绕组和第三相绕组。

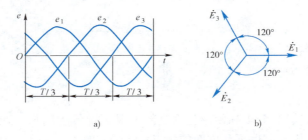

图 3-2 三相对称电动势的波形图和相量图

1.3 三相绕组的连接

三相绕组的连接方法有星形连接(又称 Y 形连接)和三角形连接(又称△形连接)两种。

1.3.1 三相绕组的星形连接

如图 3-3a)所示为三相发电机绕组的星形连接。这种连接方法是把发电机三个绕组的末端 U_2、V_2、W_2 连接在一起,成为一个公共点(称为中性点),用符号"N"表示。从中性点引出的输电线称为中性线。中性线通常与大地连接,并把接大地的中性点称为零点,而把搭铁的中性线称为零线。从三个绕组的始端 U_1、V_1、W_1 引出的输电线叫做相线,俗称火线。根据国标 GB 4728.11—2008,第一、第二、第三相线及中性线的文字符号分别为 L_1、L_2、L_3 和 N。有时为了简便,常不画发电机绕组的接线方式,只画四根输出线,如图 3-3b)所示。这种有中性线的三相供电系统称为三相四线制,如果不引出中性线就称为三相三线制。

> **知识链接**
>
> 为了用电安全,现代工程上常采用三相五线制输电方式,包括三相电的三个相线(A、B、C 线)、中性线(N 线);以及地线(PE 线)。电气设备外壳上电位始终处在"地"电位,从而消除了设备产生危险电压的隐患。
>
> 三相五线制标准导线颜色为:A 线黄色,B 线绿色,C 线红色,N 线淡蓝色,PE 线黄绿色。

三相四线制常用线色表示相线、中线,黄、绿、红为相线,蓝为中性线。

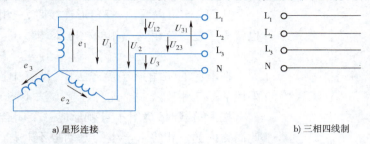

a) 星形连接　　　　　　　　　b) 三相四线制

图 3-3　三相绕组的星形连接

三相四线制可以输出两种电压:一种是相线与相线之间的电压,叫做电源线电压,$U_L = U_{12} = U_{23} = U_{31}$;另一种是相线与中性线之间的电压,即各相绕组的起端与末端之间的电压,叫做电源相电压,$U_P = U_1 = U_2 = U_3$。为了找出相电压与线电压的关系,采用相量图的方法将是十分方便的,其步骤如下:

(1)根据参考方向的规定,先作出三个相电压 $\dot{U}_1$、$\dot{U}_2$、$\dot{U}_3$ 的相量图,它们大小相等,相位依次相差 120°,如图 3-4 所示。

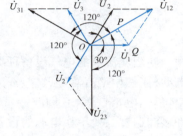

(2)在三相四线制中,图 3-3a)得到 $\dot{U}_{12} = \dot{U}_1 - \dot{U}_2 = \dot{U}_1 + (-\dot{U}_2)$。为求 $\dot{U}_{12}$,得先作出 $(-\dot{U}_2)$。

(3)用平行四边形法则,由 $\dot{U}_1$ 和 $(-\dot{U}_2)$ 作出 $\dot{U}_{12}$。

(4)由相量图可以看出,在直角三角形 OPQ 中

$$\frac{1}{2}U_{12} = U_1\cos 30° = \frac{\sqrt{3}}{2}U_1$$

图 3-4　三相四线制线电压和相电压相量图

则

$$U_{12} = \sqrt{3}U_1$$

同理可得

$$U_{23} = \sqrt{3}U_2$$
$$U_{31} = \sqrt{3}U_3$$
$$U_L = \sqrt{3}U_P \tag{3-2}$$

另外,由图 3-4 可得,线电压和相电压的相位不同,线电压总是超前与之相对应的相电压 30°。

在我们常用的三相四线制低压供电系统中,电压是 220V,线电压 $U_L = \sqrt{3}U_P = \sqrt{3} \times 220 = 380V$。这种供电系统最大的优点是可以同时提供两种不同的电压,因而被广泛应用。

1.3.2　三相绕组的三角形连接

三相电源绕组除可以作星形连接(Y),还可以作三角形连接(△),如图 3-5 所示。所谓三角形连接,就是把第一相绕组的末端 U_2 与第二相绕组的首端 V_1 相连,把第二相绕组的末端 V_2 与第三相绕组的首端 W_1 相连,把第三相绕组的末端 W_2 与第一相绕组的首端 U_1 相连,并

从以上三个连接点上引出三根线,向外供电。

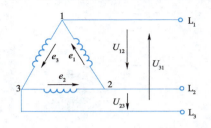

图 3-5 三相绕组的三角形连接

从图 3-5 可以看出,三角形连接时,三相电源的线电压也就等于电源绕组每一相的相电压,即

$$U_L = U_P \tag{3-3}$$

在电源的三角形连接方法中,没有中性线引出,因此采用的是三相三线制。这种连接方法不同于星形连接,在没有接上负载时,绕组本身就形成一个闭合回路。假如在此回路内的三相绕组产生的电动势不对称,或者把某一相绕组的两个端钮接错,使其回路内的三个电动势相量之和不为零,由于绕组回路的内阻是很小的,在此情况下,回路内会产生相当大的电流,使绕组发热而毁坏。所以绕组为三角形连接时切记不可将绕组接反。

2　三相负载的星形连接

2.1　三相负载

使用交流电的电气设备种类很多,其中有些设备是需要三相电源才能工作的,如三相交流电动机、三相整流器等,这些都是三相负载。还有一些电气设备只需要单相电源,如照明用的白炽灯、电烙铁等,它们一端可以接在三相电源的任意一根相线上,而另一端接在中性线上。许多像这样只要单相电源的设备,也往往按照一定的方式接在三相电源上,所以对电源来说,这些设备的总体可以看成是三相负载。因此三相负载可以是单个的需要三相电源才能工作的电气设备,也可以是单相负载的组合。

三相电路中的负载,可能相同也可能不同。通常把各相负载完全相同(即各项负载的阻抗值相等、性质相同)的三相负载叫做三相对称负载,如三相电动机、三相电炉等;否则就叫做三相不对称负载,如三相照明电路中的负载。

在三相供电系统中,三相负载也有星形连接和三角形连接两种,根据负载的额定电压和电源电压来决定以哪种方式接入电源。

2.2　三相负载的星形连接

当负载的额定电压等于电源的相电压时,采用星形连接。

所谓星形连接,是把三相负载分别接到三相电源的一根相线和中性线之间的接法,如图 3-6 所示。

2.2.1　相关概念

负载相电压——每相负载两端的电压,用 U_P 表示。

负载线电压——相线与相线之间的电压。在忽略输电线上的电压降时,负载线电压实质上等于是电源线电压,用 U_L 表示。

相电流——流过各相负载的电流叫做相电流,用 I_P 表示。

线电流——流过相线的电流叫做线电流,用 I_L 表示。

中性线电流——流过中性线的电流,用 I_N 表示。

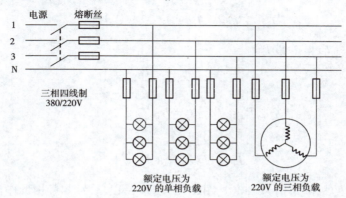

图 3-6 三相负载的星形连接

2.2.2 负载的星形连接的一般关系

假设三相电源是对称的,则
$$U_L = \sqrt{3} U_P$$

由图 3-6 可以看出,在负载的星形连接方式中,三相负载的线电流与相电流是相等的,即
$$I_{YL} = I_{YP} \tag{3-4}$$

关于三相电流的计算方法与单相电路基本一致,分别计算出三个相电流(或线电流)的大小为

$$\left.\begin{array}{l} I_1 = \dfrac{U_1}{|Z_1|} \\[4pt] I_2 = \dfrac{U_2}{|Z_2|} \\[4pt] I_3 = \dfrac{U_3}{|Z_3|} \end{array}\right\} \tag{3-5}$$

相电压与相电流的相位差为

$$\left.\begin{array}{l} \varphi_1 = \arccos \dfrac{R_1}{|Z_1|} \\[4pt] \varphi_2 = \arccos \dfrac{R_2}{|Z_2|} \\[4pt] \varphi_3 = \arccos \dfrac{R_3}{|Z_3|} \end{array}\right\} \tag{3-6}$$

中性线电流的参考方向规定为从负载指向电源,其有效值相量为三个相电流有效值相量之和,即
$$\dot{I}_N = \dot{I}_1 + \dot{I}_2 + \dot{I}_3 \tag{3-7}$$

2.2.3 三相对称负载

相电压与线电压的关系为
$$U_{YP} = \dfrac{U_{YL}}{\sqrt{3}} \tag{3-8}$$

三相负载的相电流相等且等于线电流,其数值为

$$I_{YL} = I_{YP} = I_1 = I_2 = I_3 = \frac{U_{YP}}{|Z_P|} \tag{3-9}$$

相电压与相电流的相位差为

$$\varphi = \arccos\frac{R_P}{|Z_P|} \tag{3-10}$$

式中,$|Z_P| = |Z_1| = |Z_2| = |Z_3|$,$R_P = R_1 = R_2 = R_3$。

中性线电流为

$$\dot{I}_N = \dot{I}_1 + \dot{I}_2 + \dot{I}_3 = 0 \tag{3-11}$$

而每相电流间的相位差仍为120°。图3-7a)所示是以$\dot{I}_1$为参考相量作出的电流相量图。从图中可以看出,三相对称负载作星形连接时,其中性线电流为零,此时取消中相线也不影响三相电路的工作,三相四线制就变成三相三线制。如三相交流电动机,三相负载对称,一般都省去中性线,采用三相三线制。

图3-7b)所示为各相负载的性质相同、大小不同的相电流相量图,图中$\dot{I}_1$与$\dot{I}_2$的和为$\dot{I}'$,$\dot{I}'$与$\dot{I}_3$的和为$\dot{I}_N$。由图看出,三相负载不对称时,中性线电流不为零。实际工作中,在设计三相电路时,应尽量使其对称,因此中性线电流通常比相电流小得多,所以中性线的截面可小些。然而,在不对称的三相电路(如三相照明电路)中,当中性线存在时,它能平衡各相电压保证三相负载成为三个互不影响的独立回路,此时每相负载上的电压等于电源的相电压,而不会因负载的变动而变动;但是当中线断开后,各相电压就不再相等了,理论和实践都可以证明,阻抗小的负载相电压低,阻抗大的负载相电压高,这样接在相电压高的那一相上的用电器就可能被烧坏。所以在三相不对称的低压供电系统中,绝对不允许省去中性线,而且,中性线上不允许安装熔断器或开关。

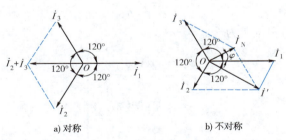

a) 对称　　　　　　　　　　b) 不对称

图3-7　三相负载作星形连接时的电流相量图

【例3-1】　已知三相对称负载作Y形连接,每相的$R = 6\Omega$,$L = 25.5\text{mH}$,电源线电压$U_L = 380\text{V}$,$f = 50\text{Hz}$,求每相负载的电流、各相线上的电流及中性线上的电流。

解:

$$X_{LP} = 2\pi fL = 2 \times \pi \times 50 \times 25.5 \times 10^{-3} \approx 8(\Omega)$$

$$|Z_P| = \sqrt{R_P^2 + X_{LP}^2} = \sqrt{6^2 + 8^2} = 10(\Omega)$$

$$U_{YP} = \frac{U_{YL}}{\sqrt{3}} = \frac{380}{\sqrt{3}} = 220(\text{V})$$

$$I_{YL} = I_{YP} = I_1 = I_2 = I_3 = \frac{U_{YP}}{|Z_P|} = \frac{220}{10} = 22(A)$$

由于三相负载对称,所以 $I_N = 0$。

【例 3-2】 某电阻性三相负载作星形连接,并接有中性线,其各相电阻 $R_1 = 10\Omega, R_2 = R_3 = 20\Omega$,已知电源的线电压为 380V,求相电流、线电流和中性线电流。

解: 每相负载承受的电压为

$$U_{YP} = \frac{U_{YL}}{\sqrt{3}} = \frac{380}{\sqrt{3}} = 220(V)$$

各相电流为

$$I_1 = \frac{U_{YP}}{R_1} = \frac{220}{10} = 22(A)$$

$$I_2 = I_3 = \frac{U_{YP}}{R_2} = \frac{220}{20} = 11(A)$$

在星形连接的三相负载中,线电流与相电流相等,因此以上三个相电流即为线电流。由于各相负载均为纯电阻负载,每相上的电流与电压同相,三个电流的相位差仍保持 120°。图 3-8 所示为电流的相量图。由相量图不难得到,中性线电流为

$$\dot{I}_N = \dot{I}_1 + \dot{I}_2 + \dot{I}_3$$

$\dot{I}_2$ 与 $\dot{I}_3$ 的和为 $\dot{I}'$,$\dot{I}'$ 大小为 11A,与 $\dot{I}_1$ 的相位差为 180°,得

$$I_N = 22 - 11 = 11(A)$$

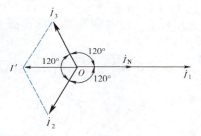

图 3-8 例 3-2 的电流相量图

3 负载的三角形连接

如果把三相负载分别接到三相电源的两根相线之间,就构成了单相负载的三角形连接,如图 3-9a)所示。

对于三角形连接的每相负载来说,也是单相交流电路,所以各相电流、电压和阻抗三者之间的关系仍与单相电路相同。由于三角形连接的各相负载接在两根相线之间,因此负载的相电压就等于线电压,即

$$U_{\Delta P} = U_{\Delta L} \tag{3-12}$$

三角形连接的负载一般都为对称负载,在对称的三相电压作用下,流过每相负载的电流应相等,即

$$I_{\Delta P} = I_{12} = I_{23} = I_{31} = \frac{U_{\Delta P}}{|Z_P|} = \frac{U_{\Delta L}}{|Z_P|} \tag{3-13}$$

而各相电流之间的相位差仍为 120°。图 3-9b)所示是以 $\dot{I}_{12}$ 为参考相量作出的电流相量图。在图 3-9a)中,对于 1 点,由基尔霍夫节点电流定律得

$$\dot{I}_1 = \dot{I}_{12} - \dot{I}_{31} = \dot{I}_{12} + (-\dot{I}_{31})$$

为求相电流与线电流之间的关系,仍然采用相量求和的方法,具体步骤如下:

(1)先作出 $\dot{I}_{12}$、$\dot{I}_{23}$ 和 $\dot{I}_{31}$,三者的相位差 120°。

(2)作出 $-\dot{I}_{31}$,$-\dot{I}_{31}$ 和 $\dot{I}_{31}$ 数值相等,相位相反。

(3)用平行四边形法则作出 $\dot{I}_{12}$ 和 $-\dot{I}_{31}$ 的合成相量 $\dot{I}_1$,并过 $\dot{I}_{12}$ 的端点作 $\dot{I}_1$ 的垂线得直角三角形 OPQ,于是有

$$\frac{1}{2}I_1 = I_{12}\cos30° = \frac{\sqrt{3}}{2}I_{12}$$

$$I_1 = \sqrt{3}I_{12} \tag{3-14}$$

同理可得

$$I_2 = \sqrt{3}I_{23} \tag{3-15}$$

$$I_3 = \sqrt{3}I_{31} \tag{3-16}$$

对于三角形连接的对称负载来说,线电流与相电流的数量关系为

$$I_{\triangle L} = \sqrt{3}I_{\triangle P} \tag{3-17}$$

从图 3-9b)可以看出,线电流总是滞后与之对应的相电流 30°。

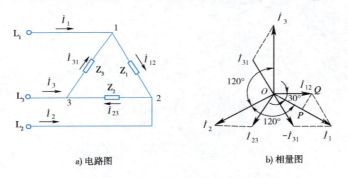

a) 电路图 b) 相量图

图 3-9 三相负载的三角形连接及电流相量图

4 三相电路的功率

三相电路的功率与单相电路一样,也分为有功功率、无功功率和视在功率。下面我们重点讨论三相电路的有功功率。

任何接法的三相负载,其每相功率的计算方法与单相电路完全一样。三相负载总的有功功率都等于各相负载的有功功率之和,即

$$P = P_1 + P_2 + P_3 = U_1I_1\cos\varphi_1 + U_2I_2\cos\varphi_2 + U_3I_3\cos\varphi_3 \tag{3-18}$$

在对称电路中

$$U_1 = U_2 = U_3 = U_P$$

$$I_1 = I_2 = I_3 = I_P$$

$$\varphi_1 = \varphi_2 = \varphi_3 = \varphi$$

于是,对称三相负载的总功率

$$P = 3P_\mathrm{P} = 3U_\mathrm{P}I_\mathrm{P}\cos\varphi \tag{3-19}$$

当对称负载 Y 连接时,$U_\mathrm{YL} = \sqrt{3}U_\mathrm{YP}$,$I_\mathrm{YL} = I_\mathrm{YP}$
当对称负载 △ 连接时,$U_{\Delta\mathrm{P}} = U_{\Delta\mathrm{L}}$,$I_{\Delta\mathrm{L}} = \sqrt{3}I_{\Delta\mathrm{P}}$
不论对称负载是哪种接法,如将上述关系代入式(3-19),则得

$$P = \sqrt{3}U_\mathrm{L}I_\mathrm{L}\cos\varphi \tag{3-20}$$

注意,式(3-19)和式(3-20)中的 φ 均为相电压与相电流之间的相位差。

在实际工作中,线电压和线电流比相电压和相电流容易测量,因此通常采用式(3-20)来计算三相对称负载的有功功率。同理,可得出三相对称负载的无功功率和视在功率的计算公式为

$$Q = \sqrt{3}U_\mathrm{L}I_\mathrm{L}\sin\varphi \tag{3-21}$$

$$S = \sqrt{3}U_\mathrm{L}I_\mathrm{L} \tag{3-22}$$

【例 3-3】 已知某三相对称负载接在电源电压为 380V 的三相交流电源中,其中每相负载的 $R_\mathrm{P} = 6\Omega$、$X_\mathrm{P} = 8\Omega$。试分析计算该负载作 Y 连接和 △ 连接时的相电流、线电流及有功功率,并作比较。

解:(1) 负载作星形连接时

$$|Z_\mathrm{P}| = \sqrt{R_\mathrm{P}^2 + X_\mathrm{P}^2} = \sqrt{6^2 + 8^2} = 10(\Omega)$$

$$U_\mathrm{YP} = \frac{U_\mathrm{YL}}{\sqrt{3}} = \frac{380}{\sqrt{3}} = 220(\mathrm{V})$$

则

$$I_\mathrm{YL} = I_\mathrm{YP} = \frac{U_\mathrm{YP}}{|Z_\mathrm{P}|} = \frac{220}{10} = 22(\mathrm{A})$$

又

$$\cos\varphi = \frac{R_\mathrm{P}}{|Z_\mathrm{P}|} = \frac{6}{10} = 0.6$$

$$P_\mathrm{Y} = 3P_\mathrm{YP} = 3U_\mathrm{YP}I_\mathrm{YP}\cos\varphi = 3 \times 220 \times 22 \times 0.6 \approx 8.7 \times 10^3\mathrm{W} = 8.7(\mathrm{kW})$$

或

$$P_\mathrm{Y} = \sqrt{3}U_\mathrm{L}I_\mathrm{L}\cos\varphi = \sqrt{3} \times 380 \times 22 \times 0.6 \approx 8.7 \times 10^3\mathrm{W} = 8.7(\mathrm{kW})$$

(2) 负载作三角形连接时

$$U_{\Delta\mathrm{P}} = U_{\Delta\mathrm{L}} = 380(\mathrm{V})$$

则

$$I_{\Delta\mathrm{P}} = \frac{U_{\Delta\mathrm{P}}}{|Z_\mathrm{P}|} = \frac{U_{\Delta\mathrm{L}}}{|Z_\mathrm{P}|} = \frac{380}{10} = 38(\mathrm{A})$$

$$I_{\Delta\mathrm{L}} = \sqrt{3}I_{\Delta\mathrm{P}} = \sqrt{3} \times 38\mathrm{A} \approx 66(\mathrm{A})$$

$$P_\Delta = 3P_{\Delta\mathrm{P}} = 3U_{\Delta\mathrm{P}}I_{\Delta\mathrm{P}}\cos\varphi = 3 \times 380 \times 38 \times 0.6 \approx 26 \times 10^3\mathrm{W} = 26(\mathrm{kW})$$

或

$$P_\Delta = \sqrt{3}U_\mathrm{L}I_\mathrm{L}\cos\varphi = \sqrt{3} \times 380 \times 66 \times 0.6 \approx 26 \times 10^3\mathrm{W} = 26(\mathrm{kW})$$

(3)两种方法比较

$$\frac{I_{\Delta P}}{I_{YP}} = \frac{38}{22} \approx \sqrt{3}$$

$$\frac{I_{\Delta L}}{I_{YL}} = \frac{66}{22} = 3$$

$$\frac{P_\Delta}{P_Y} = \frac{26}{8.7} = 3$$

由上题可知,同一负载作三角形连接时的相电流是星形连接时的$\sqrt{3}$倍,而三角形连接时的线电流和功率均是星形连接时的3倍。

5 安 全 用 电

5.1 电流对人体的伤害

人体接触或接近带电体所引起的人体局部受伤或死亡的现象称为触电。根据人体受到伤害的程度不同,触电可分为电伤和电击两种。

5.1.1 电伤

电伤是指在电弧作用下或熔断丝熔断时飞溅的金属沫对人体外部的伤害,如烧伤、金属溅伤等。

5.1.2 电击

电击是指电流通过人体,使内部器官组织受到损伤,是最危险的触电事故。如受害者不能迅速摆脱带电体,则最后会造成死亡事故。根据大量触电事故资料的分析和实验证明,电击所引起的伤害程度,由人体电阻的大小、通过人体的电流强度、电流通过人体的途径、作用于人体的电压及电流通过人体的时间长短等因素决定。

若电流流过大脑,会对大脑造成严重损伤;电流流过脊髓,会造成瘫痪;电流流过心脏,会引起心室颤动甚至心脏停止跳动。总之,以电流通过或接近心脏和脑部最为危险。通电时间越长,触电的伤害程度就越严重。

实践证明,常见的50~60Hz工频电流的危险性最大,高频电流的危害性较小。人体通过工频电流1mA时就会有麻木的感觉,10mA为摆脱电流,人体通过50mA的工频电流时,中枢神经就会遭受损害,从而使心脏停止跳动而死亡。

5.1.3 安全电压和人体电阻

人体电阻主要集中在皮肤,一般在40~80kΩ,皮肤干燥时电阻较大,而皮肤潮湿、有汗或破损时人体电阻可下降到几十至几百欧姆。根据触电危险电流和人体电阻,可计算出人体安全电压为36V。但电气设备环境越潮湿,安全电压就越低,在特别潮湿的场所中,必须采用不高于12V的电压。

5.2 触电形式

人体触电形式有单相触电(图3-10)、两相触电(图3-11)和电气设备外壳漏电(图3-12)

等多种形式。

5.2.1 单相触电
人体的某一部位接触一根相线，另一部位接触大地，人体承受相电压。

5.2.2 双相触电
人的双手或人体的某两部位分别接触三相电中的两根火线时，人体承受线电压，这时，就会有一个较大电流通过人体。这种触电最危险。

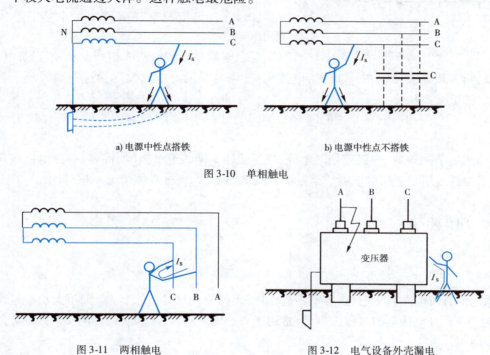

图 3-10　单相触电

图 3-11　两相触电

图 3-12　电气设备外壳漏电

5.2.3 电气设备外壳漏电
电气设备的外壳本来是不带电的，由于绝缘损坏等原因会使外壳带电。人体触及这些设备时，相当于单相触电。大多数触电事故属于这一种。为了防止这种触电事故，对电气设备常采用保护搭铁和保护接零的保护装置。

5.3　保护搭铁和保护接零

5.3.1 保护搭铁
将电动机、变压器、金属外壳开关等电气设备的金属外壳用电阻很小的导线同搭铁极可靠地连接起来。保护搭铁适用于中性点不搭铁的低压系统中。图 3-13 所示为电动机的保护搭铁电路。

5.3.2 保护接零
将电气设备的金属外壳接到零线（或称中性线）上。保护接零适用于中性点搭铁的低压系统，图 3-14 所示为电动机的保护接零电路。

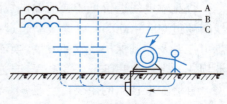

图 3-13　电动机的保护搭铁电路

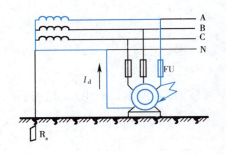

图 3-14 电动机的保护接零电路

必须指出,在同一电力网中,不允许一部分设备搭铁,而另一部分设备接中性线。若有人既接触到搭铁的设备外壳,又接触到接零的设备外壳,则人将承受电源的相电压。显然,这是很危险的。

5.4 安全用电常识

(1)在任何情况下都不得用手来鉴定导体是否带电。

(2)更换熔断器时应先切断电源,不得带电操作。

(3)拆开或断裂暴露在外部的带电接头,必须及时用绝缘物包好并悬挂到人身不会碰到的高处,防止有人触及。

(4)工厂车间内一般只允许使用 36V 的照明灯;在特别潮湿的场所只允许使用 12V 以下的照明灯。

(5)遇有人触电时,应迅速切断电源;或尽快用干燥的绝缘物(如棍棒)打断电线或拨开触电者,切勿直接用手去拉触电者。当触电者脱离电源后,根据具体情况,耐心救治。

知识扩展

高压直流输电

稳定的直流电具有无感抗,容抗不起作用,无同步问题等优点,因此采用大功率远距离直流输电。高压直流输电的过程为直流,常用于海底电缆输电,非同步运行的交流系统之间的连接等方面。

在一个高压直流输电系统中,电能从三相交流电网的一点导出,在换流站转换成直流电,通过架空线或电缆传送到接受点;直流电在另一侧换流站转化成交流电后,再进入接收方的交流电网。直流输电的额定功率通常大于 100MW,许多在 1 000 ~ 3 000MW 之间。

高压直流输电用于远距离或超远距离输电,因为它相对传统的交流输电更经济。应用高压直流输电系统,电能等级和方向均能得到快速精确的控制,这种性能可提高它所连接的交流电网性能和效率,直流输电系统已经被普遍应用。

高压直流输电是将三相交流电通过换流站整流变成直流电,然后通过直流输电线路送往另一个换流站逆变成三相交流电的输电方式。它基本上由两个换流站和直流输电线组成,两个换流站与两端的交流系统相连接。

直流输电线造价低于交流输电线路但换流站造价却比交流变电站高得多。一般认为架空线路超过 600 ~ 800km,电缆线路超过 40 ~ 60km 直流输电较交流输电经济。随着高电压大容量可控硅及控制保护技术的发展,换流设备造价逐渐降低,直流输电近年来发展较快。我国葛洲坝——上海 1 100km、±500kV、输送容量 1 200MW 的直流输电工程,已经建成并投入运行。

直流输电技术的主要优点是:不增加系统的短路容量,便于实现两大电力系统的非同期联网运行和不同频率的电力系统的联网;利用直流系统的功率调制能提高电力系统的阻尼,抑制低频振荡,提高并列运行的交流输电线的输电能力。它的主要缺点是:直流输电线路难于引出分支线路,绝大部分只用于端对端送电。

换流站的主要设备包括换流器、换流变压器、平波电抗器、交流滤波器、直流避雷器及控制保护设备等。换流器又称换流阀是换流站的关键设备,其功能是实现整流和逆变。目前换流器多数采用晶闸管可控硅整流管组成三相桥式整流作为基本单元,称为换流桥。一般由两个或多个换流桥组成换流系统,实现交流变直流、直流变交流的功能。为了减少各次谐波进入交流系统在换流站交流母线上要装设滤波器。它由电抗线圈、电容器和小电阻3种设备串联组成通过调谐的参数配合可滤掉多次谐波。一般在换流站的交流侧母线装有5、7、11、13次谐波滤波器组。

我国目前建成的高压直流输电工程均为两端直流输电系统。两端直流输电系统主要由整流站、逆变站和输电线路三部分组成。

高压直流输电与交流输电相比,具有诸多优点。

(1)高压直流输电具有明显的经济性。输送相同功率时,直流输电线路所用线材仅为交流输电的1/2~2/3。直流输电采用两线制,与采用三线制三相交流输电相比,在输电线路导线截面和电流密度相同的条件下,输送相同的电功率,输电线和绝缘材料可节省约1/3。另外,直流输电线路的杆塔结构也比同容量的三相交流输电线路的简单,线路走廊占地面积也大幅减少。

(2)在电缆输电线路中,高压直流输电线路不产生电容电流,而交流输电线路存在电容电流,引起损耗。

(3)高压直流输电控制方便、速度快,发生故障的损失比交流输电小。

(4)在高压直流输电工程中,各极是独立调节和工作的,彼此没有影响。所以,当一极发生故障时,只需停运故障极,另一极仍可输送至少50%的电能。但在交流输电线路中,任一相发生永久性故障,必须全线停电。

高压直流输电也有其缺点。

(1)直流换流站比交流变电站的设备多、结构复杂、造价高、损耗大、运行费用高。

(2)谐波较大。

(3)直流输电工程在单极大地回路方式下运行时,入地电流会对附近的地下金属体造成一定腐蚀,窜入交流变压器的直流电流会使变压器噪声增加。

(4)若要实现多端输电,技术比较复杂。

由上可见,高压直流输电具有线路输电能力强、损耗小、两侧交流系统不需同步运行、发生故障时对电网造成的损失小等优点,特别适合用于长距离点对点大功率输电。而采用交流输电系统便于向多端输电。交流与直流输电配合,将是现代电力传输系统的发展趋势。

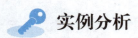

实例分析

汽车用交流发电机

汽车用交流发电机的结构如图3-15所示,主要有由定子、转子、端盖和硅整流器等组成。

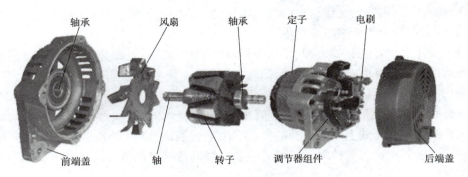

图 3-15 汽车用交流发电机结构

汽车用交流发电机的基本原理是电磁感应,当产生磁场的转子旋转时,使穿过定子绕组的磁通量发生变化,则在定子的绕组内就会产生交流电动势。如图 3-16 所示为交流发电机的工作原理图。

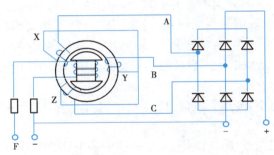

图 3-16 交流发电机工作原理

当激磁绕组有电流通过时,激磁绕组便产生磁场,转子轴上的两个爪极分别被磁化为 N 极和 S 极。当转子旋转时,磁极交替地在定子铁芯中穿过,形成一个旋转的磁场,磁感线和定子绕组之间产生相对运动,在三相绕组中产生交流感应电动势。

在交流发电机中,由于转子磁极呈鸟嘴型,其磁场的分布近似正弦规律,所以在发电机定子绕组中产生的交流电动势也近似正弦规律。由于三相绕组在定子槽中对称绕制,因此在三相绕组中产生的三相电动势也对称。所以在三相绕组中所产生的感应电动势可用下列方程式表示

$$e_A = E_m \sin\omega t = \sqrt{2}E_\Phi \sin\omega t$$
$$e_B = E_m \sin(\omega t - 120°) = \sqrt{2}E_\Phi \sin(\omega t - 120°)$$
$$e_C = E_m \sin(\omega t - 240°) = \sqrt{2}E_\Phi \sin(\omega t - 240°)$$

式中:E_m——相电动势的最大值;

E_Φ——相电动势的有效值;

ω——电角速度($\omega = 2\pi f$)。

发电机每相绕组中所产生的有效值 E_Φ(V):

$$E_\Phi = 4.44 KfN\Phi$$

式中:K——定子绕组系数,一般小于 1;

f——感应电动势的频率(Hz),$f = pn/60$(p 为磁极对数;n 为转速,单位为 r/min);

N——每相绕组的匝数;

Φ——磁极的磁通(Wb)。

当外接负载时,三相绕组输出的交流电压 u_A、u_B、u_C 也是对称的。

汽车上的用电设备使用的是直流电,故交流发电机产生的交流电还要经二极管整流成直流电才能使用。

单元小结

1. 对称三相交流电

三相交流电大小相等、频率相同,相位依次互差 120°。

2. 三相绕组的连接

(1) 星形连接:$U_{YL} = \sqrt{3} U_{YP}$,U_{YL} 超前 U_{YP} 30°,通常 $U_{YL} = 380V$,$U_{YP} = 220V$。

(2) 三角形连接:$U_{\Delta P} = U_{\Delta L}$。

3. 三相负载的连接

(1) 星形连接:$U_{YL} = \sqrt{3} U_{YP}$,U_{YL} 超前 U_{YP} 30°,$I_{YL} = I_{YP}$。

a) 对称负载

$$Z_1 = Z_2 = Z_3 = Z_{相}, \varphi_1 = \varphi_2 = \varphi_3$$

各相的电流对称,即

$$I_{YL} = I_{YP} = \frac{U_{YP}}{|Z_P|}$$

中性线电流为

$$\dot{I}_N = \dot{I}_1 + \dot{I}_2 + \dot{I}_3 = 0$$

b) 不对称负载 Z_1、Z_2、Z_3 或 φ_1、φ_2、φ_3 不完全相同。

各相电流不对称,分别为

$$I_1 = \frac{U_{YP}}{|Z_1|}, I_2 = \frac{U_{YP}}{|Z_2|}, I_3 = \frac{U_{YP}}{|Z_3|}$$

$$\dot{I}_N = \dot{I}_1 + \dot{I}_2 + \dot{I}_3 \neq 0$$

(2) 三角形连接:$U_{\Delta P} = U_{\Delta L}$。

a) 对称负载 $I_{\Delta L} = \sqrt{3} I_{\Delta P}$。

b) 不对称负载用欧姆定律分别计算各相相电流,然后再用相量合成方法求各线电流。

4. 三相电功率

无论负载是否对称,如何连接,均有 $P = P_1 + P_2 + P_3$

若是三相对称负载,无论如何连接,均有 $P = 3U_P I_P \cos\varphi = \sqrt{3} U_L I_L \cos\varphi$

$$Q = \sqrt{3} U_L I_L \sin\varphi$$

$$S = \sqrt{3} U_L I_L$$

思考练习

一、填空题

1. 三相对称负载做星形连接时,U_L 与 U_P 的大小关系为_____。
2. 某三相四线制低压供电系统的线电压为380V,则其相电压为_____V。
3. _____和_____之间的电压称为电源相电压;_____和_____之间的电压称为电源线电压。
4. 在三相供电系统中,三相交流负载存在_____连接和_____连接两种形式。

二、判断题

1. 中线的作用就是使不对称Y接负载的端电压保持对称。( )
2. 三相负载作三角形连接时,总有 $I_L = \sqrt{3} I_P$ 成立。( )
3. 负载作星形连接时必有相电流等于线电流。( )
4. 中线不允许断开,因此不能安装熔断丝和开关,并且中线截面比火线粗。( )

三、选择题

1. 三相对称电动势正确的说法是( )。
   A. 它们同时到达最大值
   B. 它们到达最大值的时间依次落后1/3周期
   C. 它们的周期、相位相同
   D. 它们因为位置不同,所以最大值也不同

2. 三相对称负载三角形连接于线电压为380V的三相电源上,若第一相负载断路,则第二相和第三相负载的电压分别为( )。
   A. 380V 和 220V   B. 380V 和 380V   C. 220V 和 220V   D. 190V 和 190V

3. 三相对称负载星形连接于线电压为380V的三相电源上,若第一相负载断路,则第二相和第三相负载的电压分别为( )。
   A. 380V 和 220V   B. 380V 和 380V   C. 220V 和 220V   D. 190V 和 190V

四、简答题

1. 如果有一只验电笔或一个量程为400V以上的交流电压表,能否用这些器件确定三相四线制供电线路中的端线和中线? 应该怎样做?
2. 中线的作用是什么? 为什么中线不能安装熔断丝和开关?
3. 某大楼电灯发生故障,第二层楼和第三层楼所有电灯都突然暗下来,而第一层楼电灯亮度不变,试问这是什么原因? 这楼的电灯是如何连接的? 同时发现,第三层楼的电灯比第二层楼的电灯还暗些,这又是什么原因?

五、计算题

1. 某三相对称感性负载星形连接,接到线电压为380V的三相对称电源上,从电源上取用的有功功率 $P=5.28$kW,功率因数 $\cos\varphi=0.8$,试求负载的相电流和线电流。
2. 有一三相对称负载,其各相电阻等于10Ω,负载的额定相电压为220V,现将它星形连接,接在线电压为380V的三相电源上,求相电流、线电流和总有功功率。

3. 一星形连接的三相电路,电源线电压为380V。负载为电灯组,$R_1=5\Omega$,$R_2=R_3=10\Omega$,(1)1相短路:中性线未断时,求各相负载电压;中性线断开时,求各相负载电压。(2)1相断路:中性线未断时,求各相负载电压;中性线断开时,求各相负载电压。

4. 如习图3-1所示三相对称负载作三角形连接,$U_L=220V$,当S_1、S_2均闭合时,各电流表读数均为17.3A,三相功率$P=4.5kW$,试求:

(1)每相负载的电阻和感抗;

(2)S_1闭合、S_2断开时,各电流表读数和每相负载有功功率P;

(3)S_1断开、S_2闭合时,各电流表读数和每相负载有功功率P。

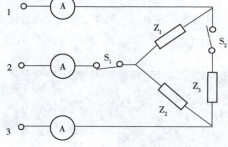

习图3-1

 技能训练

实训四 三相交流电路

一、实训目的

1. 学习三相负载的星形连接方法和三角形连接方法。
2. 进一步了解三相负载的两种接法,线电压、相电压、线电流、相电流之间的量值关系。

二、实训器材

1. 万用表　　　　　　　1块
2. 交流电流表(2.5A)　　1块
3. 三相实验灯板　　　　1块

三、实训电路

实训电路如实训图3-1、3-2所示。

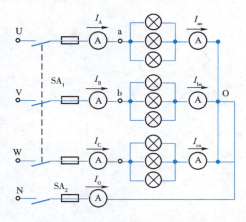

实训图3-1　负载的星形连接实验电路

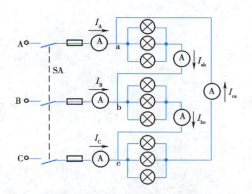

实训图3-2　负载的三角形连接实验电路

四、实训内容

1. 负载作星形连接

按实训图 3-1 接线,经指导教师检查后,闭合开关 SA_1 和 SA_2,当白炽灯全部点亮且发光正常时,测量线电压、相电压、线电流、相电流及中性线电流。然后断开 SA_2,电路变为无中性线。重复测量上述各电量,将所有测量数据计入实训表 3-1。

实训表 3-1

接线方式 \ 测量项目测量值	线电压(V)			相电压(V)			线电流(A)			相电流(A)		
	U_{AB}	U_{BC}	U_{CA}	U_{ao}	U_{bo}	U_{co}	I_A	I_B	I_C	I_{ao}	I_{bo}	I_{co}
有中性线												
无中性线												

2. 负载作三角形连接

按实训图 3-2 接线,经指导教师检查后,闭合开关 SA,当灯泡全部点亮且发光正常时,测量各电量,将结果计入实训表 3-2。

实训表 3-2

线电压(V)			相电压(V)			线电流(A)			相电流(A)		
U_{AB}	U_{BC}	U_{CA}	U_{ao}	U_{AB}	U_{BC}	U_{CA}	U_{ao}	U_{AB}	U_{BC}	U_{CA}	U_{ao}

五、问题讨论

1. 三相负载在什么情况下应接成星形?在什么情况下应接成三角形?在什么情况下应接成有中性线的星形?

2. 三相四线制供电线路中,中性线是否能接入熔断器?为什么?

单元四　磁路与变压器

学习目标

知识目标

1. 简述磁路基本物理量和基本定律,以及铁磁材料的磁性能。
2. 简述特殊变压器各自的特点。
3. 正确描述变压器的工作原理和使用方法。

能力目标

1. 会进行磁路分析,判别同名端。
2. 会识别变压器类型,正确使用变压器。
3. 对汽车点火线圈的工作原理、使用有较全面的了解。

1　磁　路

实际电路中经常采用电感元件,如电磁铁、变压器、电机等,一般电感线圈中都有铁芯。线圈通电后铁芯就构成磁路,磁路又会影响电路。因此,电工技术不仅有电路问题,同时也有磁路问题,只有同时掌握了电路和磁路的基本理论,才能对电感元件作全面的分析。

在物理学中已经知道,电流产生磁场,也就是说通电导体周围存在着磁场。在电磁铁、变压器、发电机等电工设备中,为了用较小的电流产生较大的磁场,通常把线圈绕在由铁磁材料制成的铁芯上。这时,当电流通过线圈时,产生的磁通绝大部分也通过铁芯,通过铁芯的磁通称为主磁通,用字母 Φ 表示;小部分沿铁芯以外空间闭合的磁通,称为漏磁通,用 Φ_σ 表示。由于漏磁通很小,在工程中常略去不计。

主磁通通过的闭合路径称为磁路。用以产生磁场的电流称为励磁电流。图 4-1 所示为几种电气设备的磁路。图 4-1a)是电磁铁的磁路,磁路中有很短的空气隙;图 4-1b)是变压器的一种磁路,它由同一种铁磁材料组成,且各段截面积基本相等,这种磁路称为均匀磁路;图 4-1c)是直流电机的磁路,磁路中也有空气隙,且磁路的铁磁材料不一定相同。

1.1　磁路的基本物理量

1.1.1　磁感应强度 B

磁感应强度 B 是表示磁场内某点磁场强弱及方向的物理量。如图 4-1b)所示的变压器磁路中,当线圈中通有励磁电流时,在铁芯内就产生磁场。磁场的大小与线圈的匝数和电流的大小有关,用通过垂直于磁场方向单位面积的磁感线数目表示磁感应强度 B 的大小。磁场的方向与励磁电流的方向有关,这个关系可用右手螺旋定则来表示。磁感应强度的单位是特斯拉(T),简称特。

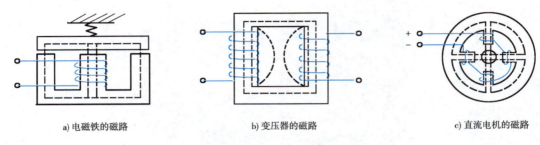

a) 电磁铁的磁路　　　　b) 变压器的磁路　　　　c) 直流电机的磁路

图 4-1　几种常用电工设备的磁路

知识链接

尼古拉·特斯拉(1856~1943 年),出生在克罗地亚,是世界知名的发明家、物理学家、机械工程师和电机工程师。19 世纪末 20 世纪初,他对电磁学做出了杰出贡献。建立了现代交变电流电力系统,包括多相电力分配系统和交流电发电机,带起了第二次工业革命。

1.1.2　磁通 Φ

在均匀磁场中,磁通 Φ 等于磁感应强度 B 与垂直于磁场方向的面积 S 的乘积,即

$$\Phi = BS \quad \text{或} \quad B = \frac{\Phi}{S}$$

故 B 又称磁通密度。如果不是均匀磁场,为计算方便起见,可取 B 的平均值。磁通的单位是韦伯(Wb),简称韦。$1\text{Wb} = 1\text{V} \cdot \text{s}$(伏·秒)。

1.1.3　磁导率 μ

磁导率 μ 是表示物质导磁性能的物理量。它的单位是亨/米(H/m)。

实验证明,自然界中大多数物质,如各种气体,非金属材料,铜、铝、高镍不锈钢等金属对磁场的影响都很小,且与真空极为接近,这类物质统称为非磁性物质。由实验测出真空的磁导率 $\mu_0 = 4\pi \times 10^{-7}\text{H/m}$。还有一类物质如铁、钴、镍、钇、镝及其合金,它们的导磁性能远比真空好,通常这类物质统称为铁磁性物质。非磁性物质也称非铁磁物质。在说明物质的磁性能时,往往不直接用磁导率 μ,而是用 μ 与真空磁导率 μ_0 的比值 μ_r 表示,μ_r 称为相对磁导率。

非磁性物质的 μ_r 近似为 1,铁磁性物质的 μ_r 远大于 1,其值从几百到几万。铁的 μ_r 在 200 以上,硅钢片的 μ_r 可达 10 000 以上。在制造电机、变压器等电气设备时,把线圈套在铁磁物质上,目的是用同样大小的电流及同样匝数的线圈,可得到很大的磁感应强度。

应当指出,真空的磁导率 μ_0 是一个常数,而铁磁物质的磁导率 μ 不是常数,当励磁电流改变时,μ 也改变。

1.1.4　磁场强度 H

由于铁磁物质的磁导率 μ 不是常数,磁场的计算比较复杂,为了简化计算,引入磁场强度

H 这一辅助物理量。磁场强度只与产生磁场的电流以及这些电流的分布有关,而与磁介质的磁导率无关。磁场强度的单位是安/米(A/m)。

磁场强度 H 的大小与磁感应强度 B 的大小之间的关系为

$$H = \frac{B}{\mu} \quad \text{或} \quad B = \mu H$$

1.2 磁路的基本定律

1.2.1 安培环路定律

安培环路定律又称全电流定律,是计算磁场的基本定律,其内容是:磁场强度矢量在磁场中沿任何闭合回路的线积分,等于穿过该闭合回路所包围面积内电流的代数和,即

$$\oint_l \dot{H} \cdot \mathrm{d}\dot{l} = \sum I$$

计算电流代数和时,绕行方向符合右手螺旋定则的电流取正号,反之取负号。

在电工技术中,常常遇到如图 4-1b)所示的情况,即闭合回路上各点的磁场强度 H 相等且其方向与闭合回路的切线方向一致,则安培环路定律可简化为

$$Hl = \sum I$$

式中 l 为回路(磁路)长度。由于电流 I 和闭合回路绕行方向符合右手螺旋定则,如线圈有 N 匝,电流就穿过回路 N 次,因此

$$\sum I = NI = F$$

所以

$$Hl = NI = F$$

式中 F 称为磁动势,单位是安(A)。

1.2.2 磁路的欧姆定律

在图 4-1b)所示的磁路中,磁通 Φ 为

$$\Phi = BS = \mu HS = \mu \frac{NI}{l}S = \frac{NI}{l/\mu S} = \frac{F}{R_m}$$

式中 $R_m = l/\mu S$ 称为磁阻,是表示磁路对磁通具有阻碍作用的物理量。上式与电路中的欧姆定律在形式上相似,称为磁路的欧姆定律。

磁路与电路有许多相似之处,如表 4-1 所示。

电路与磁路比较 表 4-1

项 目	电 路	磁 路
基本物理量	电动势 E 电流 I 电阻 R 电导率 γ	磁动势 F 磁通 Φ 磁阻 R_m 磁导率 μ
基本关系	电阻 $R = \dfrac{l}{\gamma S}$ 电阻欧姆定律 $I = \dfrac{E}{R}$ 电阻的基尔霍夫电压定律 $\sum IR = \sum E$	磁阻 $R_m = \dfrac{l}{\mu S}$ 磁路的欧姆定律 $\Phi = \dfrac{F}{R_m}$ 磁路的安培环路定律 $\sum Hl = \sum I$

1.2.3 电磁感应定律

当流过线圈的电流发生变化时,线圈中的磁通也随之变化,并在线圈中出现感应电流,这表明线圈中感应了电动势。电磁感应定律指出,感应电动势为

$$e = -N\mathrm{d}\varphi/\mathrm{d}t$$

式中 N 为线圈匝数。感应电动势的方向由 $\mathrm{d}\varphi/\mathrm{d}t$ 的符号与感应电动势的参考方向比较而定出。当 $\mathrm{d}\varphi/\mathrm{d}t > 0$,即穿过线圈的磁通增加时,$e < 0$,这时感应电动势的方向与参考方向相反,表明感应电流产生的磁场要阻止原磁场的增加;当 $\mathrm{d}\varphi/\mathrm{d}t < 0$,即穿过线圈的磁通减小时,$e > 0$,这时感应电动势的方向与参考方向相同,表明感应电流产生的磁场要阻止原磁场的减少。

1.3 铁磁材料的磁性能

1.3.1 高导磁性

铁磁材料的磁导率很高,μ_r 可达 $10^2 \sim 10^4$,所以由铁磁材料组成的磁路磁阻很小,在线圈中通入较小的电流 I,在磁路中即可获得较大的磁通 Φ。因而铁磁材料是制造电磁铁、变压器、电机等的主要材料。

1.3.2 磁饱和性

铁磁材料的磁饱和性表现在磁感应强度 B 不会随磁场强度 H 的增强而无限增强,当磁场强度 H 增大到一定值时,磁感应强度 B 不能继续增强,这就是铁磁材料的磁饱和性。铁磁材料的磁化曲线如图 4-2 所示。

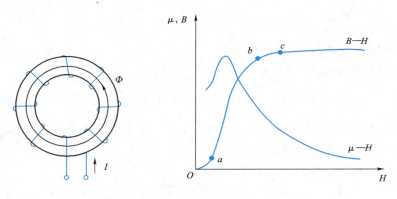

图 4-2 磁化曲线

各种铁磁材料的磁化曲线可通过实验得出,在磁路计算上极为重要。由图 4-2 可知,磁化曲线可分成 3 段:B 与 H 差不多成正比的 Oa 段,B 随 H 的增加而缓慢增加的 ab 段,以及 B 几乎不再随 H 的增加而增加的饱和段(b 点以后一段)。

1.3.3 磁滞性

当铁芯线圈中通过交变电流(大小和方向都变化)时,H 的大小和方向都会改变,这时铁芯在交变磁场中反复磁化,由实验得到的磁滞回线如图 4-3 所示。由图可见,当磁场强度 H 从 0 增至 $+H_\mathrm{m}$ 时,磁感应强度 B 由 0 增至 B_m。当 H 由 $+H_\mathrm{m}$ 逐渐减小到 0 时,B 的减小并不按起

始磁化曲线(0—a 段)变化，而是沿着稍高于起始磁化曲线(a—b 段)下降。当 $H=0$ 时，B 并未回到零值，而是 $B=B_r$，B_r 称为剩磁。当 H 继续减小到 $-H_c$（b—c 段）时，$B=0$，这种磁感应强度 B 总是滞后于磁场强度 H 的变化，称为铁磁材料的磁滞性。H_c 称为矫顽磁力。当磁场强度 H 反方向从 $-H_c$ 增至 $-H_m$（c—d 段）时，磁感应强度 B 由 0 变为 $-B_m$。之后令 H 回到 0，再次增至 $+H_m$（d—e—f—a 段）。通过这样多次反复，就得到一条对称于坐标原点的闭合曲线，称为铁磁性材料的磁滞回线。铁磁材料在反复磁化过程中由于磁滞现象而产生的损耗称为磁滞损耗，它是导致铁磁性材料发热的原因之一，对电机、变压器等电气设备的运行不利。因此常采用磁滞损耗小的铁磁性材料作它们的铁芯。

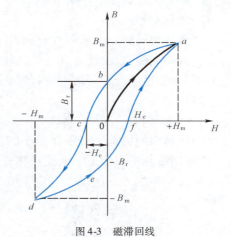

图 4-3 磁滞回线

铁磁材料不同，磁滞回线和磁化曲线也不同，图 4-4 所示为几种铁磁材料的磁化曲线。

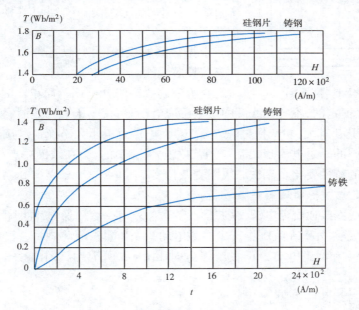

图 4-4 几种铁磁材料的磁化曲线

按铁磁材料的磁性能，铁磁材料可以分成以下 3 种类型：

1）软磁材料

软磁材料的特点是磁导率高，磁滞特性不明显，矫顽力和剩磁都小，磁滞回线较窄，磁滞损耗小。软磁材料又分为低频和高频两种，低频软磁材料常用于工频交流电路中，有铸钢、硅钢片、坡莫合金等。硅钢片的厚度一般为 0.3~1.0mm。硅钢片有冷轧与热轧之分，冷轧性能较好，但价格也较贵，常用于变压器和大型电机的铁芯。高频软磁材料常用于电子电路，主要有软磁铁氧体，它是用几种氧化物的粉末烧结而成的，如锰锌铁氧体、镍锌铁氧体等。半导体收音机的磁棒、中周变压器的铁芯，都是用软磁铁氧体制成的。

2)硬磁材料

硬磁材料的特点是剩磁和矫顽力均较大,磁滞性明显,磁滞回线较宽。由于这类材料磁化后有很强的剩磁,宜制作永久磁铁。硬磁材料广泛用于各种磁电系测量仪表、扬声器等。常用的有碳钢、钴钢等。新型的硬磁材料钕铁硼合金,有极高的磁感应强度,能使永久磁铁的体积大为减小。

3)矩磁材料

矩磁材料的特点是只要受较小的外磁场作用就能磁化到饱和,当外磁场去掉,磁性仍保持,磁滞回线几乎成矩形。老式计算机的存储磁芯就是利用这种原理制造的,矩磁材料的 +B 及 -B 两种状态,分别代表二进制数 0 和 1 两个数码,起到记忆功能。

1.4 交流铁芯线圈电路

将线圈绕制在铁芯上便组成铁芯线圈,如图 4-5 所示。

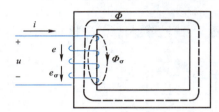

图 4-5 交流铁芯线圈

当线圈通入电流时,铁芯形成的磁路就有磁通。铁芯线圈是研究电磁铁、变压器、电机等电气设备的基础,本节导出的不少公式和结论,对电磁铁、变压器、电机等也适用。

根据线圈所接的电源,铁芯线圈分为直流铁芯线圈和交流铁芯线圈。

直流铁芯线圈的分析比较简单。因为励磁电流是直流,产生的磁通是恒定的,不会在线圈中产生感应电动势;在电压 U 一定时,线圈中的电流 I 只与线圈本身的电阻 R 有关;功率损耗($\Delta P = I^2R$)由电流及电阻大小确定,与磁路无关。

交流铁芯线圈的励磁电流是交流,产生的磁通是交变的,会在线圈中产生感应电动势,因此交流铁芯线圈的特性要比直流铁芯线圈复杂得多。

1.4.1 电压、电流和磁通的关系

将交流铁芯线圈接通交流电源,铁芯形成的磁路就有交变磁通 ϕ,同时也在空气中产生漏磁通 ϕ_σ。这两个磁通分别在线圈中产生主磁电动势 e 和漏磁电动势 e_σ。设电压 u、电流 i、磁通 ϕ、主磁电动势 e 和漏磁电动势 e_σ 的参考方向如图 4-5 所示,由基尔霍夫电压定律有

$$u + e + e_\sigma = iR$$

式中 R 为铁芯线圈的电阻。

设主磁通按正弦规律变化,则有

$$\phi = \phi_m \sin\omega t$$

则

$$e = -N\frac{d\phi}{dt} = -\omega N\phi_m \cos\omega t = E_m \sin(\omega t - 90°)$$

式中 $E_m = \omega N\phi_m$。为主磁电动势 e 的振幅,其有效值为

$$E = \frac{E_m}{\sqrt{2}} = \frac{\omega N\phi_m}{\sqrt{2}} = 4.44 fN\phi_m$$

上式是分析变压器、交流电动机等电器设备常用的重要公式。

通常由于线圈的电阻 R 和漏磁通 ϕ_σ 都很小，R 上的电压和漏磁电动势 e_σ 也很小，与主磁电动势比较可以忽略不计。于是

$$u \approx -e = N\frac{d\phi}{dt}$$

$$U \approx E = 4.44fN\phi_m$$

上式表明在忽略线圈电阻 R 及漏磁通 ϕ_σ 的条件下，当线圈匝数 N 及电源频率 f 为一定时，主磁通的幅值 ϕ_m 由励磁线圈外的电压有效值 U 确定，与铁芯的材料及尺寸无关。这一点和直流铁芯线圈不同，直流铁芯线圈的电压不变时，电流也不变，而磁通 ϕ 却随磁路情况而改变。

1.4.2 功率损耗

铁芯线圈的功率损耗包括铜损 ΔP_{Cu} 和铁损 ΔP_{Fe} 两部分。铜损 ΔP_{Cu} 由线圈导线发热引起，其值为 $\Delta P_{Cu} = I^2R$，其中 I 是线圈的电流，R 是线圈电阻。铁损 ΔP_{Fe} 主要是由磁滞和涡流产生的。

在反复磁化的过程中，由于磁感应强度 B 的变化滞后于磁场强度 H 的变化，铁磁物质在这个过程中会产生发热损耗，称为磁滞损耗。可以证明，其损耗与铁芯磁滞回线包围的面积成正比。为了减少磁滞损耗，应选用磁滞回线狭小的磁性材料制造交流铁芯线圈铁芯。硅钢是交流铁芯的理想材料。

线圈接通交流电源后，磁路的交变磁通不仅使线圈产生感应电动势，铁芯也产生感应电动势，这个电动势使铁芯产生涡状电流，简称涡流。涡流使铁芯发热而产生功率损耗，称为涡流损耗。工程中常用两种方法减少涡流损耗：一是增大铁芯材料的电阻率，在钢中渗硅，既保持良好的导磁性，又使电阻率大为提高；二是用片型，片间涂上绝缘漆，这种由硅钢片叠成的铁芯代替整块铁芯，既增长了涡流路径，又增加涡流电阻，使涡流损耗大大减少。

综上所述，铁芯线圈交流电路的有功功率为

$$P = UI\cos\phi = \Delta P_{Cu} + \Delta P_{Fe} = I^2R + I^2R_0$$

式中 R_0 是和铁损相应的等效电阻。直流铁芯线圈没有磁滞和涡流损耗，其铁芯不必造成片状。

1.4.3 等效电路

铁芯线圈的总损耗包括有功损耗与无功损耗。有功损耗就是铜损 ΔP_{Cu} 和铁损 ΔP_{Fe}，无功损耗是由铁芯线圈中能量的储放（与电源发生能量交换）引起的，设反映此无功损耗大小的感抗为 X_0，则交流铁芯线圈的等效电路如图 4-6 所示。

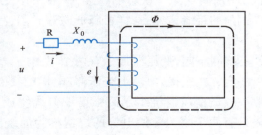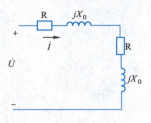

图 4-6 交流铁芯线圈的等效电路

【例 4-1】 有一铁芯线圈,接到 $U=220\text{V}$,$f=50\text{Hz}$ 的交流电源上,测得电流 $I=2\text{A}$,功率 $P=50\text{W}$。

(1)不计线圈电阻及漏磁通,试求铁芯线圈等效电路的 R_0 及 X_0。
(2)若线圈电阻 $R=1\Omega$,试计算该线圈的铜损及铁损。

解:(1)阻抗

$$Z = \frac{U}{I} = \frac{220}{2} = 110(\Omega)$$

$$R_0 = \frac{P}{I^2} = 12.5(\Omega)$$

$$X_0 = \sqrt{Z^2 - R_0^2} = \sqrt{110^2 - 12.5^2} = 109.3(\Omega)$$

(2)铜损

$$\Delta P_{\text{Cu}} = I^2 R = 2^2 \times 1 = 4(\text{W})$$

铁损

$$\Delta P_{\text{Fe}} = P - \Delta P_{\text{Cu}} = 50 - 4 = 46(\text{W})$$

或

$$\Delta P_{\text{Fe}} = I^2 R'_0 = 2^2 \times (12.5 - 1) = 46(\text{W})$$

2 变 压 器

变压器是根据电磁感应原理制成的一种静止的电气设备,它的用途可归纳为:经济地输电,合理地配电,安全地用电。它具有变换电压、变换电流、变换阻抗的功能,因而在电力系统输电和用户用电以及工程的各个领域得到广泛应用。

2.1 变压器的工作原理

变压器种类很多,图 4-7 是常见的变压器,由铁芯和绕组组成,其结构示意图如图 4-8 所示。

铁芯是变压器的磁路部分,为减少涡流和磁滞损耗,铁芯多用厚度为 0.35~0.55mm 的硅钢片叠成,硅钢片两侧涂上绝缘漆,使片间绝缘。铁芯的叠装,一般采用交错方式,即每层硅钢片的接缝错开,这样可降低磁路磁阻,减少励磁电流。

与铁芯线圈不同,变压器最少有两个以上的线圈,多数还需要以一定方式连接,习惯上变压器、电机的线圈称为绕组。一般小容量变压器绕组用高强度漆包线绕成,单相变压器一般只有两个绕组。接电源的绕组称为原绕组(或称初级绕组或一次绕组),匝数为 N_1;接负载的绕组称为副绕组(或称次级绕组或二次绕组),匝数为 N_2。

图 4-7 变压器

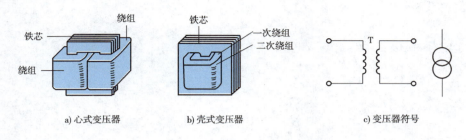

a) 心式变压器　　　　b) 壳式变压器　　　　c) 变压器符号

图 4-8　变压器结构形式

知识链接

电力变压器常用的冷却方式一般分为三种：油浸自冷式、油浸风冷式、强迫油循环。

2.1.1　单向变压器的空载运行

图 4-9 所示为单向变压器的空载运行示意图。图中标注了各物理量的参考方向。一次绕组接额定电压为 u_1 的交流电源上，二次绕组处于开路状态，称为变压器的空载运行。

当一次绕组接正弦交流电压时，绕组中流过空载电流 i_0，空载电流 i_0 一般很小，仅为一次绕组额定电流的 2%~10%。空载电流通过匝数为 N_1 的一次绕组，产生磁动势 $N_1 i_0$，并在铁芯中产生交变磁通。磁通的绝大部分为沿铁芯闭合的主磁通 Φ，与一次、二次绕组同时交链。此外还有极少部分经空气而闭合，且仅与一次绕组相交链的漏磁通 $\Phi_{\sigma1}$，由于空气的磁导率远小于铁芯，故一次绕组的漏磁通是极少的。

空载时变压器的一次绕组电路就是一个含有铁芯线圈的交流电路。根据前面所学知识可知，主磁通 Φ 在一次、二次绕组中产生的感应电动势分别为

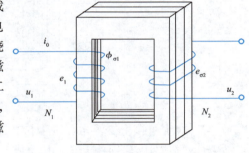

图 4-9　单相变压器的空载运行示意图

$$E_1 = 4.44 f N_1 \Phi_m$$
$$E_2 = 4.44 f N_2 \Phi_m$$

式中，N_1、N_2 分别为一次、二次绕组匝数，f 为电源频率，Φ_m 为主磁通的最大值。

由上两式可得出

$$\frac{E_1}{E_2} = \frac{N_1}{N_2} = k$$

式中，k 称为变压器的变比，亦即原、副绕组的匝数比。

根据一次绕组电路电动势平衡关系式

$$u_1 = -e_1 - e_{\sigma1} + i_0 R_1$$

在忽略很小的漏磁电动势和一次绕组电阻的电压降时，可得

$$u_1 \approx -e_1$$

有效值关系为
$$U_1 \approx E_1$$
由于是空载,所以二次绕组空载电压
$$U_{\sigma 2} \approx E_2$$
则
$$\frac{U_1}{U_{\sigma 2}} = \frac{E_1}{E_2} = \frac{N_1}{N_2} = k$$

上式为变压器的基本公式,它说明变压器空载时,一次、二次绕组的电压比近似等于它的匝数比。可见,当电源电压片一定时,只要改变 k 即可得出不同的输出电压 $U_{\sigma 2}$。$k>1$ 时为降压变压器;$k<1$ 时为升压变压器。

2.1.2 单向变压器的负载运行

图 4-10 为单向变压器的负载运行示意图。图中标注了各物理量的参考方向。一次绕组接额定电压为 u_1 的交流电源上,二次绕组与负载相连接时,称为变压器的负载运行。

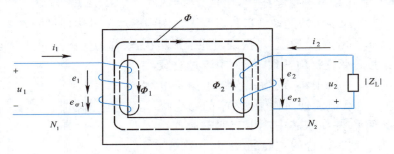

图 4-10 单向变压器的负载运行示意图

当一次绕组接上交流电压 u_1 时,一次绕组中便有电流 i_1 通过,产生的磁通绝大部分通过铁芯闭合,在二次绕组中感应出电动势。因二次绕组接有负载,则二次绕组中便有电流 i_2 通过,产生的磁通也绝大部分通过铁芯闭合。因此,铁芯中的磁通是由一次、二次绕组的电流共同产生的,这个磁通称为主磁通 Φ。主磁通在一次、二次绕组中分别感应出电动势 e_1 和 e_2。此外,一次、二次绕组还产生一部分通过周围空气而闭合的漏磁通 $\Phi_{\sigma 1}$ 和 $\Phi_{\sigma 2}$,从而在各自的绕组中分别产生漏磁电动势 $e_{\sigma 1}$ 和 $e_{\sigma 2}$。

负载时二次绕组流经电流 i_2,产生磁动势 $N_2 i_2$,同时一次绕组电流由空载电流 i_0 变为 i_1,产生磁动势 $N_1 i_1$,共同作用在磁路中,产生主磁通 Φ。根据恒磁通概念,从空载到负载,在电源电压 U_1 不变的情况下,主磁通 Φ 基本保持不变,因此磁动势也保持不变。磁动势的平衡关系式为
$$N_1 i_1 + N_2 i_2 = N_1 i_0$$
因空载电流与负载电流相比较小,近似计算时可以忽略不计空载磁动势。
$$N_1 i_1 + N_2 i_2 = 0$$
电流大小关系即为
$$\frac{I_1}{I_2} = \frac{N_2}{N_1} = \frac{1}{K}$$

上式反应了变压器变换电流的作用,即一次、二次绕组电流之比近似等于匝数的反比。变压器越接近满载运行,其比值关系越准确。由此可见,变压器的电流虽然由负载的大小确定,但一次、二次绕组电流的比值却不变。因为负载增加而使二次绕组电流增加时,一次绕组电流也必须增加,以抵消二次绕组电流对主磁通的影响,维持主磁通基本不变。

负载运行时一次、二次绕组的电动势平衡式为

$$u_1 = -e_1 - e_{\sigma 1} + i_1 R_1$$
$$e_2 + e_{\sigma 2} = u_2 + i_2 R_2$$

二次绕组的漏磁电动势和电阻的压降都较小,忽略不计后得到

$$u_1 \approx -e_1$$
$$e_2 \approx u_2$$

可得到有效值大小之比为

$$\frac{U_1}{U_2} \approx \frac{E_1}{E_2} = \frac{N_1}{N_2} = k$$

上式说明,变压器在负载运行时,电压之比仍近似等于匝数之比。

变压器的变比可由其铭牌数据求得,它等于原、副绕组的额定电压之比。例如,6 000V/400V 的单相变压器,表示变压器原绕组的额定电压(即原绕组上应加的电源电压)U_{1N} = 6 000V,副绕组的额定电压 U_{2N} = 400V,所以变比为 k = 15。在变压器中,副绕组的额定电压是指原绕组加上额定电压 U_{1N} 时副绕组的空载电压。对于三相变压器,额定电压均指线电压。

要变换三相电压,可采用三相变压器。三相变压器的高、低压绕组都可以接成星形或三角形。图 4-11 所示为三相变压器的两种接法及电压的变换关系。图 4-11a)中的三相变压器采用 Y/Y_0 接法,图 4-11b)中的三相变压器采用 $Y/\triangle$ 接法。斜线上方表示绕组的连接方式,斜线下方表示低压绕组的连接方式。Y_0 表示星形连接,并有中线引出。例如在图 4-11a)中,当高压边的线电压为 U_1 时,则相电压为 $U_1/\sqrt{3}$,若变压器的变比为 k,则低电压边的相电压为 $U_1/\sqrt{3}k$,线电压为 $U_2 = U_1/k$。

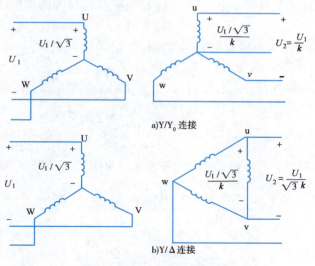

图 4-11 三相变压器的连接方法举例

变压器的额定电流 I_{1N} 和 I_{2N} 是指原绕组加上额定电压 U_{1N}，原、副绕组允许长期通过的最大电流。三相变压器的 I_{1N} 和 I_{2N} 均为线电流。

单相变压器副绕组额定电压与额定电流的乘积称为变压器的额定容量。即

$$S_N = U_{2N}I_{2N}$$

额定容量是变压器输出的视在功率。忽略变压器的损耗，则

$$S_N = U_{2N}I_{2N} \approx U_{1N}I_{1N}$$

三相变压器的额定容量为

$$S_N = \sqrt{3}U_{2N}I_{2N} \approx \sqrt{3}U_{1N}I_{1N}$$

2.1.3 阻抗变换

变压器除了能改变交流电压、电流的大小以外，还能变换交流阻抗，这在电子、电信工程中有着广泛的应用。

在电子、电信工程中，总是希望负载获得最大功率，而负载获得最大功率的条件是负载阻抗等于信号源内阻，即阻抗匹配。实际上负载阻抗与信号源内阻往往是不相等的。例如晶体管放大器输出电阻约为 $1\,000\,\Omega$，晶体管放大器作为信号源时，其输出电阻就是信号源内阻，而喇叭的电阻只有几欧，如果将负载直接接到信号源上就不一定能得到最大功率。为此，通常用变压器来完成阻抗匹配的任务。

设接在变压器副绕组的负载阻抗 Z 的模为 $|Z|$，则

$$|Z| = \frac{U_2}{I_2}$$

Z 反映到原绕组的阻抗模 $|Z'|$ 为

$$|Z'| = \frac{U_1}{I_1} = \frac{kU_2}{I_2/k} = k^2\frac{U_2}{I_2} = k^2|Z|$$

上式表明，负载 Z 通过变比为 k 的变压器接至电源，与负载 Z' 直接接至电源的效果是一样的。这样，不论负载阻抗有多大，只要在信号源与负载之间接入一个变压器并适当选择变比，都能使负载等效阻抗等于信号源阻抗，从而保证负载获得最大的输出功率，这就是变压器的阻抗变换原理。

【例 4-2】 设交流信号源电压 $U = 100\,\text{V}$，内阻 $R_0 = 800\,\Omega$，负载 $R_L = 8\,\Omega$。

(1) 将负载直接接至信号源，负载获得多大功率？

(2) 经变压器进行阻抗匹配，求负载获得的最大功率是多少？变压器变比是多少？

解：(1) 负载直接接信号源时，负载获得功率为

$$P = I^2R_L = \left(\frac{U}{R_0 + R'_L}\right)^2 R_L = \left(\frac{100}{800 + 8}\right)^2 \times 8 = 0.123(\text{W})$$

(2) 最大输出功率时，R_L 折算到原绕组应等于 $R_0 = 800\,\Omega$。负载获得的最大功率为

$$P_{max} = I^2R'_L = \left(\frac{U}{R_0 + R'_L}\right)^2 R'_L = \left(\frac{100}{800 + 800}\right)^2 \times 800 = 3.125(\text{W})$$

变压器变比为

$$k = \frac{N_1}{N_2} = \sqrt{\frac{R_0}{R_L}} = \sqrt{\frac{800}{8}} = 10$$

单元四　磁路与变压器

2.2　变压器的使用

要正确使用变压器，必须了解变压器的外特性、效率、额定值及绕组极性的测定方法。

2.2.1　变压器的外特性

变压器的电压变换关系在变压器空载或轻载时才准确，而电流变换关系则在接近满载时才准确。一般情况下，电源电压 U_1 不变，当负载（即 I_2）变化时，由于原、副绕组的电阻和漏抗上的电压发生变化，使变压器副绕组的电压 U_2 也发生变化。当电源电压 U_1 和负载功率因数 $\cos\varphi_2$ 为常数时，U_2 与 I_2 的变化关系 $U_2 = f(I_2)$ 称为变压器的外特性，如图 4-12 所示。

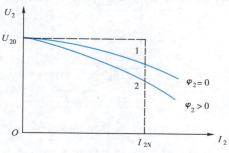

图 4-12　变压器的外特性曲线

由图可见，对电阻性和电感性负载，电压 U_2 随电流 I_2 的增加而下降。

通常希望电压 U_2 的变动越小越好。为了反映电压 U_2 的变化程度，引入电压变化率 ΔU

$$\Delta U = \frac{U_{20} - U_2}{U_{20}} \times 100\%$$

一般变压器的电阻和漏抗都较小，电压变化率不大，约在 5% 左右。

2.2.2　变压器的损耗和效率

变压器的损耗与交流铁芯线圈相似，包括铜损和铁损，即

$$\Delta P = \Delta P_{Cu} + \Delta P_{Fe}$$

变压器的铜损 ΔP_{Cu} 是变压器运行时，电流流经原、副绕组电阻 R_1、R_2 所消耗的功率，即

$$\Delta P_{Cu} = I_1^2 R_1 + I_2^2 R_2$$

铜损 ΔP_{Cu} 与负载电流大小有关，变压器空载时 $\Delta P_{Cu} = 0$，满载时 ΔP_{Cu} 最大。

变压器的铁损是主磁通在铁芯中交变时所产生的磁滞损耗和涡流损耗，它与铁芯材料、电源电压 U_1、频率 f 有关，与负载电流大小无关。

变压器的效率是变压器输出功率 P_2 与对应输入功率 P_1 的比值，即

$$\eta = \frac{P_2}{P_1} = \frac{P_2}{P_2 + \Delta P}$$

变压器的效率很高，大型变压器的效率可达 95% 以上，小型变压器效率为 70%~80%。研究表明，当变压器的铜损等于铁损时，其效率接近最高。

2.2.3　变压器线圈极性的测定

在使用变压器或磁耦合的互感线圈时，要注意绕组的连接。如一台变压器有两个匝数相同的原绕组，它们的端子分别用 1、2 和 3、4 表示，如图 4-13 所示。

两绕组串联（2、3 端相连）可接于较高电压；两绕组并联（1、3 相连和 2、4 相连）可用于较低电压。若连接错误，两线圈磁动势方向相反，相互抵消，铁芯磁通为零，两绕组不感应电动势，绕组中将流过很大电流，会把绕组绝缘烧坏。为正确接线，绕组需标以同极性端的标记"·"。所谓同极性端，是指当电流从同极性端子流入时，其产生磁通方向就相同。显然端子

1、3(或2、4)为同极性端。

如果把其中一个线圈反绕,如图4-14所示,则1、4(或2、3)端为同极性端。可见,同极性端与线圈绕向有关。因此,只需根据线圈绕向来确定同极性端。若无法辨认绕向时,就得借助于实验方法。

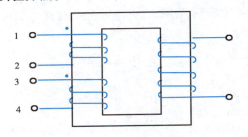
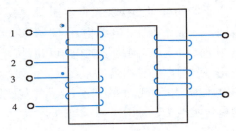

图4-13 变压器线圈的同极性端　　　　　　　图4-14 变压器反接时的同极性端

(1)直流法:接线如图4-15a)所示,当开关S闭合瞬间,若直流毫安表的指针正向偏转,则1和3是同极性端;反向偏转时则1和4是同极性端。

(2)交流法:接线如图4-15b)所示,用导线将两线圈1、2和3、4中的任一端子(如2和4)连在一起,将较低的电压加于任一线圈(如1、2线圈),然后用电压表分别测出U_{12}、U_{34}及U_{13},若$U_{13}=|U_{12}-U_{34}|$,则1和3是同极性端;若$U_{13}=|U_{12}+U_{34}|$,则1和4是同极性端。

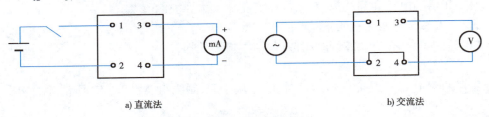

a) 直流法　　　　　　　　　　　　　　　b) 交流法

图4-15 测定变压器绕组的同极性端

知识扩展

特殊变压器

变压器的种类很多。根据特定的使用要求,各种变压器在结构上及特性上常有一些特殊的考虑,各自具有一些不同的特点。

1. 自耦变压器

自耦变压器的结构特点是副绕组是原绕组的一部分,原、副绕组不但有磁的联系,也有电的联系,如图4-16所示。原、副绕组电压之比和电流之比是:

$$\frac{U_1}{U_2}=\frac{N_1}{N_2}=k,\frac{I_1}{I_2}=\frac{N_2}{N_1}=\frac{1}{k}$$

实验室中常用的调压器就是一种可以改变副绕组匝数的自耦变压器。

2. 仪用互感器

在直流电路中,测量较大的电流常并联分流电阻,测量较高的电压常串联分压电阻。在交流电路中,电流更大,电压更高,由于绝缘要求和仪表制造工艺方面的原因,用仪表直接去测量大电流和高电压是不可能的,必须借助仪用互感器进行间接测量。

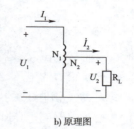

a) 外形图　　b) 原理图

图 4-16　自耦变压器

仪用互感器有电流互感器和电压互感器。将大电流变换成小电流的称电流互感器,将高电压变换成低电压的称电压互感器。仪用互感器的工作原理与变压器相同,但由于用途不同、安装地点不同、电压等级不同,在构造和外形上有明显的区别。

1) 电流互感器

电流互感器的原绕组线径较粗,匝数很少,有时只有一匝,与被测电路负载串联;副绕组线径较细,匝数很多,与电流表及功率表、电度表、继电器的电流线圈串联,如图 4-17a) 所示。根据变压器电流变换原理,电流互感器原、副绕组电流之比为

$$\frac{I_1}{I_2} = \frac{N_2}{N_1} = \frac{1}{k}$$

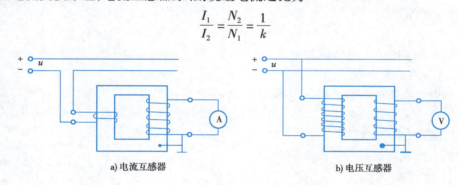

a) 电流互感器　　　　　　　b) 电压互感器

图 4-17　电流互感器和电压互感器

通常电流互感器副绕组额定电流设计成标准值 5A,因而电流互感器的额定电流比就有:50A/5A、75A/5A、100A/5A 等,将测量仪表的读数乘以电流互感器的电流比,就可得到被测电流值。因此,一只 5A 的电流表,配用相应的电流互感器,就可以测量任意大的电流。实际应用时,电流互感器的电流比不同,配用相应不同的电流表刻度标尺,就可直接读数。

使用电流互感器时,副绕组电路不允许开路。这是因为在正常运行时,原、副绕组的磁动势基本互相抵消,工作磁通很小,而且原绕组磁动势不随副绕组而变,只决定于原绕组电路负荷。一旦副绕组断开,铁芯中的磁通将急剧增加,一方面引起铁损剧增,铁芯严重发热,导致绕组绝缘损坏;另一方面由于副绕组匝数远比原绕组多,在副绕组中将感应很高的电动势,危及人身及设备安全。此外,电流互感器的铁芯及副绕组的一端必须搭铁,这是为了防止原、副绕组绝缘击穿时,原绕组的高电压窜入副绕组而危及人身及设备安全。

2) 电压互感器

电压互感器的原绕组匝数很多,并联于待测电路两端;副绕组匝数较少,与电压表及电度表、功率表、继电器的电压线圈并联,如图 4-17b) 所示。根据变压器电压变换原理,电压互感器原、副绕组电压之比为

$$\frac{U_1}{U_2} = \frac{N_1}{N_2} = k$$

通常电压互感器副绕组的额定电压设计成标准值100V。在不同的高压电路中所使用的电压互感器的电压比有:6 000V/100V、10 000V/100V、35 000V/100V 等。所以,一只100V 的电压表,配用相应的电压互感器就可以测量不同等级的电压。实际上为了直接在电压表读数,电压互感器的电压比不同,电压表相应配用不同的标度尺。目前,220V/380V 系统中很少用电压互感器,而将仪表直接接电源,因而在低压配电屏中通常只见电流互感器而不见电压互感器。但在高压系统,必须使用电压互感器,绝不能直接用仪表测量高电压。

电压互感器实际上相当于一个降压变压器。使用电压互感器时,副绕组不得短路。这是因为电压互感器副绕组所接的电压线圈阻抗很高,工作时接近开路状态,如果发生短路,将产生很大的短路电流,烧坏互感器,甚至影响主电路的安全运行。此外,电压互感器的铁芯及副绕组的一端必须搭铁,这是为了防止原、副绕组绝缘击穿时,原绕组的高电压窜入副绕组而危及人身及设备安全。

实例分析

1. 汽车点火系统的点火线圈与电路

1.1 汽车用点火线圈

汽车点火线圈按磁路和结构的不同,可分为开磁路和闭磁路点火线圈。开磁路点火线圈多用于传统点火系及普通电子点火系;闭磁路点火线圈多用于高能电子点火系及电控点火系。

1.1.1 开磁路点火线圈

开磁路点火线圈的结构如图4-18 所示。

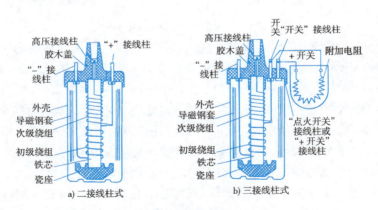

图4-18 开磁路点火线圈

铁芯用互相绝缘的硅钢片叠制而成,以减少涡流损耗,外面套有绝缘的纸板套管,套管上分层绕有次极绕组,约11 000～26 000 匝,其导线为直径0.06～0.10mm 的漆包线。为加强绝缘性能和避免机械损伤,每层导线都用绝缘纸隔开,最外层的绝缘纸层数较多,或者套有纸板套管。初级绕组分层缠绕在次级绕组外面,以便于散热。初级绕组为230～370 匝,其导线为直径0.5～1.0mm 的漆包线,外面也包有数层绝缘纸。绕组绕好后在真空中浸以石蜡和松香的混合物,以增强绝缘性能。绕组与外壳之间夹有数层导磁硅钢片,用以加强磁通。在铁壳底部置有绝缘座,以防高压电击穿二次绕组的绝缘向铁芯和壳体放电,在壳体上部有胶木盖,盖上连接断电器及开关的低压电路接头和接至配电器盖的高压接头。高压接头设在盖的内部,四周较高,以防止高压接头放电至一次绕组。在点火线圈内部的空腔里,充满沥青或绝缘油,以加强铁芯和绕组间的绝缘,避免线圈短路,该点火线圈的磁路如图4-19所示。从图中可见,磁路的上、下部分是从空气中通过的,因此漏磁较多。这种点火线圈常称为开磁路点火线圈。

1.1.2 闭磁路点火线圈

闭磁路点火线圈结构如图4-20所示,它的结构与开磁路点火线圈不同。在"日"字形铁芯内绕有一次绕组,在一次绕组外面绕有二次绕组,其磁路如图4-20b)所示。为减小磁滞损耗,在磁路中有一很小的气隙,由于闭合磁路基本由铁芯构成,漏磁少,磁路磁阻相对于开磁路点火线圈小很多,在同样的磁通下需要的磁通势(绕组匝数与励磁电流乘积)比较小,因此绕组匝数或励磁电流就比较小。这样一方面使得点火线圈能量转换效率高,约为75%(开磁路的点火线圈变换效率只有60%);另一方面减少了绕组匝数,使得点火线圈的体积变小,结构紧凑。

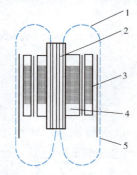

图4-19 开磁路点火线圈的磁路
1-磁力线;2-铁芯;3-一次绕组;
4-二次绕组;5-导磁钢片

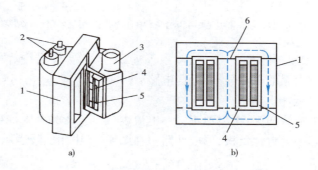

图4-20 闭磁路点火线圈磁路
1-"日"字形铁芯;2-一次绕组接线;3-二次绕组接线柱;4-二次绕组;5-一次绕组;6-空气隙

1.2 点火系的基本组成与电路

1.2.1 组成

点火系组成示意图如图4-21所示,主要由一组蓄电池、点火开关、点火线圈、分电器(包括配电器和断电器)、火花塞等组成。

(1)电源。电源为蓄电池和发电机供给点火系所需电能,一般电压为12V。

(2)点火开关。点火开关的作用是接通或断开点火系一次电路。

(3)点火线圈。它实际上是一个变压器,将12V低压电转变为15 000～20 000V的高压电。它有两个绕组,一次绕组和二次绕组。

(4)分电器。它包括配电器和断电器。断电器作用是接通和切断低压电路,根据电磁感应原理,使点火线圈次级产生高压电;配电器作用是按发动机点火顺序向各汽缸火花塞分配高压电。

(5)电容器。它与断电器触点并联,当断电器触点断开时,用来吸收一次绕组的自感电动势,减小断电器触点火花,延长触点的使用寿命,并可提高点火线圈的次级电压。

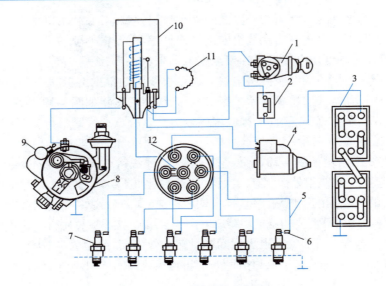

图 4-21 传统点火系组成示意图

1-点火开关;2-电流表;3-蓄电池;4-起动机;5-高压导线;6-阻尼电阻;7-火花塞;8-断电器;9-电容器;10-点火线圈;11-附加电阻;12-配电器

1.2.2 电路

点火系的电路分高、低压电路。

1）低压电路

电流流向为:蓄电池正极→电流表→点火开关→附加电阻→点火线圈→一次绕组→断电器触点→蓄电池负极,形成回路。在图 4-22 中用实线表示触点闭合时的低压电路。

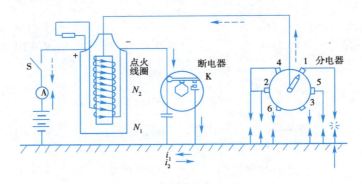

图 4-22 传统点火系的工作回路

2）高压电路

高压电由点火线圈二次绕组产生,从二次绕组一端出来→附加电阻→点火开关→电流表→蓄电池→火花塞旁电极→中心电极→配电器旁电极→分火头→点火线圈二次绕组另一端。在图 4-22 中用虚线表示触点打开时的高压回路。

根据楞次定律判定,点火线圈二次绕组产生高压电的极性与点火线圈一次绕组通电方向有关,汽车电气规定:火花塞跳火要求中心电极负电位(因中心电极温度高便于热电子发射,使击穿电压低些),所以点火线圈初级接线一定要正确。

1.2.3 点火系的工作原理

点火系是基于电磁感应原理进行工作的。它把蓄电池或发电机的12V低压电转变为15 000~20 000V的高压电，同时按一定规律送入各缸火花塞，经过火花塞电极间火花放电点燃可燃混合气。在发动机工作时，断电器凸轮转动交替将触点闭合或打开。接通点火开关后，在触头闭合时一次绕组内有电流流过，并在绕组铁芯中形成磁场。断电器触头打开时，一次绕组电流被切断，使磁场迅速消失。在一次、二次绕组中均产生感应电动势。因二次绕组匝数多（电压的比等于匝数的比），所以可感应出高达15 000~30 000V的高电压。该高电压击穿火花塞间隙，形成火花放电。

2. 磁场继电器控制电路

磁场继电器控制电路一般接在电源与调节器之间，用以控制交流发电机的励磁电路。即发电机启动时，自动接通发电机的励磁电路，熄火时又自动断开发电机的励磁电路。通常将它与双级电磁振动式调节器合装为一体，仍然称为调节器，但这种调节器只装于柴油机上。现以FT61A型调节器为例，讲述其工作原理。它的控制电路如图4-23所示。

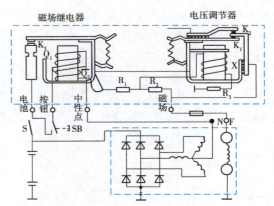

图4-23 FT61A型双联调节器电路
Q_1-启动线圈；Q_2-维持线圈；X-调节器磁化线圈；S-电源开关；SB-启动按钮；K_1-低速触点；K_2-高速触点；K_3-触点；R_1-加速电阻；R_2-调节电阻；R_3-温度补偿电阻

2.1 电路组成

图4-23中Q_1为启动线圈，承受蓄电池电压；Q_2为维持线圈，承受发电机中性点电压；K_3为继电器常开触点，接通与切断发电机的励磁电路。

2.2 电路分析

1）启动时

接通电源开关S，按下启动按钮SB，蓄电池经电源开关S、启动按钮SB、"按钮"接线柱向启动线圈Q_1供电，产生电磁力，使触点K_3闭合，于是励磁电路接通，发电机他励发电。其通路为：蓄电池"+"极→电源开关S→"电池"接线柱→磁场继电器触点K_3→衔铁、磁扼→连接线→调节器磁扼、衔铁→常闭触点K_1→"磁场"接线柱→熔断器→励磁绕组→搭铁→蓄电池"−"极。

2）启动中

发电机及中性点电压升高，中性点输出的电流经"N"接线柱、磁场继电器"中性点"接线柱，流入维持线圈Q_2，并产生与Q_1方向一致的电磁力，使触点K_3闭合得更牢。

3）启动后

松开启动按钮，启动线圈Q_1断电。但此时发电机已正常发电，中性点电压U_N能维持线圈Q_2产生足够的电磁力，维持触点K_3闭合，发电机由他励转入自励，励磁电路不变，仅电流改由发电机自给。

4）电压调节

随着转速的升高，发电机端电压达到调节值时，调压器工作，维持发电机电压基本不变。

5）发动机熄火

发动机熄火后，发电机中性点电压为零，磁场继电器维持线圈中电流消失，触点 K_3 打开，切断了发电机的励磁电路，避免了蓄电池向发电机励磁绕组放电。

单元小结

1. 磁路是磁通集中通过的路径。由于铁磁材料具有高磁导率，所以很多电气设备如变压器、电磁铁、电动机、交流接触器等均用铁磁材料来构成磁路。磁路的欧姆定律 $\Phi = F/R_m$ 是分析磁路的基础。由于铁磁材料的磁阻 R 不是常数，故它常用于定性分析。

交流铁芯线圈的主磁通 $\Phi_m \approx U/4.44fN$ 只与电源电压 U、频率 f 及线圈匝数 N 有关，只要 $U、f$ 不变，主磁通大小就基本不变。这一关系适用于一切交流励磁的磁路，如变压器、电磁铁、电动机、交流接触器等。

2. 变压器是根据电磁感应原理制成的静止电器。变压器主要由用硅钢片叠成的铁芯和绕在铁芯柱上的线圈（绕组）构成。变压器具有变换电压、电流和阻抗的功能，变换关系式分别为

$$\frac{U_1}{U_2} = \frac{N_1}{N_2} = k$$

$$\frac{I_1}{I_2} = \frac{N_2}{N_1} = \frac{1}{k}$$

$$|Z'| = \left(\frac{N_1}{N_2}\right)^2 |Z| = k^2 |Z|$$

3. 变压器带负载时的外特性 $U_2 = f(I_2)$ 是一条稍微向下倾斜的曲线，若负载增大、功率因数减小，端电压就下降，其变化情况由电压变化律来表示。

变压器铭牌是工作人员运行的依据，因此必须掌握各额定值的含义。

思考练习

一、填空题

1. 涡流损耗会引起铁芯_____，减小涡流的方法可采用_____叠成铁芯。
2. 变压器是根据_____原理制成的电气设备。

二、判断题

1. 确定互感电动势极性，一定要知道同名端。（　　）
2. 变压器可以改变各种电源的电压。（　　）
3. 变压器用作变换阻抗时，变压比等于一次、二次绕组阻抗的平方比。（　　）
4. 变压器一次绕组的输入功率是由二次绕组的输出功率决定的。（　　）
5. 变压器输出电压的大小决定于输入电压的大小和一次、二次绕组的匝数比。（　　）
6. 变压器是一种静止的电气设备，它只能传递电能，而不能产生电能。（　　）
7. 一只 220V/110V 的变压器可用来把 440V 的电流电压降到 220V。（　　）

8. 一只降压变压器只要将一次、二次绕组对调就可作为升压变压器使用。（　　）

三、选择题

1. 电感量一定的线圈，产生自感电动势大，说明该线圈中通过电流的(　　)。
   A. 数值大　　　　B. 变化量大　　　　C. 时间长　　　　D. 变化率大

2. 下面的观点正确的是(　　)。
   A. 变压器可以改变交流电的电压
   B. 变压器可以改变直流电的电压
   C. 变压器可以改变交流电压，也可以改变直流电压
   D. 变压器除了改变交流电压、直流电压外，还能改变电流等

3. 用理想变压器给负载电阻 R 供电，变压器输入电压不变时，要想使变压器的输入功率增加，应该(　　)。
   A. 增加变压器一次绕组的匝数，而二次绕组的匝数和负载电阻 R 保持不变
   B. 增加变压器二次绕组的匝数，而一次绕组的匝数和负载电阻 R 保持不变
   C. 减少变压器二次绕组的匝数，而一次绕组的匝数和负载电阻 R 保持不变
   D. 增加负载电阻 R 的阻值，而一次、二次绕组的匝数保持不变

4. 降压变压器必须符合(　　)。
   A. $I_1 > I_2$　　　B. $I_1 < I_2$　　　C. $K < 1$　　　D. $N_1 < N_2$

5. 变压器空载运行时一次绕组空载电流很小的原因是(　　)。
   A. 原绕组匝数多电阻大　　　　B. 原绕组漏抗很大
   C. 变压器的励磁阻抗很大　　　D. 以上说法都不对

6. 铁、钴、镍及其合金的相对磁导率是(　　)。
   A. 略小于 1　　B. 略大于 1　　C. 等于 1　　D. 远大于 1

四、简答题

1. 为什么交流线圈的铁芯要用硅钢片叠成？用整块铸钢有什么不好？
2. 什么是铁磁材料的磁滞性？它是如何形成的？
3. 变压器运行中有哪些损耗？何种情况下，变压器的效率最高？

五、计算题

1. 单相变压器一次、二次额定电压为 220V 和 36V，容量 $S_N = 2 \text{kV} \cdot \text{A}$。

(1) 分别求一次、二次侧的额定电流。

(2) 当一次侧加以额定电压后，在任何负载下一次、二次绕组中的电流是否都是额定值？为什么？

(3) 如在二次侧连接 36V、100W 的电灯 15 盏，求此时的一次电流。若把电灯减少到 2 盏时，再求一次电流。问在上列两种情况下算得的电流，哪一个比较准确？为什么？

2. 有一台三相变压器，其容量为 2 500kV·A，高压侧的额定电压为 35kV，低压侧的电压为 10.5kV，高压绕组作星形连接，低压绕组作三角形连接，求变压器一次、二次侧的额定电流和一次、二次绕组的额定电流。

3. 已知一电流互感器的电流比 $I_1/I_2 = 45$，二次电流表量程为 5A。若电流表的读数为 $I_2 = 4.2$A 时，一次电流是多少？

4. 有一个用硅钢片叠成的铁芯线圈,$U=220V$,$f=50Hz$,$I=4A$,消耗有功功率 $P=100W$,线圈电阻 $R=1.5\Omega$,求铁损及功率因数。

5. 一个铁芯线圈的电阻为 2Ω,漏磁通略去不计。将它接到110V的正弦电源时,测得电流为3A,功率为80W,求铁损、功率因数。

6. 一台容量为 $20kV·A$ 的照明变压器,它的电压为 $6600V/220V$,问它能够正常供应220V、40W的白炽灯多少盏?能供给功率因数为0.6、电压为220V、功率为40W的日光灯多少盏?

7. 有一个单相变压器铭牌是 $220V/36V$、$500V·A$。如果要使变压器在额定情况下运行,可在副绕组接多少盏36V、15W的灯泡?并求原、副绕组中的额定电流。

8. 某三相变压器原绕组每相匝数 $N_1=2080$,副绕组每相匝数 $N_2=80$。如果原绕组所加线电压 $U_1=6000V$,试求在 Y/Y_0 和 $Y/\triangle$ 两种接法时副绕组的线电压和相电压。

技能训练

实训五 汽车喇叭电磁继电器

一、实训目的

1. 掌握电磁继电器的工作原理。
2. 掌握电磁继电器在汽车电路中的应用。

二、实训器材

1. 直流稳压电源或蓄电池　　1个
2. 万用表　　　　　　　　　1个
3. 汽车用电磁继电器(12V)　1个
4. 汽车用喇叭及喇叭按钮　　各1个

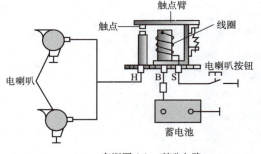

实训图4-1　喇叭电路

三、实训内容

1. 打开继电器盖,用万用表电阻挡测量继电器线圈通断情况。
2. 按实训图4-1所示将继电器与喇叭及蓄电池连接好后,按下喇叭按钮,注意观察触点动作和声音。
3. 如喇叭不响,检查故障出在何处?

实训六 汽车启动继电器的检测

一、实训目的

1. 掌握汽车起动工作原理及工作过程。
2. 掌握汽车起动系统安装起动继电器的作用。
3. 掌握汽车起动电路故障的检查方法。

二、实训器材

1. 装有启动继电器并可正常起动的汽车　　1辆

2. 万用表　　　　　　　　　　　　　　　1个
3. 工具(螺丝刀、尖嘴钳等)　　　　　　　1套
4. 试灯　　　　　　　　　　　　　　　　1个

三、实训内容

1. 用万用表测量继电器线圈的"蓄电池"接线柱是否有电。
2. 若有电,打开点火开关,起动发动机。若发动机正常起动,说明起动系统线路连接正常。
3. 若无法起动,用螺丝刀短接继电器"起动机"和"蓄电池"接线柱后可起动,说明继电器触点有故障或继电器到起动机之间的线路断路。
4. 若依旧无法起动,用螺丝刀将"蓄电池"和"点火"接线柱连接后,可听到继电器动作,打开点火开关可起动,说明继电器线圈正常,若无动作,说明继电器线圈故障。

四、问题讨论

1. 起动电路中为何设置继电器?
2. 在汽车电路中还有哪些部件装有继电器?

单元五　交流电动机及控制

学习目标

知识目标
1. 简述交流电动机的结构、铭牌、控制保护器件。
2. 正确描述三相异步电动机的工作原理及其启动、正反转、调速和制动。

能力目标
1. 能进行三相异步电动机的星形接线和三角形接线,实现其启动与正反转。
2. 会连接接触器、热继电器以及各按钮的控制电路。

1　三相异步电动机的结构

三相异步电动机按转子结构的不同分为笼型和绕线转子异步电动机两大类。笼型异步电动机由于构造简单、价格低廉、工作可靠、维护方便,已成为生产上应用最广泛的一种电动机。绕线转子异步电动机由于结构较复杂、价格较高,一般只用在要求调速和启动性能好的场合,如桥式起重机上。图5-1 是三相异步电动机。

异步电动机由两个基本部分组成:定子(固定部分)和转子(旋转部分)。笼型和绕线转子异步电动机的定子结构基本相同,所不同的只是转子部分。笼型异步电动机的主要部件如图5-2 所示。

图5-1　三相异步电动机

图5-2　笼型异步电动机的各个部件
1-端盖;2-定子;3-定子绕组;4-转子;5-风扇;
6-风扇罩;7-接线盒

1.1　定子

三相异步电动机的定子由机座和装在机座中的定子铁芯及定子绕组组成。机座一般由铸铁制成。定子铁芯是由冲有槽的硅钢片叠成,片与片之间涂有绝缘漆。冲片的形状如图5-3所示。三相绕组是用绝缘铜线或铝线绕制成三相对称的绕组按一定的规则连接嵌放在定子槽中。过去用A、B、C表示三相绕组始端,X、Y、Z表示其相应的末端,这六个接线端引出至接线盒。按现国家标准,始端标以U_1、V_1、W_1,末端标以U_2、V_2、W_2。三相定子绕组可以接成如图5-4所示的星形或三角形,但必须视电源电压和绕组额定电压的情况而定。一般电源电压为380V(指线电压),如果电动机定子各相绕组的额定电压是220V,则定子绕组必须接成星形,如图5-4b)所示;如果电动机各相绕组的额定电压为380V,则应将定子绕组接成三角形,如图5-4c)所示。

图5-3 定子冲片

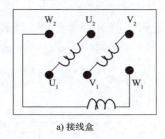
a) 接线盒

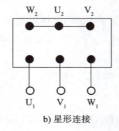
b) 星形连接

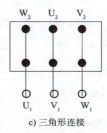
c) 三角形连接

图5-4 定子三相绕组的连接

1.2 转子

转子部分是由转子铁芯和转子绕组组成的。转子铁芯也是由相互绝缘的硅钢片叠成的。转子冲片如图5-5a)所示。铁芯外圆冲有槽,槽内安装转子绕组。根据转子绕组构造不同可分为两种型式:笼型转子和绕线型转子。

a) 转子冲片

b) 笼型绕组

c) 笼型转子

图5-5 笼型转子

1.2.1 笼型异步电动机

笼型转子的绕组是在铁芯槽内放置铜条,铜条的两端用铜的短路环焊接起来,绕组的形状如图5-5b)所示。它像个鼠笼,故称之为笼型转子。为了简化制造工艺,小容量异步电动机的笼型转子都是熔化的铝浇铸在槽内而成,称为铸铝转子。在浇铸的同时,把转子的短路环和端部的冷却风扇也一起用铝铸成,如图5-6所示。

1.2.2 绕线转子异步电动机

绕线型转子绕组和定子绕组一样,也是一个用绝缘导线绕成的三相对称绕组,被嵌放在转子铁芯槽中,接成星形。绕组的三个出线端分别接到转轴端部的三个彼此绝缘的铜质滑环上。通过滑环与支持在端盖上的电刷构成滑动接触,把转子绕组的三个出线端引到机座上的接线盒内,以便与外部变阻器连接,故绕线式转子又称滑环式转子,其外形如图5-7所示。

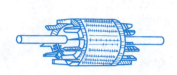

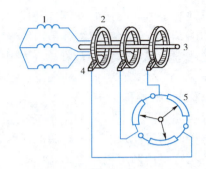

图 5-6 铸铝转子

图 5-7 绕线型转子与外部变阻器的连接
1-绕组;2-滑环;3-轴;4-电刷;5-变阻器

转子的转轴用圆钢制成,用于传送机械功率。为了保证转子能可靠地自由旋转,定子铁芯与转子铁芯之间留有尽可能小的空气间隙,中小型电动机的空气间隙约为 0.2～1mm。

2 三相异步电动机的工作原理

三相异步电动机正常转动是建立在:一是导体被磁场切割,会在导体中产生感应电动势;二是载流导体与磁场相互作用,使载流导体受力而运动的理论基础上的。三相异步电动机的磁场是旋转磁场。

2.1 旋转磁场的产生

图 5-8 为一最简单的三相定子绕组,每相只有一个线圈,这三个线圈 U_1U_2、V_1V_2、W_1W_2 在空间彼此相隔 120°,将三相绕组按要求连接(假设连成星形)后接到三相电源上,三相绕组中就会流过三相对称电流,各相绕组内电流的参考方向如图 5-8b)中箭头所示。其波形如图 5-9 所示。三相电流的解析式为

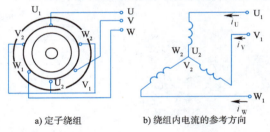

图 5-8 三相异步电动机最简单的定子绕组(星形连接)

$$\begin{cases} i_u = I_m\sin\omega t \\ i_v = I_m\sin(\omega t - 120°) \\ i_w = I_m\sin(\omega t + 120°) \end{cases} \quad (5-1)$$

每相绕组电流都将产生磁场,三相绕组电流将共同形成一个合成磁场。下面选择几个瞬间,用作图的方法来说明此合成磁场是一旋转磁场。

当 $\omega t = 0$ 时,当 $i_U = 0$,$i_V < 0$,i_V 从 V_2 端流入,从 V_1 端流出;$i_W > 0$,i_W 从 W_1 端流入,从 W_2 端流出,如图 5-9a)所示。绕组中通入电流后,应用右手螺旋定则可以知道,三个线圈通电后该瞬间所产生的合成磁场形成一对磁极,磁极位置为上端 N 极,下端 S 极。

当 $\omega t = 120°$ 时,$i_U > 0$,i_U 从 U_1 端流入,从 U_2 端流出;$i_V = 0$;$i_W < 0$,i_W 从 W_2 端流入,从 W_1 端流出。其合成磁场如图 5-9b)所示,仍为一对磁极。但是这时的合成磁场在空间的位置和 $\omega t = 0$ 的位置相比,已按顺时针方向在空间旋转了 120°。

用同样的方法,可以作出 $\omega t = 240°$ 和 $\omega t = 360°$ 时的合成磁场,分别如图5-9c)、5-9d)所示。可以看出,合成磁场的位置和 $\omega t = 0$ 位置相比,已分别按顺时针方向在空间旋转了240°和360°。

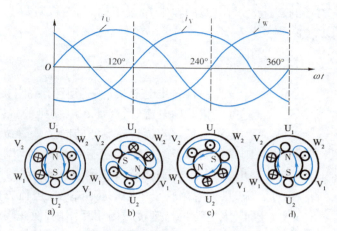

图5-9 旋转磁场(一对磁极)形成

由此可见,当三相对称电流变化一个周期时,它所产生的合成磁场在电动机里也正好转了一圈。因此,电流不断地变化,电动机里的N、S极的位置就不断旋转,即产生了旋转磁场。

2.2 旋转磁场的转向

从图5-9可知,旋转磁场的旋转方向与定子绕组中电流的相序一致。相序U、V、W顺时针排列,磁场顺时针方向旋转。如果将定子三相绕组接至电源的三根端线中的任意两根对调,例如 W_1 改接电源V相,V_1 接电源W相,则相序变为U、W、V,那么磁场必然逆时针方向旋转。因此得到结论:旋转磁场的转向与三相电流的相序一致。只要将三相异步电动机接到电源的三根端线中的任意两根对调一下,就可以使电动机所产生的旋转磁场的旋转方向改变。

2.3 旋转磁场的转速

对于图5-9所示电动机,当电流变化一个周期时,电动机里的磁场也正好转了一圈,如果电流的频率为 f_1,则旋转磁场转速为 $n_1 = 60f_1 \text{(r/min)}$。

三相异步电动机旋转磁场转速的高低与电动机定子三相绕组在定子槽内放置的位置及连接的方法有关。如果定子三相绕组中的每相由两个相隔180°的线圈串联而成,并且相邻两相绕组的首端与首端、末端与末端都相隔60°空间角,如图5-10所示,当通以三相对称电流时,所形成的合成磁场为四极,两个N极,两个S极(又称2对磁极)。当电流变化一个周期,磁场只转动半圈,比两极情况下的电动机磁场转速慢了一半,即 $n_1 = 60f_1/2$。

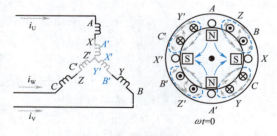

图5-10 四极旋转磁场

依此类推,当旋转磁场具有 p 对磁极时,电流变化一周,旋转磁场在空间旋转 $1/p$ 圈,旋转

磁场的转速

$$n_1 = \frac{60f_1}{p} \tag{5-2}$$

上式表明，旋转磁场的转速 n_1 与电源的频率 f_1 成正比，与磁极对数 p 成反比。旋转磁场的转速 n_1 又称为同步转速。

2.4 转动原理

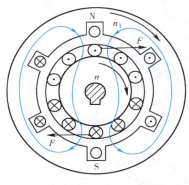

图5-11 三相异步电动机旋转原理图

当三相异步电动机的三相定子绕组接通三相交流电源，流过三相对称电流后，就能在电动机的气隙中产生转速为 n_1 的旋转磁场。若旋转磁场的转向及瞬时位置如图5-11所示，则静止的转子绕组便相对磁场运动而切割磁感线，感应出电动势。由于转子绕组自成闭合回路，在转子导体中便有电流流过，如忽略转子电路的感抗，感应电流方向与电动势方向相同，该电流再与旋转磁场相互作用，便在转子绕组中产生电磁力，形成电磁转矩，带动异步电动机的转子顺着旋转磁场的方向，以 n 的转速转动起来。如使旋转磁场的方向改变，则转子的转动方向也跟着改变。

2.5 转差率

异步电动机转子转向与旋转磁场转向相同，一般情况下，异步电动机转子的转速 n 低于旋转磁场的转速 n_1。因为假如 $n = n_1$，则转子绕组与旋转磁场之间就没有相对运动，就不会切割磁力线，就不会产生感应电动势并产生电流，也不会产生电磁转矩使转子继续转动，所以通常转子转速 n 小于同步转速 n_1，这就是异步电动机的"异步"由来。

转速差（$n_1 - n$）是异步电动机运行的必要条件。此值与同步转速 n_1 之比，称之为转差率，用符号 s 表示，即

$$s = \frac{n_1 - n}{n_1} \tag{5-3}$$

转差率 s 是异步电动机的一个重要参数，它对电动机的运行有着极大的影响。在电动机启动瞬间，$n = 0$，$s = 1$。随着 n 的上升，s 不断下降，在理想空载状态下，可认为 $n = n_1$，$s = 0$。由此可见，处于运行状态的异步电动机，其转差率变化范围为 $0 \leq s \leq 1$。

异步电动机在额定状态下运行的转差率，称为额定转差率，用 s_N 表示。异步电动机的额定转速 n_N 接近同步转速 n_1，因此 s_N 很小，一般为 $0.01 \sim 0.06$。

【例5-1】 已知一台50Hz的三相异步电动机，额定转速 $n_N = 1\,460 \text{r/min}$，试求该电动机的磁极对数 P 和额定转差率 s_N。

解：已知 $n_N = 1\,460 \text{r/min}$，当 $P = 2$ 时，$n_1 = 60 \times 50/2 = 1\,500 \text{r/min}$，因为异步电动机的额定转速略小于同步转速，所以可以断定同步转速 $n_1 = 1\,500 \text{r/min}$。

磁极对数

$$p = \frac{60f_1}{n_1} = \frac{60 \times 50}{1\,500} = 2$$

额定转差率

$$s_N = (n_1 - n_N)/n_1 = (1\,500 - 1\,460)/1\,500 = 0.027$$

3 三相异步电动机的铭牌和技术数据

每台电动机的机座都装有一块铭牌,上面标明这台电动机的型号,主要额定技术数据和使用方法。现以 Y132S—4 型三相异步电动机的铭牌(表 5-1)为例说明其意义。

三相异步电动机铭牌表　　　　　　　　　　　　　　　　　　　　表 5-1

三相异步电动机		
型号 Y132S—4	功率 5.5kW	防护等级 IP44
电压 380V	电流 11.6A	功率因数 0.84
接法 △	转速 1 440r/min	绝缘等级 B
频率 50Hz	重量 68kg	工作方式 S_1
×××电机厂		

3.1 型号

```
Y  132  S — 4
            └─ 磁极数
         └─── 机座长度代号(S-短机座;M-中机座;L-长机座)
    └──────── 中心高度(单位:mm)
└───────────── 三相异步电动机
```

3.2 额定电压 U_N

额定电压是指电动机在额定运行时定子绕组所加的线电压,它与定子三相绕组的接法有对应关系。Y 系列电动机的额定电压 U_N 都是 380V,当 $P_N \leqslant 3kW$ 时,定子绕组都是星形(Y)连接;当 $P_N \geqslant 4kW$ 时,定子绕组都是三角形(△)连接。

3.3 额定电流 I_N

额定电流是指电动机在额定运行时定子绕组的线电流。

3.4 额定功率因数 λ_N

异步电动机是感性负载,定子电路的相电流滞后相电压 φ 角,其功率因数 $\lambda = \cos\varphi$。铭牌上额定功率因数是指电动机在额定运行时定子电路的功率因数,一般约为 0.7~0.9。

3.5 额定功率 P_N 与效率 η_N

额定功率是指电动机在额定运行时转轴输出的机械功率。

电动机是能量转换设备,在额定运行时,其输入的电功率

$$P_{IN} = \sqrt{3}U_N\lambda_N I_N$$

电动机的输入电功率 P_{IN} 要大于输出机械功率 P_N,其差值就是电动机本身的功率损耗。输出机械功率与输入电功率的比值就是效率。

$$\eta_N = \frac{P_N}{P_{IN}} \times 100\%$$

一般异步电动机额定运行的效率 $\eta_N = (72.5\% \sim 94.5\%)$。

额定功率因数 λ_N 和额定效率 η_N 是异步电动机的重要技术数据。

异步电动机运行时,当负载增大,其输出功率随之增大,使得功率因数 λ 和效率 η 跟着增高。当电动机处于满载或接近满载运行时,$\lambda \approx \lambda_N$,$\eta \approx \eta_N$ 最高。而在轻载或空载运行时,λ 和 η 都很低。因此,使用电动机时,一是正确选择电动机的额定功率;二是工作时电动机要处于满载或接近满载下运行;三是力求缩短空载运行时间。

3.6 额定转速 n_N

额定转速是指电动机额定运行时的转子转速,它非常接近或略低于同步转速 n_1。

电动机的额定转矩、额定功率、额定转速之间的关系为

$$T_N = 9\,550\frac{P_N}{n_N} \qquad (功率的单位为 kW)$$

3.7 工作方式

指电动机运行时的工作方式,分为连续运行(S_1),短时运行(S_2)和断续运行(S_3)。

3.8 绝缘等级

绝缘等级是电动机所用的绝缘材料的耐热等级,它决定电动机工作时允许的最高温度。表 5-2 列出了绝缘材料的耐热等级和极限温度。

绝缘材料的耐热等级和极限温度　　　　　　表 5-2

耐热等级	Y	A	E	B	F	H	C
极限温度(℃)	90	105	120	130	155	180	>180

3.9 防护等级

防护等级是电动机外壳防护形式的分级。按 GB 4942.1—2006,"IP44"中的 IP 是指国际防护标准的表征字母,第一位数字是防颗粒物等级,第二位数字是防水等级。44 表示本台电动机可以防止直径或厚度大于 1mm 的导线或片条触及或接近壳内带电或转动部件,能防止直径大于 1mm 的固体异物进入壳内和承受任何方向的溅水应无有害影响。

除了上述铭牌数据外,还有过载系数、启动能力等技术数据,可通过电工手册和产品目录查找。

4 三相异步电动机的启动、调速和制动

4.1 启动

4.1.1 启动性能

当三相异步电动机接入三相电源,电动机由静止状态加速到稳定运行,这个过程称为启动过程,简称启动。

在刚启动瞬间,转子转速 $n=0$,接入三相电源的定子绕组产生的旋转磁场以同步转速 n_1 切割转子导体,在其中产生很大的感应电动势和电流,从而使定子电流也很大,一般是额定电流的 4~7 倍。由于启动时间短,这样大的启动电流还不至于引起电动机过热,但若频繁启动,不仅使电动机温度升高,还会由于电磁力的频繁冲击,影响电动机寿命。同时过大的启动电流会引起电网电压下降,影响到接在同一电网的其他用电设备的正常运行。

启动时的转子漏电抗(SX_{20})很大,使转子电路的功率因数很低,所以启动转矩并不大,只是额定转矩的 1~2.2 倍。

研究异步电动机启动的目的,就是要减小启动电流,增大启动转矩,改变其启动性能,同时力求启动设备简单经济,操作方便。

4.1.2 笼型异步电动机的启动

1)直接启动

通过开关,将额定电压直接加到电动机上使之启动的方法,称为直接启动,又称全压启动。此法简便、经济。电动机能否直接启动,要根据电动机容量和供电电网容量确定。

2)星形—三角形(Y—△)换接降压启动

这种方法只适用于正常运行时是三角形连接的笼型异步电动机。

启动时,定子绕组先接成星形,启动后再换接成三角形。

图 5-12 是手动 Y/△降压启动控制电路。启动时,先合上电源开关 Q_1,然后将开关 Q_2 合到"Y 启动"位置,这时定子绕组连接成星形降压启动,待转速上升到接近额定转速时,再将开关 Q_2 合到"△运行"位置,把定子绕组改接成三角形,在额定电压下正常运行。

当定子绕组连成星形降压启动时,设每相绕组的阻抗为 $|Z|$,则

$$I_{LY} = I_{PY} = \frac{U_L/\sqrt{3}}{|Z|}$$

当定子绕组连成三角形直接启动时

$$I_{L\triangle} = \sqrt{3} I_{P\triangle} = \sqrt{3} \frac{U_L}{|Z|}$$

比较上面二式,可得

$$I_{LY} = \left(\frac{1}{\sqrt{3}}\right)^2 I_{L\triangle} = \frac{1}{3} I_{L\triangle}$$

根据电磁转矩正比于电压的平方,得

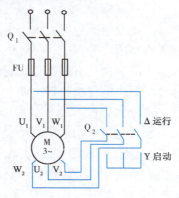

图 5-12 Y/△降压启动控制电路

$$T_{stY} = \left(\frac{U_L/\sqrt{3}}{U_L}\right)^2 T_{st\triangle} = \frac{1}{3}T_{st\triangle}$$

可见，Y—△降压启动时，启动电流和启动转矩是直接启动的1/3。我们国家Y系列三相异步电动机额定电压是380V，容量在4kW和4kW以上的正常工作都接成三角形，因此可以采用Y—△降压启动。这种方法适用于轻载或空载启动。

4.1.3 绕线转子电路串联电阻启动

绕线转子异步电动机串入适当的电阻 R_{st} 启动，可以增大转子电路的阻抗，减小启动电流；还可以提高转子电路的功率因数，增大启动转矩。在要求启动电流小，启动转矩大或启动频繁的生产机械，例如起重、吊车等大都使用绕线转子异步电动机，与之配套的启动电阻也已标准化，可根据电动机容量大小，查阅有关电工手册和产品目录选配。

绕线转子异步电动机的转子三相绕组通过滑环、碳刷与外部启动变阻器连接，如图5-13所示。启动变阻器通过操作手柄连成星形，启动前逆时针旋转手柄将电阻调到最大值。合上电源开关Q，电动机开始启动，随着转速的上升，顺时针旋转操作手柄，逐段切除变阻器的电阻，当转速接近额定值时，切除全部启动电阻，使转子三相绕组短接，启动结束。

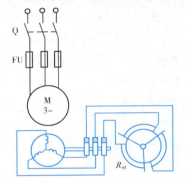

图5-13 绕线转子异步电动机串电阻启动

4.2 调速

在同一负载下，用人为的方法调节电动机的转速，称为调速。根据三相异步电动机的转速表达式

$$n = (1-s)n_1 = (1-s)\frac{60f_1}{p} \tag{5-4}$$

改变电源频率 f_1、磁极对数 p 和转差率 s 都可以调节电动机的速度。

4.2.1 笼型异步电动机的调速方法

1) 变频调速

当改变电源频率 f_1 时，同步转速 n_1 与 f_1 成正比变化，转子转速 n 也随之改变，我国电网供电频率是固定的50Hz，因此要改变频率，就需要专用的频率可变的交流电源向电动机供电。

变频调速具有调速范围宽、平滑的无级调速、机械特性硬和能适应不同负载要求等优点，是笼型异步电动机最好的调速方法。

2) 变极调速

通过定子三相绕组的布置和改变接线能够改变磁极对数 p，从而改变电动机转速。

改变定子绕组的接线方法只能使磁极对数 p 成对改变，这种调速方法是有级的。双速电动机在机床中，如车床、铣床、镗床等都有较多应用。

3) 变压调速

改变定子绕组所加的电源电压 U_1，随着电源电压连续下降，转子转速连续降低，可实现无级调速。这种调速方法的缺点是调速范围小、机械特性软,可通过带有负反馈的闭环控制系统解决。

4.2.2 绕线转子异步电动机的调速方法

在绕线转子异步电动机的转子电路中串入调速电阻,改变临界转差率 s_m,在负载转矩不变时,随着调速电阻增大,转差率增大,转速下降,这种在转子电路串联电阻改变转差率的调速方法只适用绕线转子异步电动机。

这种调速方法简单易行,多用于起重、运输等生产机械上。缺点是调速电阻要消耗电能,效率低,机械特性软,解决方法是把在转子电路中串联调速电阻改为串联反电势,称为绕线转子异步电动机串级调速,其调速原理和电路比较复杂,本书不作介绍。

4.3 反转

异步电动机的转向与旋转磁场转向相同,而旋转磁场的转向取决于定子绕组的三相电流相序。所以,只要将接到电动机的三相电源线中的任意两根线对调,改变三相电流相序,就可改变电动机的转向。

4.4 制动

电动机的制动是指在电动机的转子加上一个与转动方向相反的电磁转矩,称为制动转矩,使电动机迅速、准确停转。电动机的制动可由机械的或电气的方法实现,这里介绍电气制动方法。

4.4.1 反接制动

当要求电动机停止转动时,将接到电动机的三根电源线中的任意两根线对调,改变三相电流相序,旋转磁场立即反向旋转,如图 5-14 所示,它与由于惯性仍在原方向旋转的转子相互作用,产生与转子转向相反的制动转矩,使电动机迅速减速,当转速减至接近为零时,及时断开三相电源(否则电动机将反转),转速为零,反接制动结束。

反接制动简单、快速,但能量消耗大,准确性差。

4.4.2 能耗制动

能耗制动的原理电路如图 5-15 所示。运行的电动机要停转时,将开关 Q 断开,电动机断开三相电源,使旋转磁场消失同时将开关 S 闭合,接通直流电源,使定子绕组建立一个静止不动的直流磁场。使由于惯性继续在原方向转动的转子导体感应出电动势和电流,从而产生一个与转动方向相反的制动转矩,强迫电动机迅速停转。制动结束,将开关 S 打开,断开直流电源。

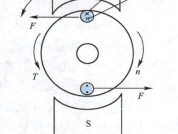

图 5-14 反接制动原理

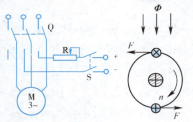

图 5-15 能耗制动

这种制动方法是将转子旋转的动能转换为电能消耗在转子电阻上产生制动的,故称为能耗制动。能耗制动平稳、准确、耗能小,但需要直流电源。

5 控制、保护器件

异步电动机是应用最为普遍的旋转动力源,各种生产机械的运动部件大多是由异步电动机来驱动的。为了自动完成各种加工过程,减轻劳动强度,提高劳动生产率,提高产品质量,在生产过程中要对电动机进行自动控制。对电动机和生产机械实现控制和保护的电工设备叫做控制电器。控制电器的种类很多,按其动作方式可分为手动和自动两类:手动电器的动作是由工作人员手动操纵的,如刀开关、组合开关、按钮等;自动电器的动作是根据指令、信号或某个物理量的变化自动进行的,如各种继电器、接触器、行程开关等。

5.1 手动电器

5.1.1 刀开关

刀开关又叫闸刀开关(图5-16),由闸刀(动触点)、静插座(静触点)、手柄和绝缘底板等组成。一般用于不频繁操作的低压电路中,用作接通和切断电源,或用来将电路与电源隔离,有时也用来控制小容量电动机的直接启动与停机。

刀开关一般与熔断器串联使用,以便在短路或过负荷时熔断器熔断而自动切断电路。刀开关的额定电压通常为250V和500V,额定电流在1 500A以下。安装刀开关时,电源线应接在静触点上,负荷线接在与闸刀相连的端子上。对有熔断丝的刀开关,负荷线应接在闸刀下侧熔断丝的另一端,以确保刀开关切断电源后闸刀和熔断丝不带电。在垂直安装时,手柄向上合为接通电源,向下拉为断开电源,不能反装,否则会因闸刀松动自然落下而误将电源接通。

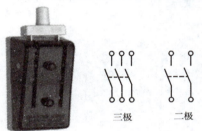

图5-16 刀开关的结构与符号

5.1.2 组合开关

组合开关又叫转换开关,是一种转动式的闸刀开关,主要用于接通或切断电路、换接电源、控制小型鼠笼式三相异步电动机的启动、停止、正反转和局部照明。它有若干个动触片和静触片,分别装于数层绝缘件内,静触片固定在绝缘垫板上,动触片装在转轴上,随转轴旋转而变更通、断位置。图5-17是组合开关及启停电动机的接线图。

5.1.3 按钮

按钮主要用于远距离操作继电器、接触器接通或断开控制电路,从而控制电动机或其他电气设备的运行。按钮由按钮帽、复位弹簧和接触部件等组成,其结构及符号如图5-18所示。按钮的触点分常闭触点(又叫动断触点)和常开触点(又叫动合触点)两种。常闭触点是按钮未按下时闭合,按下后断开的触点。常开触点是按钮未按下时断开,按下后闭合的触点。按钮按下时,常闭触点先断开,然后常开触点闭合;松开后,依靠复位弹簧使触点恢复到原来的位置。按钮内的触点对数及类型可根据需要组合,最少具有一对常闭触点或常开触点。

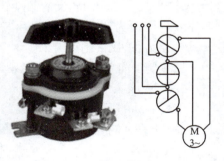

图5-17 组合开关及启停电动机接线图

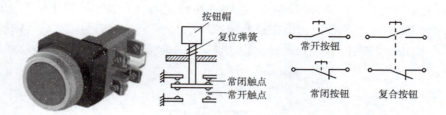

图 5-18　按钮的结构及符号

5.2　自动电器

5.2.1　熔断器

熔断器主要作短路或过载保护用,串联在被保护的线路中。线路正常工作时如同一根导线起通路作用;当线路短路或过载时熔断器熔断,起到保护线路上其他电器设备的作用。熔断器一般由夹座、外壳和熔体组成。熔体有片状和丝状两种,用电阻率较高的易熔合金或截面积很小的良导体制成。图 5-19 所示为熔断器及其符号。

图 5-19　熔断器及其符号

5.2.2　断路器

断路器(图 5-20)又叫自动空气开关或自动开关,它的主要特点是具有自动保护功能,当发生短路、过载、欠电压等故障时能自动切断电路,起到保护作用。图 5-21 所示是断路器的工作原理图,它主要由触点系统、操作机构和保护元件 3 部分组成,主触点靠操作机构(手动或电动)来闭合。开关的脱扣机构是一套连杆装置,有过流脱扣器和欠压脱扣器等,它们都是电磁铁。主触点闭合后就被锁钩锁住。在正常情况下,过流脱扣器的衔铁是释放着的,一旦发生严重过载或短路故障,线圈因流过大电流而产生较大的电磁吸力,把衔铁往下吸而顶开锁钩,使主触点断开,起到了过流保护作用。欠压脱扣器的工作情况与之相反,正常情况下吸住衔铁,主触点闭合,电压严重下降或断电时释放衔铁而使主触点断开,实现了欠压保护。电源电压正常时,必须重新合闸才能工作。

图 5-20　断路器

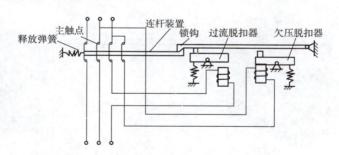

图 5-21　断路器的工作原理

5.2.3　交流接触器

交流接触器是用来远距离频繁接通或切断电动机或其他负载主电路的一种控制电器。图 5-22 所示为交流接触器的结构原理示意图及符号。

交流接触器利用电磁铁的吸引力而动作,主要由电磁机构、触点系统和灭弧装置 3 部分组成。触点用来接通或断开电路,由动触点、静触点和弹簧组成。电磁机构实际上是一个电磁铁,包括吸引线圈、铁芯和衔铁。当电磁铁的线圈通电时,产生电磁吸引力,将衔铁吸下,使常开触点闭合,常闭触点断开。电磁铁的线圈断电后,电磁吸引力消失,依靠弹簧使触点恢复到原来的状态。

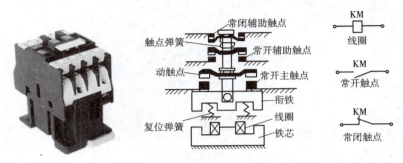

图 5-22 交流接触器的结构原理图及符号

接触器是电力拖动中最主要的控制电器之一。

5.2.4 热继电器

继电器是一种根据特定输入信号而动作的自动控制电器,其种类很多,有中间继电器、热继电器、时间继电器等类型。

热继电器主要用于负载的过载保护,其触点的动作不是由电磁力产生的,而是通过感温元件受热产生机械变形,推动机构动作来开闭触点。图 5-23 所示是热继电器的结构原理图和符号。发热元件是一段电阻不大的电阻丝,接在电动机的主电路中。感温元件是双金属片,由热膨胀系数不同的两种金属碾压而成,图中下层金属膨胀系数大,上层金属膨胀系数小。当主电路中电流超过容许值而使双金属片受热时,双金属片的自由端便向上弯曲超出扣板,扣板在弹簧的拉力下将常闭触点断开。触点是接在电动机的控制电路中的,控制电路断开便使接触器的线圈断电,从而断开电动机的主电路。

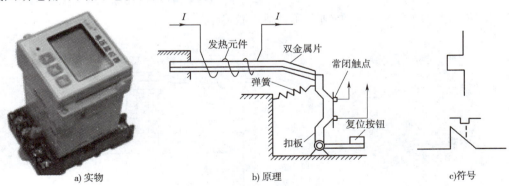

a) 实物　　　　　　　　b) 原理　　　　　　　　c) 符号

图 5-23 热继电器的结构原理图和符号

6 基本控制电路

通过开关、按钮、继电器、接触器等电器触点的接通或断开来实现的各种控制叫做继电—

接触器控制，这种方式构成的自动控制系统称为继电—接触器控制系统，典型的控制环节有点动控制、单向自锁运行控制、正反转控制、行程控制、时间控制等。

电动机在使用过程中由于各种原因可能会出现一些异常情况，如电源电压过低、电动机电流过大、电动机定子绕组相间短路或电动机绕组与外壳短路等，如不及时切断电源则可能会对设备或人身带来危险，因此必须采取保护措施。常用的保护环节有短路保护、过载保护、零压保护和欠压保护等。

6.1 三相异步电动机的简单起停控制

6.1.1 点动控制

点动控制常用于各种机械的调整、调试等情况。图5-24a)所示的是用按钮、接触器实现的三相异步电动机点动控制的连接示意图，图5-24b)为其电气原理图。图中SB为按钮，KM为接触器。合上开关S，三相电源被引入控制电路，但电动机还不能启动。按下按钮SB，接触器KM线圈通电，衔铁吸合，常开主触点接通，电动机定子接入三相电源启动运转。松开按钮SB，接触器KM线圈断电，衔铁松开，常开主触点断开，电动机因断电而停转。

6.1.2 连续运行控制

实际工作中更多的情况要求电动机连续长时间运转，图5-25所示电路就是为满足这一要求而设计的电动机的连续运转控制电路，其工作过程如下：

6.1.2.1 启动过程。按下启动按钮SB_1，接触器KM线圈通电，与SB_1并联的KM的辅助常开触点闭合，以保证松开按钮SB_1后KM线圈持续通电，串联在电动机回路中的KM的主触点持续闭合，电动机连续运转，从而实现连续运转控制。

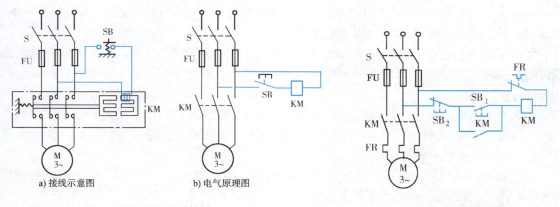

a) 接线示意图　　　　b) 电气原理图

图5-24　点动控制　　　　　　　　　图5-25　连续运行控制

6.1.2.2 停止过程。按下停止按钮SB_2，接触器KM线圈断电，与SB_1并联的KM的辅助常开触点断开，以保证松开按钮SB_2后KM线圈持续失电，串联在电动机回路中的KM的主触点持续断开，电动机停转。

6.1.2.3 保护措施。与SB_1并联的KM的辅助常开触点的这种作用称为自锁。图5-25所示控制电路还可实现短路保护、过载保护和零压保护。

实现短路保护的是串接在主电路中的熔断器FU。一旦电路发生短路故障，熔体立即熔断,电动机立即停转。

实现过载保护的是热继电器 FR。当过载时,热继电器的发热元件发热,将其常闭触点断开,使接触器 KM 线圈断电,串联在电动机回路中的 KM 的主触点断开,电动机停转。同时 KM 辅助触点也断开,解除自锁。故障排除后若要重新启动,需按下 FR 的复位按钮,使 FR 的常闭触点复位(闭合)。

实现零压(或欠压)保护的是接触器 KM 本身。当电源暂时断电或电压严重下降时,接触器 KM 线圈的电磁吸力不足,衔铁自行释放,使主、辅触点自行复位,切断电源,电动机停转,同时解除自锁。

6.2 正反转控制

在实际生产中,无论是工作台的上升、下降,还是立柱的夹紧、放松,或者是进刀、退刀,大都是通过电动机的正反转来实现的。图 5-26 所示电路可以实现电动机的正反转控制。在主电路中,通过接触器 KM_1 的主触点将三相电源顺序接入电动机的定子三相绕组,通过接触器 KM_2 的主触点将三相电源逆序接入电动机的定子三相绕组。因此当接触器 KM_1 的主触点闭合而 KM_2 的主触点断开时,电动机正向运转。当接触器 KM_2 的主触点闭合而 KM_1 的主触点断开时,电动机反向运转。当接触器 KM_1 和 KM_2 的主触点同时闭合时,将引起电源相间短路,因此这种情况是不允许发生的。

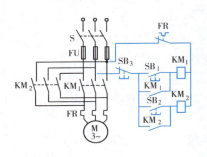

图 5-26 正反转控制

为了实现主电路的要求,在控制电路中使用了三个按钮 SB_1、SB_2 和 SB_3,用于发出控制指令。SB_1 为正向启动控制按钮,SB_2 为反向启动控制按钮,SB_3 为停机按钮。通过接触器 KM_1、KM_2 来实现电动机的正反转。动作过程如下:

(1)正向启动过程。按下启动按钮 SB_1,接触器 KM_1 线圈通电,与 SB_1 并联的 KM_1 的辅助常开触点闭合,以保证 KM_1 线圈持续通电,串联在电动机回路中的 KM_1 的主触点持续闭合,电动机连续正向运转。

(2)停止过程。按下停止按钮 SB_3,接触器 KM_1 线圈断电,与 SB_1 并联的 KM_1 的辅助触点断开,以保证 KM_1 线圈持续失电,串联在电动机回路中的 KM_1 的主触点持续断开,切断电动机定子电源,电动机停转。

(3)反向启动过程。按下启动按钮 SB_2,接触器 KM_2 线圈通电,与 SB_2 并联的 KM_2 的辅助常开触点闭合,以保证 KM_2 线圈持续通电,串联在电动机回路中的 KM_2 的主触点持续闭合,电动机连续反向运转。

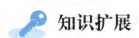 知识扩展

具有连锁环节的正反转控制

图 5-26 所示的控制电路在使用时应该特别注意 KM_1 和 KM_2 线圈不能同时通电,因此不

能同时按下 SB_1 和 SB_2，也不能在电动机正转时按下反转启动按钮，或在电动机反转时按下正转启动按钮。如果操作错误，将引起主回路电源短路，这对操作带来潜在的危险和很大的不便。在控制回路中引入联锁可解决这一问题。

图 5-27a) 所示为带接触器联锁的正反转控制电路。将接触器 KM_1 的辅助常闭触点串入 KM_2 的线圈回路中，从而保证在 KM_1 线圈通电时 KM_2 线圈回路总是断开的；将接触器 KM_2 的辅助常闭触点串入 KM_1 的线圈回路中，从而保证在 KM_2 线圈通电时 KM_1 线圈回路总是断开的。这样接触器的辅助常闭触点 KM_1 和 KM_2 保证了两个接触线圈不能同时通电，这种控制方式称为联锁或者互锁，这两个辅助常开触点称为联锁或者互锁触点。

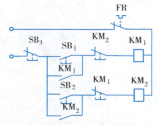 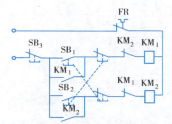

a) 只有电气联锁的控制电路　　b) 同时具有电气和机械联锁的控制电路

图 5-27　具有联锁环节的正反转控制

上述电路在具体操作时，若电动机处于正转状态要反转时必须先按停止按钮 SB_3，使联锁触点 KM_1 闭合后按下反转启动按钮 SB_2 才能使电动机反转；若电动机处于反转状态要正转时必须先按停止按钮 SB_3，使联锁触点 KM_2 闭合后按下正转启动按钮 SB_1 才能使电动机正转。图 5-27b) 中采用了复式按钮，将 SB_1 按钮的常闭触点串接在 KM_2 的线圈电路中；将 SB_2 的常闭触点串接在 KM_1 的线圈电路中，这样，无论何时，只要按下反转启动按钮，在 KM_2 线圈通电之前就首先使 KM_1 断电，从而保证 KM_1 和 KM_2 不同时通电；从反转到正转的情况也是一样。这种由机械按钮实现的联锁也叫机械联锁或按钮联锁，相应地，将上述由接触器触点实现的联锁称为电气联锁。在图 5-27b) 中用虚线来表示机械联动关系，也可以不用虚线而将复式按钮用相同的文字符号表示。

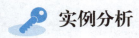 实例分析

举升机电动机的控制与保护

图 5-28 是举升机电动机控制电路。
（1）按下启动按钮，交流接触器工作，接通电动机电源，电动机工作。
（2）当电动机过载或短路时，电路中电流增加，空气开关的磁力线圈磁力克服弹簧弹力，将主电源切断，电动机停止供电。
（3）当举升机升到最高位时，行程开关被断开，切断交流接触器电流，在弹簧力作用下断开电机电源，举升机停止。

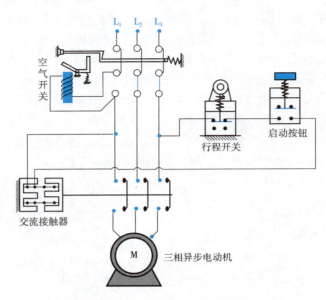

图 5-28 举升机电动机控制电路

单元小结

1. 三相异步电动机由定子和转子两部分组成。转子按结构形式的不同分为笼型和绕线型两种。

三相异步电动机的转动原理是:在三相定子绕组中通入三相交流电流产生旋转磁场,旋转磁场与转子产生相对运动,在转子绕组中感应出电流,转子感应电流与旋转磁场相互作用产生电磁转矩,驱动电动机旋转。转子的转动方向与旋转磁场的方向及三相电流的相序一致,这是三相异步电动机改变转向的原理。旋转磁场的转速即同步转速为

$$n_1 = \frac{60f_1}{p}$$

三相异步电动机旋转的必要条件是转差率的存在,即转子转速恒小于旋转磁场转速。转差率是三相异步电动机的一个重要的参数,定义为

$$s = \frac{n_1 - n}{n_1}$$

2. 三相异步电动机直接启动时启动电流大而启动转矩小。对稍大容量的鼠笼式电动机常采用降压启动来限制启动电流,降压启动有星形三角形换接启动和自耦降压启动两种方式。

三相异步电动机的调速有变极调速、变频调速和变转差率调速3种。

三相异步电动机的制动有能耗制动、反接制动和发电反馈制动3种。

3. 铭牌是电动机的运行依据,其中额定功率是指在额定状态下电动机转子轴上输出的机械功率。额定电压和额定电流均指线电压和线电流。

4. 控制电器是电气控制的基本元件,分为手动电器(如刀开关、组合开关、按钮等)和自动电器(如接触器、继电器等)两大类。接触器用来接通或切断带负载的主电路,并易于实现远

距离控制的自动切换。继电器及其他一些控制电器用来对主电路进行控制、检测及保护。

5. 用继电器、接触器及按钮等有触点的控制电器来实现的自动控制称为继电接触器控制。继电接触器控制工作可靠、维护简单,并能对电动机实现启动、调速、正反转、制动等自动控制,所以应用极广。

思考练习

一、判断题

1. 旋转磁场是异步电动机工作的基础。( )
2. Y—△换接启动不仅能用于空载或轻载启动,而且可用于重载启动。( )
3. 三相异步电动机运行的必要条件是转子转速等于同步转速。( )
4. 三相异步电动机只需将接到电动机上的三根电源线中的任意两根对调一下,便可实现反转。( )

二、选择题

1. 三相异步电动机旋转磁场的旋转方向是由三相电源的( )决定。
   A. 相序　　　B. 相位　　　C. 频率　　　D. 幅值
2. 电动机铭牌上的定额是指电动机的( )。
   A. 运行状态　B. 额定转速　C. 额定转矩　D. 额定功率
3. Y—△降压启动时,电动机定子绕组中的启动电流可以下降到正常运行时电流的( )。
   A. $\sqrt{3}$　　　B. $1/3$　　　C. 3　　　D. $1/\sqrt{3}$
4. 在相同条件下,若将异步电动机的磁极数增多,电动机输出的转矩( )。
   A. 增大　　　B. 减小　　　C. 不变　　　D. 与磁极数无关

三、简答题

1. 某人在修理三相异步电动机时,把转子抽掉,而在定子绕组上加三相额定电压,这会产生什么后果?
2. 三相鼠笼式异步电动机可采用哪些方法调速?绕线式电动机又可采用哪些方法调速?
3. 在电动机主电路中既然装有熔断器,为什么还要装热继电器?它们各起什么作用?为什么在照明电路中一般只装熔断器而不装热继电器?
4. 什么是点动控制?什么是连续运转控制?试画出既能实现点动控制又能实现连续运转的控制电路。

四、计算题

1. 一台三相异步电动机的转子转速为 720r/min,电源频率为 50Hz,试求电动机的磁极对数和此时的转差率。
2. 一台三相异步电动机,在电源线电压 $U_1=380V$ 时,电动机三角形连接,电动机的 $I_{st}/I_N=7$,额定电流 $I_N=20A$,求:
   (1) 电动机三角形连接时的启动电流;
   (2) 采用 Y—△换接启动时的启动电流。
3. 已知 Y225M-8 型三相异步电动机的部分额定技术数据如下:

功率	转速	电压	效率	功率因数	I_{st}/I_N	T_{st}/T_N	T_m/T_N	f_1
22kW	730r/min	380V	0.9	0.78	6.0	1.8	2.0	50Hz

试求：(1) 采用 Y—△换接启动时的启动电流和启动转矩。

(2) 当负载转矩为额定转矩的65%和50%时，能否采用 Y—△换接启动？

(3) 当电源电压下降为额定电压的80%和70%时，能否带额定负载直接启动？

技能训练

实训七 三相异步电动机点动、连续运行控制实训

一、实训目的

1. 熟悉三相异步电动机的结构和铭牌数据。
2. 熟悉电动机常用控制电器的结构与动作原理。
3. 学会三相异步电动机的点动控制的接线和操作方法。
4. 学会三相异步电动机的连续运行控制的接线和操作方法。

二、实训器材

1. 三相异步电动机　　1台
2. 交流接触器　　　　2只
3. 热继电器　　　　　1只
4. 三相负荷开关　　　1个
5. 按钮盒　　　　　　3个
6. 万用表　　　　　　1只

三、实训内容

1. 实验准备工作

1) 电器的结构及动作原理

在连接控制实验线路前，应熟悉按钮开关、交流接触器的结构形式、动作原理及接线方式和方法。

2) 记录实验设备参数

将所使用的主要实验电器的型号规格及额定参数记录下来，并理解和体会各参数的实际意义。

3) 电动机的外观检查

实验接线前应先检查电动机的外观有无异常。如条件许可，可用手盘动电动机的转子，观察转子转动是否灵活，与定子的间隙是否有摩擦现象等。

4) 检查电器元件质量

不通电的情况下，用万用表检查各触点的分、合情况是否良好。检查接触器时，应拆卸灭弧罩，用手同时按下三副主触点并用力均匀；同时应检查接触器线圈电压与电源电压是否相符。

2. 安装接线

1)安装电器元件

在木板上将电器元件摆放均匀、整齐、紧凑、合理,电器接线图如实训图 5-1b)所示,并用螺丝进行安装。注意组合开关、熔断器的受电端子应安装在控制板的外侧,并使熔断器的受电端为底座的中心端;紧固各元件时应用力均匀,紧固程度适当。

2)板前明线布线

按实训图 5-1b)安装布线,布线时要符合电气原理图,先将主电路的导线配完后,再配控制回路的导线。

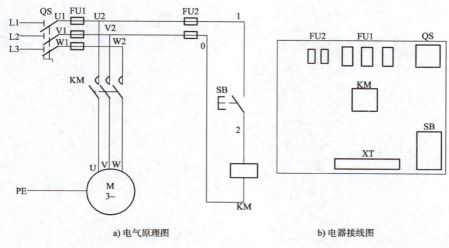

a)电气原理图   b)电器接线图

实训图 5-1

3.控制实验

1)接通电源

合上电源开关 QS。

2)启停实验

按下启动按钮 SB,接触器 KM 线圈得电,KM 主触头闭合,电动机 M 启动运转,观察线路和电动机运行有无异常现象;松开启动按钮 SB,接触器 KM 线圈失电,KM 主触头断开,电动机停转,这就是所谓的点动控制电路。

3)按实训图 5-2 所示安装布线,XT1 为三相电源引入接线排,XT2 为与电动机三相定子绕组连接接线排。按下 SB2,电动机连续运行,按下 SB1,电动机停止转动。

四、实训报告

1.画出三相异步电动机的点动控制电气原理图。
2.记录仪器和设备的名称、规格和数量。
3.根据实验操作,简要写出实验步骤。
4.总结实验结果。

五、注意事项

1.电动机和按钮的金属外壳必须可靠搭铁。
2.电源进线应接在螺旋式熔断器底座的中心端上,出线应接在螺纹外壳上。

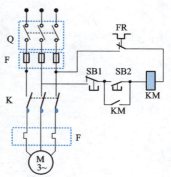

实训图 5-2

3. 按钮内接线时,用力不能过猛,以防螺钉打滑。
4. 接线时一定要认真仔细,不可接错。
5. 在实训操作过程中,切勿触碰电动机转动部分以及线路带电部分,以免发生机械碰伤或触电等人身事故。

六、问题讨论

1. 在三相异步电动机的点动控制实训中,若发现电动机不能启动,应如何用仪表检查故障点?
2. 在使用电动机、电器之前,先要查阅其铭牌数据,这是为什么?

单元六　直流电动机

学习目标

知识目标
1. 简述直流电动机的基本构造。
2. 正确描述直流电动机的基本原理及正确使用方法。

能力目标
1. 会正确分析直流电动机电路,并对一般故障进行排除。
2. 会对直流电动机的电路进行正确连接,实现其起动调速与正反转。

直流电动机是一种将直流电能转换成机械能的装置。直流电动机具有比交流电动机较为优良的调速和起动性能:它的调速范围广,平滑性、经济性好,这些性能对有些机械的拖动是十分重要的,例如大型机床、电力机车、大型轧钢机、大型起重设备等。另外,在无交流电源而以蓄电池作为电源的机械设备上,也使用直流电动机用来起动或拖动机械,如汽车、拖拉机、电瓶车等。本单元介绍直流电动机的基本构造、基本原理、机械特性和正确使用方法。

1　直流电动机的结构

汽车起动机由三部分组成:传动机构、控制装置、直流电动机,如图6-1、图6-2所示。其直流电动机部分又由固定不动的定子和旋转的转子两部分组成。图6-3是电动机各个部件展开图。

1.1　定子

定子的作用是产生磁场和作为电动机机械支撑。它由磁极、电刷、机座、端盖等组成。

图6-1　汽车起动机外形

1.1.1　磁极

磁极的作用是产生电枢转动时所需的磁场,由固定在机壳上的铁芯和励磁绕组组成,如图6-4所示。

1.1.2　电刷装置

电刷装置主要由用碳—石墨制成导电块的电刷、加压弹簧和刷架等组成,如图6-5所示。电刷固定在端盖上,借助于加压弹簧的压力和旋转的换向器保持滑动接触,使电枢绕组与外电路接通。

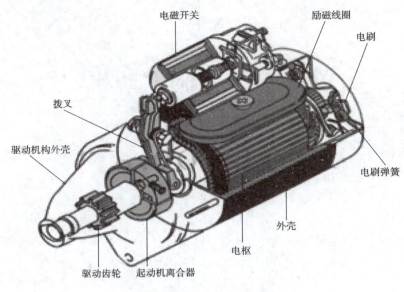

图 6-2 汽车起动机的结构

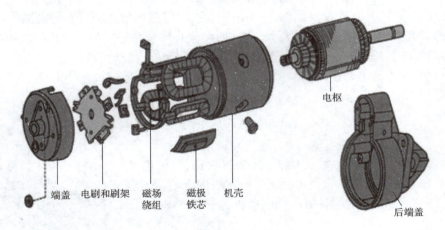

图 6-3 汽车起动机部件

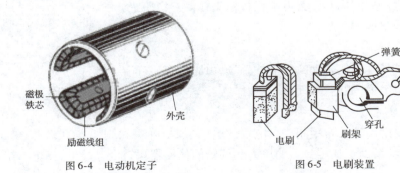

图 6-4 电动机定子　　图 6-5 电刷装置

电刷数一般等于磁极数,各同极性的电刷经软线汇在一起,再引到接线盒内的接线板上,作为电枢绕组的引出端。

1.1.3 机座和端盖

机座用铸钢或铸铁制成,用来固定磁极和端盖等,它是电动机磁路的一部分。机座上的接线盒有励磁绕组和电枢绕组的接线端,用来对外接线。

端盖由铸铁制成,用螺钉固定在底座的两端,盖内有轴承用以支撑旋转的电枢。

1.2 转子

转子又称电枢,是电动机的旋转部分。它由电枢铁芯、绕组、换向器等组成,如图 6-6 所示。

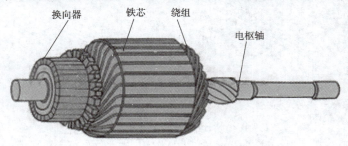

图 6-6 电动机转子

1.2.1 电枢铁芯

电枢铁芯由硅钢片叠压而成,在外圆上有分布均匀的槽用来嵌放绕组。铁芯也作为电机磁路的一部分。

1.2.2 绕组

绕组的作用是产生感应电动势和电磁转矩,是实现能量转换的主要部件。它是由许多绕组元件构成,按一定规则嵌放在铁芯槽内和换向片相连,使各组线圈的电动势相加。绕组端部用镀锌钢丝箍住,防止绕组因离心力而发生径向位移。

1.2.3 换向器

换向器由许多铜制换向片组成,外形呈圆柱形,片与片之间用云母绝缘。如图 6-7 所示。

图 6-7 起动电动机的换向器

2 直流电动机的工作原理

2.1 转动原理

图 6-8 表示一台最简单的直流电动机原理图。N 和 S 是直流电动机的一对固定的主磁极,它的电枢绕组只有一个线圈 abcd,线圈 abcd 的两端分别与两个换向片相连接。电枢转动时,换向片随之一起旋转。静止的电刷 A、B 放置在换向片上。

当外加直流电源接到电刷两端时,直流电流通入电枢线圈。若线圈如图 6-8a)所示位置时,ab 边处于 N 极下,cd 边在 S 极下。电枢电流 I_a 经电刷 A、换向片,在电枢绕组中沿着 a→

b→c→d 的方向流动,再经换向片、电刷 B 流出。根据电磁力定律,载流导体在磁场中受到电磁力的作用。运用左手定则,可以确定 ab 边受力向左,cd 边受力向右,这一对电磁力形成的电磁转矩,使电枢逆时针方向旋转。当电枢自图 6-8a)所示的位置转过 90°时,两个线圈边都转到磁感应强度 B=0 的位置,此时线圈边不受电磁力的作用,转矩消失。由于机械惯性的作用,电枢仍能转过一个角度,这时线圈 ab 边处于 S 极下,cd 边在 N 极下,线圈中电流方向改变了。电枢电流 I_a 经电刷 A、换向片从线圈的 d 端流入,再经线圈的 a 端、换向片、电刷 B 流出。这时两个线圈边受力的方向仍可使电枢沿逆时针方向旋转,如图 6-8b)所示。

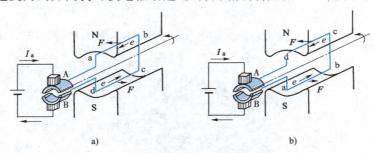

图 6-8 直流电动机工作原理图

从以上分析可以知道,由于换向器和电刷的作用,电源的直流电流 I_a 在电枢绕组中转换成交流,保持了磁场与电流的方向关系不变,从而使得电枢能一直旋转下去,通过转轴便可带动其他工作机械。

2.2 电磁转矩与反电动势

电磁转矩与反电动势是直流电动机运行中两个同时出现的非常重要的物理量。

2.2.1 电磁转矩

直流电动机的电磁转矩是由电枢绕组通入直流电流后在磁场中受力而形成的。由电磁力定律可知,一根载流导线受磁场作用产生的平均电磁力为

$$F_{av} = B_{av} l i_a \tag{6-1}$$

式中:B_{av}——气隙平均磁感应强度;
l——导线的有效长度;
i_a——导线中的电流。

对于给定的电动机,电磁转矩 T 与平均电磁力 F_{av} 成正比,气隙平均磁感应强度 B_{av} 与每极磁通 Φ 成正比,导线的有效长度 l 是一个常数,导线电流 i_a 与电枢电流 I_a 成正比,所以电磁转矩常用下式表示

$$T = C_T \Phi I_a \tag{6-2}$$

式中 C_T 是与电动机结构有关的常数,称为转矩常数,对已制造好的电动机而言,C_T 是定值。

由式(6-2)可知,电动机电磁转矩 T 与每极磁通 Φ 和电枢电流 I_a 的乘积成正比。电磁转矩的方向由 Φ 与 I_a 的方向决定,只要改变其中一个量的方向,电磁转矩的方向也随之改变,从而电动机的转向也就改变。

电动机运行时,由于本身机械摩擦等原因产生的阻转矩称为空载损耗转矩,用 T_0 表示。

电动机拖动的生产机械的负载转矩用 T_L 表示。所以只有当电磁转矩 T 与空载损耗转矩 T_0 和负载转矩 T_L 相平衡时,电动机才能稳定运行,即

$$T = T_L + T_0 \tag{6-3}$$

式(6-3)称为直流电动机的转矩平衡方程式。

2.2.2 反电动势

当直流电动机转动时,电枢绕组切割磁力线,在绕组中产生感应电动势,电动势的方向与电枢电流的方向相反,因而称为反电动势。根据电磁感应定律,电枢绕组一根导线的平均反电动势为

$$e_{av} = B_{av} l v \tag{6-4}$$

式中:v——导线切割磁力线的线速度。

电刷间的反电动势 E 与每根导线中的平均反电动势 e_{av} 成正比,线速度 v 又与电枢的转速 n 成正比,所以反电动势常用下式表示

$$E = C_E \Phi n \tag{6-5}$$

式中,C_E 是与电动机结构有关的常数,称为电动势常数,对已制造好的电动机而言,C_E 是定值。由此可见,直流电动机在转动时,反电动势 E 的大小与每极磁通 Φ 和电动机转速 n 的乘积成正比,它的方向与电枢电流相反,在电路中起着限制电流的作用。

根据基尔霍夫定律,在电动机稳定运行时,加于电枢绕组两端的电压 U、反电动势 E 与电枢绕组 R_a 的压降之间满足方程

$$U = E + I_a R_a \tag{6-6}$$

式(6-6)称为直流电动机的电压平衡方程式。

3 直流电动机的分类

直流电动机的性能与它的励磁方式有密切的关系,励磁方式不同,电动机的运行特性有很大差异。直流电动机按励磁方式,可分为以下几类:

3.1 他励电动机

励磁绕组与电枢绕组由不同的直流电源供电,两者不相连接,如图6-9所示。图中变阻器 R'_f 用来调节励磁电流的大小,励磁电流 I_f 仅取决于他励电源的电动势和励磁电路的总电阻,而不受电枢端电压的影响。

3.2 自励电动机

3.2.1 并励电动机

这种电动机的励磁绕组和电枢绕组相并联,如图6-10所示。由图可见,并励电动机的励磁电流 I_f 不仅与励磁回路的电阻有关,而且还受电枢端电压的影响。由于励磁绕组承受着电枢两端的全部电压,其值较高,为了减小励磁绕组的铜损耗,励磁绕组必须具有较大的电阻,所以励磁绕组匝数较多,导线较细。

3.2.2 串励电动机

这种电动机的励磁绕组和电枢绕组相串联,如图6-11所示。由于通过励磁绕组的电流 I_f

就是电枢电流 I_a，为了减小励磁绕组的电压降和铜损耗，励磁绕组应具有较小的电阻，因此励磁绕组一般匝数较少，导线较粗。

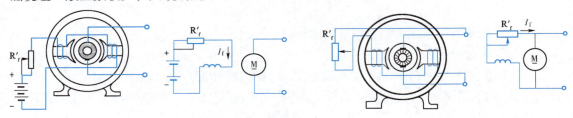

图 6-9　他励直流电动机　　　　　图 6-10　并励直流电动机

3.2.3　复励电动机

这种电动机的励磁绕组分成两部分，一部分与电枢绕组并联，称为并励绕组；另一部分与电枢绕组串联，称为串励绕组。当两部分励磁绕组产生的磁通方向相同时，称为积复励电动机；方向相反时则称为差复励电动机，如图 6-12 所示。

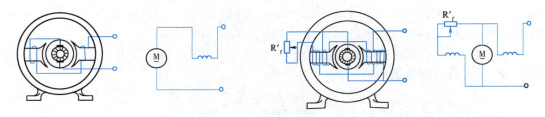

图 6-11　串励直流电动机　　　　　图 6-12　复励直流电动机

4　直流电动机的机械特性

电动机拖动机械负载旋转，对于机械负载来说，最重要的是驱动它的转矩和转速，即电动机的电磁转矩 T 和转速 n。当直流电动机外加电压 U 为额定值，电枢回路电阻 R_a 和励磁回路电阻 R_f 保持不变时，转速 n 与电磁转矩 T 之间的关系 $n = f(T)$，称为电动机的机械特性。

4.1　并励电动机的机械特性

$n = f(T)$ 式可通过基本方程式导出。由式(6-2)、式(6-5)和式(6-6)可得并励电动机的转速 n 与转矩 T 满足方程

$$n = \frac{U}{C_E \Phi} - \frac{R_a}{C_E C_T \Phi^2} T \tag{6-7}$$

$$n = n_0 - \beta T = n_0 - \Delta n \tag{6-8}$$

式中：n_0——理想空载转速，$n_0 = U/C_E \Phi$；

β——机械特性曲线的斜度，$\beta = R_a/C_E C_T \Phi^2$。

$\Delta n = \beta T$ 表示有负载转矩时，电动机的转速比理想空载转速降低的数值，称为转速降。

式(6-8)所表示的机械特性可参看图 6-13。由于电枢电阻 R_a 很小，β 值也很小，转速下降量 $\triangle n$ 也不多，故直线接近水平线。此种机械特性称为硬的机械特性。

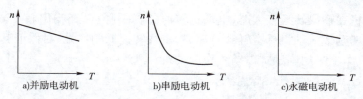

图 6-13　直流电动机的机械特性

【例 6-1】　有一并励电动机,额定功率 $P_N = 18\text{kW}$,额定电压 $U_N = 220\text{V}$,额定效率,$\eta_N = 85\%$,额定转速 $n_N = 1\,500\text{r/min}$,电枢电阻 $R_a = 0.02\Omega$,励磁电阻 $R_f = 50\Omega$,求额定励磁电流 I_{fN}、额定电枢电流 I_{aN}、额定转矩 T_N、额定运转下的反电动势 E_N。

解:额定励磁电流

$$I_{fN} = \frac{U_N}{R_f} = \frac{220}{50} = 4.4(\text{A})$$

额定输入功率

$$P_{IN} = \frac{P_N}{\eta_N} = \frac{18}{0.85} = 21.2(\text{kW})$$

则额定电流

$$I_N = \frac{P_{IN}}{U_N} = \frac{21.2 \times 10^3}{220} = 96.4(\text{A})$$

所以额定电枢电流

$$I_{aN} = I_N - I_{fN} = 96.4 - 4.4 = 92(\text{A})$$

额定转矩

$$T_N = 9\,550\frac{P_N}{n_N} = 9\,550\frac{18}{1\,500} = 114.6(\text{N}\cdot\text{m})$$

额定运转下的反电动势

$$E_N = U_N - I_{aN}R_a = 220 - 92 \times 0.2 = 201.6(\text{V})$$

4.2　串励电动机的机械特性

对于串励电动机,电枢电流与励磁电流相同。磁通是随电枢电流而变化的。磁路未饱和时,磁通基本上与电枢电流成正比,即 $\Phi = C_\Phi I_a$(C_Φ 为磁通常数)。

$$T = C_T \Phi I_a = C_T C_\Phi I_a^2$$

可推出

$$n \approx \frac{U}{C\sqrt{T}} \tag{6-9}$$

由式(6-9)知,串励电动机在磁路不饱和时的机械特性曲线为双曲线,如图 6-13 所示。转速随转矩的增加下降较快,是软的机械特性。

因串励电动机空载转速过高,所以串励电动机不允许空载运行,为保证这一点,它和负载不能用皮带传动,以防皮带断裂或滑脱造成"飞车"事故。当磁路饱和时,转矩增大,电枢电流 I_a 增大时,磁通 Φ 变化不大,机械特性为直线。

因直流串励式电动机起动转矩很大,足以克服发动机的阻力矩,使发动机起动变得很容易。串励式电动机在输出转矩较大时,电动机转速急剧下降;而在输出转矩较小时,电动机转速又很快上升。串励式电动机具有轻载转速高,重载转速低的特性,对保证起动安全可靠是非常有利的,因此汽车上采用串励式电动机作起动机。

4.3 永磁电动机的机械特性

对于永磁电动机,也能得到和并励特性相近的机械特性曲线,如图 6-13 所示。

如果将串励和并励磁场绕组结合起来(复励电动机),就能得到介于串励和并励之间的转速转矩特性。图 6-14 是复励电动机机械特性曲线。

由于复励电动机既有并励绕组,又有串励绕组,所以其工作特性介于并励电动机和串励电动机之间,当并励绕组的磁场起主导作用时,机械特性接近于并励电动机,如图 6-14 中的曲线 1;当串励绕组的磁场起主导作用时,机械特性接近串励电动机,如图 6-14 中曲线 2。

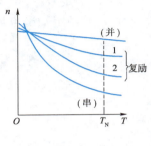

图 6-14 复励电动机机械特性曲线

知识扩展

直流电动机的启动、调速和反转

1. 启动

直流电动机从接通电源开始,转子由静止到稳定运行的过程称为启动。电动机在启动过程中,电枢电流 I_a、电磁转矩 T、转速 n 都随时间变化,是一个过渡过程。开始启动的一瞬间转速等于零,这时的电枢电流称为启动电流,用 I_{st} 表示;对应的电磁转矩称为启动转矩,用 T_{st} 表示。生产机械对直流电动机启动的基本要求是:启动转矩要足够,但不要过大,启动电流要小,启动时间要短,启动设备要简单、经济、可靠。

直流电动机如果把电枢直接接入直流电源启动,在启动开始瞬间,反电动势($E = C_E \Phi n = 0$)尚未建立,所以启动电流

$$I_{st} = \frac{U - E}{R_a} = \frac{U}{R_a} \quad (6\text{-}10)$$

启动转矩

$$T_{st} = C_T \Phi I_{st} \quad (6\text{-}11)$$

在额定电压下启动,由于 R_a 很小,故 I_{st} 非常大,一般可达额定电流的 10~20 倍,启动转矩也很大。这样大的启动电流在电刷与换向器接触处会产生强烈的火花,易导致换向器损坏。同时,过大的启动转矩将电动机及其拖动的机械遭受突然的巨大冲击,也会损坏传动机构和生产机械。因此除容量很小的直流电动机外,必须设法减小启动电流。

由式(6-10)可知,减小启动电流的方法有两种:降低电枢端电压 U 和在电枢电路中串联启动电阻 R_{st}。

降低电枢电压启动,需要有一个可调压的直流电源专供电枢电路之用。随着转速的升高使电源电压逐渐升高到额定值,这种方法只适用于他励电动机。

对于并励、串励和复励电动机,一般都采用在电枢电路内串联启动电阻 R_{st} 的方法进行启动。这时启动电流

$$I_{st} = \frac{U}{R_a + R_{st}} \tag{6-12}$$

启动开始瞬间,将启动电阻放在最大处,随着电动机转速的上升,逐段将启动电阻切除,当 $R_{st}=0$ 时启动过程结束。

【例 6-1】 一只并励电动机,已知额定电压 $U_N=220\text{V}$,额定电流 $I_N=53.8\text{A}$,电枢电阻 $R_{st}=0.3$,试求:

(1)如果直接启动,启动电流 I_{st} 是额定电流 I_N 的几倍?

(2)若要将启动电流限制为额定电流的 2 倍,电枢电路中应串联多大的启动电阻 R_{st}?

解:(1)直接启动电流

$$I_{st} = \frac{U_N}{R_a} = \frac{220}{0.3} = 733(\text{A})$$

其与额定电流的比值为

$$\frac{I_{st}}{I_N} = \frac{733}{53.8} = 13.6 \text{(倍)}$$

(2)若将启动电流限制为额定电流的 2 倍,则

$$2I_N = \frac{U_N}{R_a + R_{st}}$$

所以启动电阻

$$R_{st} = \frac{U_N}{2I_N} - R_a = \frac{220}{2 \times 53.8} - 0.3 = 1.74(\Omega)$$

$$I_{st} = \frac{U_N}{R_a} = \frac{220}{0.3} = 733(\text{A})$$

$$R_{st} = \frac{U_N}{2I_N} - R_a = \frac{220}{2 \times 53.8} - 0.3 = 1.74(\Omega)$$

2. 调速

用人为的方法使电动机在同样的负载下得到不同的转速,叫做调速。直流电动机和交流电动机相比较,虽有许多不足之处,但直流电动机在许多领域内仍被广泛地采用。一方面是因为电子技术的日益发展,能够经济而可靠地获得直流电能;更为重要的是因为它具有极其可贵的调速性能,可以在宽广的范围内进行平滑而经济地调速。

根据转速公式

$$n = \frac{U - I_a R_a}{C_E \Phi} \tag{6-13}$$

当负载不变时,改变电枢回路电阻 R_a,电枢端电压 U 及每极磁通 Φ,转速 n 均可发生变

化,因此电动机调速方法有三种。

2.1 电枢回路串联电阻调速

图 6-13 分别表示串励、他励(并励)和永磁电动机的机械特性曲线。可见,当负载一定时,在电枢回路串联电阻 R_t 能使转速下降。该调速方法使机械特性改变,并且增加了串联电阻 R_t 上的损耗,使电动机效率降低,所以调速范围较窄,一般最高转速与最低转速比为 1.5:1。故这种方法多用对调速性能要求不高的设备上,如起重机、电车等。

2.2 改变电压调速

对并励和串励电动机而言,改变电源电压不仅影响电枢电路,也影响了励磁回路,使磁通发生变化。因此改变电枢电压调速一般在他励电动机中采用,这样可以保证在磁通恒定的情况下,达到改变电枢电压的目的。如图 6-15 所示,对应同样的负载转矩 T_L,因为电枢端电压 $U_N > U' > U''$,从而可以得到不同的转速,且 $n_N > n' > n''$,通过改变电枢电压的办法,达到了调速的目的。

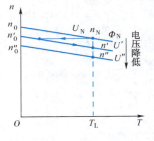

图 6-15 改变电枢电压时的机械特性曲线

变电枢电压调速的特点是:

(1)电枢电压只能从额定值往下调,因此只能是降速调速;

(2)调速时机械特性硬度不变,调速稳定性好,故调速范围宽,最高转速与最低转速比可达 10:1 以上;

(3)电能损耗小,效率高;

(4)需要专用的调压直流电源,初投资高。

改变电枢电压调速多用于调速性能要求较高的设备上,如轧钢机、龙门刨床、造纸机等。

2.3 改变磁通 Φ 调速

保持电源电压和负载转矩为定值,调节励磁回路的磁场电阻 R'_f,通过励磁电流 I_f 的变化,来改变磁通 Φ。图 6-16 为变磁通调速原理接线图。当磁场电阻 R'_f 增大时,磁通 Φ 减小,当 R'_f 减小时,磁通 Φ 增加,如图 6-17 所示。根据 $n = (U - I_a R_a)/C_E \Phi$,磁场增大,转速减小。所以,通过改变磁通可以改变电机的转速。

但由于电动机正常工作时,磁路已接近饱和值,采用减少磁场电阻调速,会使磁通 Φ 趋于饱和,结果转速降低并不显著。因此变磁通 Φ 调速,只宜采用使磁通减少、转速提高的调速。

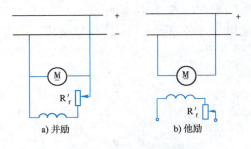

图 6-16 变磁通调速原理的接线图

a) 并励   b) 他励

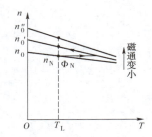

图 6-17 变磁通 Φ 时的机械特性曲线

改变磁通 Φ 调速的特点是：

(1)控制方便,宜于从低速往高速方向调节；

(2)受电动机换向条件和机械强度的限制,调速范围较小,一般调速比只能做到1.5∶1或2∶1,只有经过特殊设计的电动机变磁调速范围可达4∶1以上；

(3)因为励磁电流很小,在 R_f 上损耗的电能少,故调速效率高,经济性好；

(4)机械特性的硬度变化不大,电动机运行较平稳。

在某些重型车床、大型镗床、大型刨床等都采用这种调速方法。

3. 反转

保持励磁绕组电流方向不变,把电枢绕组反接,使电枢电流方向改变。如果两电流方向同时改变,电动机的转动方向将不改变。

由于他励和并励电动机励磁绕组匝数较多,电感较大,励磁电流从正向额定值变到负向额定值的时间长,反向磁通的建立过程缓慢,而且在励磁绕组反接断开瞬间,绕组中将产生很大的自感电动势,可能造成绝缘击穿,所以他励和并励电动机通常采用改变电枢电流的方向使其反转。

实例分析

1. 汽车绕线式电动刮水器的变速原理

1.1 绕线式电动刮水器的结构

刮水器的作用是用来清除风窗玻璃上的雨水、雪或尘土,以确保驾驶员良好的能见度。有前风窗刮水器和后风窗刮水器之分。因驱动装置的不同,刮水器有真空式、气动式和电动式三种。

目前汽车上广泛使用的是电动刮水器。电动刮水器由直流电动机和一套传动机构组成。电动机旋转经减速和连动机构的作用变成刮水器摇臂的摆动。

1.2 电动刮水器的变速原理

刮水器的变速是利用直流电动机变速原理来实现的,由直流电动机电压平衡方程式可得转速公式为

$$n = \frac{U - IR}{kZ\varphi}$$

式中：U——电动机端电压；

I——通过电枢绕组的电流；

R——电枢绕组的电阻；

k——常数；

Z——正、负电刷间串联的绕组(导体)数；

φ——磁极磁通。

在电压 U 和直流电动机定型的条件下,即 I、R、k 均为常数时,当磁极磁通 φ 增大时转速 n 下降,反之则转速上升。若两电刷之间的电枢绕组(导体)数 Z 增多时,转速 n 也下降,反之则上升。所以,刮水器变速是在直流电动机变速的理论基础上,采取改变电动机磁极磁通的强

弱,或者改变两电刷之间的导体(绕组)数多少来实现的。

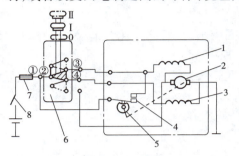

图 6-18 线绕式电动刮水器原理
1-串励绕组;2-电枢;3-并励绕组;4-触点;5-凸轮;
6-刮水器开关;7-熔断器;8-电源开关

采用改变电动机磁极磁通变速的方法,只适合于线绕式直流电动机。线绕式电动刮水器的工作原理见图 6-18。

当刮水器开关在 I 挡位置(低速)时,电流由蓄电池正极经电源开关→熔断器→接线柱②→接触片,然后分两路:一路通过接线柱③→串励绕组 1→电枢 2 至蓄电池负极形成回路;另一路通过接线柱④→并励绕组 3 至蓄电池负极而形成回路。此时,在串励绕组 1 和并励绕组 3 的共同作用下,磁场增强,电动机以低速运转。

当刮水器开关在 Ⅱ 挡位置(高速)时,电流由蓄电池正极经电源开关→熔断器→接线柱②→接触片→接线柱③→串励绕组 1→电枢 2 至蓄电池负极形成回路。此时由于并励绕组 3 被隔除,磁场减弱,电动机以高速运转。

2. 永磁式直流电动机在汽车中的其他应用

随着电动机及其相关技术的发展,汽车也在不断地追求驾驶舒适性和自动操纵性,微小型直流电动机已成为现代汽车不可缺少的部件。有的轿车上已安装了 20 个以上微型电动机,可活动的设备无论是做圆周运动,或横向摆动,或直线移动,一般都有微型电动机作为动力源。例如电动座椅坐垫的位置移动、靠背和头枕角度的变化、后视镜的摆动、照明灯的洗涤、玻璃窗的开启及关闭、电动车门锁的操纵、散热器冷却风扇的转动等。其中,刮水器电动机的驱动机构是采用蜗杆传动形式,将电动机输出轴转动减速和变向;中控门锁的电动机采用齿轮齿条传动形式,起到减速并将旋转改变为直线移动。电动车窗升降电动机及驱动机构如图 6-19 所示,刮水器电动机与中控门锁电动机如图 6-20 所示。

图 6-19 电动车窗升降电动机及驱动机构

a) 刮水器电动机

b) 中控门锁电动机

图 6-20 刮水器电动机与中控门锁电动机

单元小结

1. 直流电动机是由静止的定子和旋转的转子(又称电枢)两大部分组成的。

单元六　直流电动机

2. 换向器是直流电动机特有的装置。直流电动机作电动机运行时,它的作用是当线圈的有效边从 N 极(或 S 极)下转到 S 极(或 N 极)下时,改变其中的电流方向。使 N 极下的有效边中的电流总是一个方向,而 S 极下的有效边中的电流总是另一个方向,这样才能使两个有效边上受到的电磁力的方向不变,产生同一方向的转矩。

3. 电磁转矩和转速是表征电动机运行状态的两个主要物理量。把转速与电磁转矩的关系叫作机械特性 $n = f(T)$。电动机的机械特性可分为固有(自然)机械特性和人为机械特性。

4. 机械特性是研究电动机稳定运行、启动、调速和制动等运行的基础。

5. 直流电动机的基本方程包括电枢电路的反电动势、电压平衡方程、功率平衡方程和转矩平衡方程等,用来说明直流电动机的能量关系。

6. 并励和他励电动机的调速性能有其独特的优点,能无级调速,调速后机械特性较硬,稳定性较好。通常采用调磁和调压两种方法,后者仅适用于他励电动机。调磁调速是恒功率调速,调压调速是恒转矩调速。

7. 直流电动机不允许直接启动,启动时必须在电枢电路串联启动电阻或变阻器,且电阻值为最大,以后逐渐减小为零。为了获得尽可能大的启动转矩,可将磁场变阻器阻值调到最小。直流电动机在启动或工作时,励磁电路一定要接通,不能断开。

8. 反转即改变电动机的转向。可将电枢绕组两端的接线对换,即改变 I_a 的方向;也可将励磁绕组两端的接线对换,即改变 $\varPhi$ 的方向。通常采用改变 I_a 的方向来反转。

思考练习

一、判断题

1. 降低并励电动机的启动电流可通过降低电源电压实现。　　　　　　　　　　　(　　)
2. 换向磁极绕组极性接反,电动机运行时会出现反转现象。　　　　　　　　　　(　　)
3. 直流电动机不允许直接启动。　　　　　　　　　　　　　　　　　　　　　　(　　)
4. 并励电动机在运行时允许断开励磁绕组电路。　　　　　　　　　　　　　　　(　　)
5. 直流电动机和直流发电机两者结构相同,是可逆运行的。　　　　　　　　　　(　　)

二、选择题

1. 复励直流电动机具有(　　)机械特性。
   A. 硬的　　　　　　　　B. 软的　　　　　　　　C. 软硬适当的
2. 直流电动机启动电流很大的原因是(　　)。
   A. 电枢内阻很小　　　　B. 启动时反电势为零　　C. 励磁磁场很大
3. 直流电动机的换向磁极的作用是(　　)。
   A. 减小电枢换向火花　　B. 改变主磁极极性　　　C. 改变电动机转向
4. 他励电动机适应于进行(　　)调速。
   A. 调磁　　　　　　　　B. 调阻　　　　　　　　C. 调压
5. 改变并励电动机的转向一般是改变(　　)。
   A. 电枢绕组电流方向　　B. 励磁绕组电流方向　　C. 电源电压极性

三、简答题

1. 试述直流发电机和直流电动机的工作原理及直流电机的可逆性。
2. 试述直流电动机的主要组成部件及其作用。
3. 如换向磁极绕组极性接反,电动机运行时会出现什么现象?
4. 他励直流电动机在下述各种情况下,转速、电枢电流及反电动势是否变化?如何变化?
   (1) 励磁电流和负载转矩不变,电枢电压降低;
   (2) 电枢电压和负载转矩不变,励磁电流减小;
   (3) 电枢电压、励磁电流和负载转矩均不变,而在电枢回路中串联适当电阻。
5. 直流电动机与三相异步电动机相比,它主要的优越性是什么?
6. 直流电动机的调速有哪几种方法?每种方法有什么特点?

四、计算题

有一并励直流电动机,额定电压 $U_N=110V$,额定电枢电流 $I_{aN}=26.6A$,如果直接启动,电枢绕组的启动电流 $I_{st}=390A$,为了把电枢绕组的启动电流限制为额定电流的1.5倍,问应接入多大的启动电阻?

技能训练

实训八 永磁式电动刮水器的拆装与试验

一、实训目的

1. 掌握永磁式电动刮水器的结构与工作原理。
2. 掌握永磁式电动刮水器电路与拆装。

二、实训器材

1. 装有永磁式电动刮水器装置的汽车　　　1辆
2. 万用表　　　1只
3. 拆装工具　　　1套

三、实训内容

1. 拆刮水片。
2. 拆下电动机及联动机构。
3. 用万用表检测电路。
4. 装回并通电动作。

四、实训原理

永磁式刮水电动机具有体积小、质量轻、噪声小、结构简单等优点,目前在国内外汽车上得到了广泛的应用。永磁式刮水电动机总成的结构如实训图6-1所示。

永磁式刮水电动机是利用3个电刷来改变正、负电刷之间串联线圈的个数实现变速的,如实训图6-2所示。其原理是:刮水电动机工作时,在电枢内产生感生电动势,其方向与电枢电流的方向相反。如要使电枢旋转,外加电压必须克服反电势的作用。当电动机转速升高时,反电势增高,只有当外加电压等于反电势时(忽略电枢电压降),电枢的转速才能稳定。

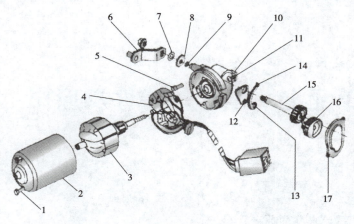

实训图 6-1

1-长螺钉；2-电动机外壳和磁铁总成；3-电枢；4-三个电刷的安装位置和复位开关总成；5-复位开关顶杆及其与开关联动的销子；6-输出臂；7-弹簧垫圈；8-平垫圈；9-圆形圈；10-减速器壳；11-弹簧；12-复位开关顶杆的定位板；13-放在凸轮表面的部分；14-复位开关顶杆；15-输出齿轮和轴；16-惰轮和蜗轮；17-减速器盖

五、实训报告

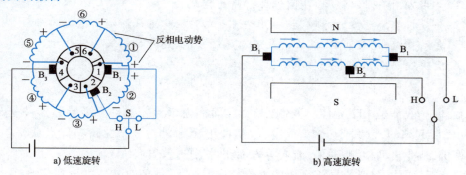

a) 低速旋转　　　　　　　　　　　　b) 高速旋转

实训图 6-2　永磁式刮水电动机的变速原理

单元七　半导体器件及应用

学习目标

知识目标
1. 正确描述二极管、晶闸管的结构、符号及工作特性。
2. 正确描述整流电路的原理及应用。
3. 简述滤波电路的原理及应用。
4. 简述调压电路的调压原理及应用。

能力目标
1. 会用万用表对二极管、晶闸管进行简易测试。
2. 会分析整流电路的原理,会计算整流电路的输出电压和输出电流。
3. 会做整流、滤波实验,能弄清交流电压经整流、滤波后的波形变化情况。
4. 能解决整流在汽车电路中的应用问题。

常用元件一般都是由半导体材料制作的,因而称为半导体器件。半导体器件是20世纪50年代初发展起来的,以其体积小、重量轻、功耗小、寿命长、可靠性高等优点获得了迅猛发展,在计算机、工业自动检测、通信、航天等方面获得了广泛的应用。

在生产和科研中,经常需要将微弱的电信号进行放大,以便有效地进行观察、测量、控制或调节。而把微弱信号放大到所需大小的电路之一就是用晶体三极管构成的放大电路。

集成电路诞生于1958年,它令人难以想像地缩小了器件和电路的体积,减少了功耗,延长了寿命,降低了成本,在现代电子器件中占据了绝对优势。在众多的集成电路器件中,集成运算放大器是模拟线性组件,它的应用十分方便、灵活。

为了正确和有效地运用半导体器件,必须对它们的结构、工作原理和性能有一个基本的认识。

1　PN 结

1.1　半导体基础知识

1.1.1　物质的导电性

自然界的各种物质,根据其导电能力的差别,可分为导体、绝缘体和半导体三大类。通常将电阻率小于 $10^{-4}\Omega \cdot cm$ 的物质称为导体,例如铜、银和铝等金属材料都是良好的导体。电阻率大于 $10^{9}\Omega \cdot cm$ 的物质称为绝缘体,例如橡胶、塑料等。导电性能介于导体和绝缘体之间的一大类物质统称为半导体。常用的半导体有硅(Si)、锗(Ge)和大多数金属氧化物等。

> **知识链接**
>
> 半导体太阳能电池：太阳能电池是通过光电效应直接把光能转化成电能的装置。是一种利用太阳光直接发电的光电半导体薄片。它只要被光照到，瞬间就可输出电压及电流。在物理学上称为太阳能光伏，简称光伏。目前，我国光伏产品在世界市场占有主导地位。

半导体之所以引起人们注意并得到广泛应用，其原因不但在于它的导电能力介于导体和绝缘体之间，而且还在于它的导电能力在不同条件下有很大的差异。例如，半导体的导电能力随温度升高而显著地增强。而绝大多数导体的导电能力，均随温度升高而有所下降。此外，半导体的导电能力还随它所掺入的有用杂质、受光线照射、电场、磁场等作用而发生显著的变化。总之，半导体就是一种在外界条件影响下有时能导电，有时几乎不能导电，容易受到热、光、电、磁和杂质等作用而改变其导电能力的一种固体材料。

1.1.2 本征半导体

纯净的半导体叫做本征半导体。锗和硅是两种最常用的半导体材料，它们最外层都有四个价电子，称为四价元素。它们的原子结构如图7-1所示。

在本征半导体中的晶体结构中，每个原子与相邻的四个原子形成共价键结构。这样，每个原子的每一个价电子除了受到自身原子核的束缚外，还受到共价键的束缚。因此，每个价电子都处于较为稳定的状态。但是共价键中的电子不像绝缘体中的电

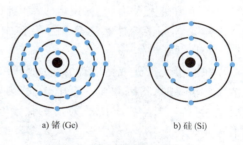

a) 锗(Ge)　　　　b) 硅(Si)

图7-1　锗和硅的原子结构

子被束缚的那样紧，会有少量的电子在获得一定能量(光照或温升)后，即可挣脱束缚成为自由电子。值得注意的是共价键中的电子在挣脱束缚成为自由电子后，就在它的原来位置上留下一个空位(称为空穴)，以等待其他的电子来补充，因此，自由电子和空穴总是成对产生，同时又不断复合，二者数量始终相等。在一定温度条件下，电子空穴对的产生和复合达到动态平衡，半导体中维持一定数目的载流子。当温度升高时，电子空穴对的数目增多，导电性能增强。所以温度对半导体器件性能影响极大。

> **知识链接**
>
> 利用半导体材料的导电性能可制成热敏电阻和光敏电阻。热敏电阻是用一种半导体材料制成的敏感元件，其特点是电阻随温度变化而显著变化，能直接将温度的变化转换为能量的变化。热敏电阻具有灵敏度高、体积小、较稳定、制作简单、寿命长、易于维护、动态特性好等优点，因此得到较为广泛的应用。光敏电阻又称光导管，具有在特定波长的光照射下，其阻值迅速减小的特性。光敏电阻器一般用于光的测量、光的控制和光电转换。

在正常情况下，原子是电中性的。当价电子成为自由电子后，原子的电中性被破坏而显出

带正电。因此可以把空穴想像成带一个正电荷的粒子。当相邻共价键中的电子来填补这个空穴时,这个空穴便消失,同时在相邻共价键中出现了一个新的空穴,这个新空穴又可能被别的共价键中的电子所填补,这种价电子接连不断地填补空穴的运动,相当于空穴自身的运动。空穴的运动与自由电子的运动相似,但方向相反。

由此可见,半导体中存在两种载流子:带负电荷的自由电子和带正电荷的空穴。这是半导体导电方式的最大特点,也是半导体与金属导体在导电原理上的本质差别。

1.1.3 杂质半导体

本征半导体虽然有两种载流子,但在常温下其数量极少,导电能力很差。如果在其中掺入某种微量杂质元素,将使掺杂后的半导体的导电能力大大增强。根据掺入的杂质不同,杂质半导体可分为两类:N 型半导体和 P 型半导体。

1)N 型半导体

在四价元素硅或锗中掺入少量磷(或其他五价元素),磷原子最外层有五个价电子。当硅晶体中某些位置上的硅原子被磷原子替代后,只需要四个价电子参与共价键结构,多余的一个价电子很容易挣脱磷原子核的束缚而成为自由电子,如图 7-2a)所示。于是杂质半导体中的自由电子数目大大增加,自由电子导电成为这种杂质半导体的主要导电方式,故称其为电子型半导体或 N 型半导体。在 N 型半导体中自由电子是多数载流子,而空穴是少数载流子。

2)P 型半导体

在四价元素硅或锗中掺入少量硼(或其他三价元素),硼原子最外层有三个价电子。当其构成共价键时,将因缺少一个电子而形成一个空穴,如图 7-2b)所示。这样,在杂质半导体中形成大量空穴,空穴导电成为其主要导电方式,故称这种杂质半导体为空穴型半导体或 P 型半导体。在 P 型半导体中,空穴是多数载流子,而自由电子是少数载流子。

值得注意的是,无论是 N 型还是 P 型半导体,虽然它们都有一种载流子占多数,但由于掺入的杂质也是原子,而原子均为中性,因此整体上仍然呈电中性。

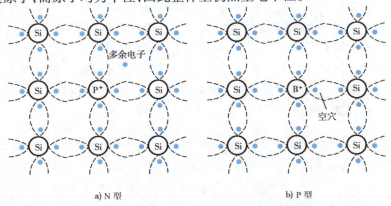

a) N 型　　　　　　　　　　b) P 型

图 7-2　P 型和 N 型半导体结构示意图

1.2　PN 结及其单向导电性

1.2.1　PN 结的形成

当 P 型半导体和 N 型半导体通过一定的工艺结合在一起时,在交接面必然要发生由于载流子浓度不均匀而引起的电子和空穴的扩散运动,即 P 区的空穴向 N 区扩散,N 区的电子向 P 区扩散,如图 7-3 所示。扩散的结果是,在交接面附近的 P 区留下一些带负电的杂质离子(用⊖表示),而 N 区则留下一些带正电的杂质离子(用⊕表示)。因此在交接面形成了一个空间电荷区,也就是 PN 结。该空间电荷区在交接面形成一个内电场,其电场方向恰好与多数载流子的扩散方向相反,它一方面阻碍多数载流子的扩散,另一方面促进少数载流子的漂移(载流子从浓度低的区域向浓度高的区域的运动),即 P 区的电子向 N 区漂移,N 区的空穴向 P 区漂移。

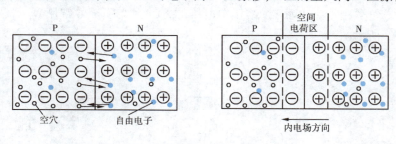

图 7-3 PN 结的形成

扩散运动和漂移运动是相互联系,又相互矛盾的。在一定的温度条件下,两种运动达到动态平衡,空间电荷区的宽度基本稳定下来,此时,PN 结处于相对稳定的状态。

1.2.2 PN 结的单向导电性

在 PN 结上加正向电压,即 P 区接电源正极,N 区接电源负极。此时,由于外电场与内电场反向,PN 结的动态平衡被破坏,使空间电荷区的宽度变窄,多数载流子的扩散运动增强,并从电源中不断得到补充,形成较大的扩散电流——正向电流。此时 PN 结处于低阻状态,称为正向导通状态,如图 7-4a)所示。

在 PN 结上加反向电压,即 N 区接电源正极,P 区接电源负极。此时,由于外电场与内电场同向,PN 结的动态平衡也被破坏,使空间电荷区的宽度变宽,多数载流子的扩散运动无法进行,而少数载流子的漂移运动得以加强,形成较小的漂移电流——反向电流。此时 PN 结处于高阻状态,称为反向截止状态,如图 7-4b)所示。

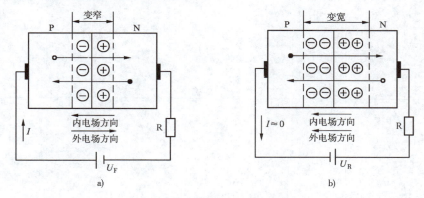

图 7-4 PN 结的单向导电性

由此可见,PN 结具有单向导电性。

应注意,加在 PN 结两端的正向电压必须大于内电场的电压,才能使 PN 结导通,否则 PN 结不导通。

2 晶体二极管

2.1 晶体二极管的结构

晶体二极管是由 PN 结加两个引出电极和管壳组成。常见晶体二极管的外形和图形符号如图 7-5 所示。符号中箭头表示 PN 结正向电流的方向。文字符号常用 VD 表示。普通二极管实物如图 7-6 所示。

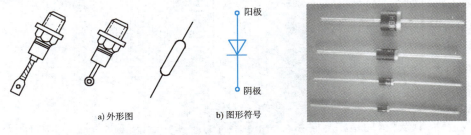

图 7-5 二极管的外形、图形符号　　　　图 7-6 普通二极管

二极管按所用材料不同,分硅二极管和锗二极管两种;按 PN 结的结构特点,分点接触型和面接触型两种;按用途不同,分普通二极管、整流二极管、稳压二极管、光敏二极管和发光二极管等。点接触型二极管允许通过的电流小,适用于高频检波、脉冲电路和小功率的整流电路。面接触型二极管允许通过的电流大,适用于低频整流电路。

2.2 二极管的伏安特性

所谓晶体二极管的伏安特性是指加在二极管两端的电压 U 与流过二极管的电流 I 之间的关系。在直角坐标系中,二极管的伏安特性可用一条曲线表示。图 7-7 所示为典型的锗二极管和硅二极管的伏安特性曲线。

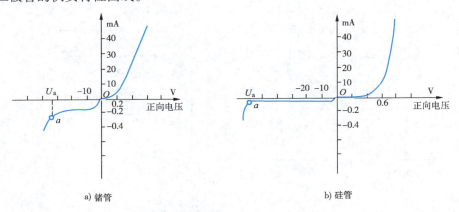

图 7-7 二极管的典型伏安特性曲线

2.2.1 二极管具有正向导通性

当给二极管加上正向电压时,二极管电流从阳极流向阴极。当正向电压小于某一数值时,

电流很小,近似为零,这一电压称为死区电压,这段区域称为二极管的死区。锗管的死区电压约 0～0.2V,硅管的死区电压约 0～0.5V。

当正向电压超过死区电压时,二极管开始导通,正向电流随电压增大而迅速增大。二极管导通后,电流在一定范围内变化,阳极与阴极间的电压却几乎维持不变,该电压称为二极管的正向压降。在常温下,硅管的正向压降约为 0.7V,锗管约为 0.3V。

2.2.2 二极管具有反向截止特性

当二极管在小于某一数值的反向电压作用下,反向电流基本不随外加反向电压的变化而变化,反向电流数值极小,通常称其为反向漏电流或反向饱和电流。

2.2.3 二极管具有反向击穿特性

当加在二极管两端的反向电压大于某一数值(击穿电压)后,反向电流突然急剧增大,此时称二极管反向击穿。

二极管的反向击穿分为齐纳击穿和雪崩击穿两种。

齐纳击穿:在高掺杂浓度的情况下,反向电压较大时,使价电子脱离共价键束缚,产生电子-空穴对,致使电流急剧增大,这种击穿称为齐纳击穿。如果掺杂浓度较低,不容易产生齐纳击穿。

雪崩击穿:当反向电压增加到较大数值时,外加电场使电子漂移速度加快,从而与共价键中的价电子相碰撞,把价电子撞出共价键,产生新的电子-空穴对。新产生的电子-空穴对被电场加速后又撞出其他价电子,载流子雪崩式地增加,致使电流急剧增加,这种击穿称为雪崩击穿。

2.3 二极管的主要参数

2.3.1 最大正向电流

指在一定的散热条件下,晶体二极管长期工作时所允许流过的最大正向电流。若超过此值,二极管可能由于过热而损坏。

2.3.2 最高反向工作电压

指晶体二极管所能承受的最高反向工作电压(峰值)。若超过此值,二极管有被反向击穿的危险(一般规定反向工作电压为反向击穿电压的一半左右)。

2.4 晶体二极管的简易判别

晶体二极管有两个电极,且正向电阻小,反向电阻大。我们可利用这一特点,用万用表的电阻挡大致测量出二极管的好坏和极性。

2.4.1 好坏的判别

用万用表测量小功率二极管时,需把万用表的旋钮拨到欧姆 R×100 或 R×1k 挡(应注意不要使用 R×1 或 R×10k 挡,因为 R×1 挡电流较大,R×10k 挡电压较高都易损坏二极管),然后用两根表棒测量二极管的正反向电阻值。一般二极管的正向电阻约为几十到几百欧,反向电阻约为几百欧到几百千欧,如图 7-8 所示。二极管的正反向电阻相差越大,就表明二极管的单向导电特性越好。若 $R_正 \approx R_反$,表示二极管已坏。若 $R_正 \approx R_反 \approx 0$,则表示管子已被击穿,两电极已短路;若 $R_正 \approx R_反 \to \infty$,则说明管子内部已断路,都不能使用。

注意,大功率二极管可用 R×1 挡判断其好坏,如汽车上交流发电机的硅整流二极管。

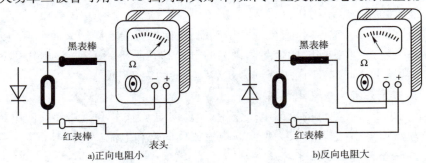

图7-8　用万用表测试二极管

2.4.2　极性的判别

在已确定二极管正常后,若使用指针式万用表测量二极管正、反向电阻值,当测得的电阻值较小时,与红表棒(接表内电池的负极)相接的那个电极就是二极管的负极,与黑表棒(接表内电池的正极)相接的那个电极为二极管的正极。反之,当测得的电阻值较大时,与红表棒相接的那个电极就是二极管的正极,与黑表棒相接的那个电极为二极管的负极。

若使用数字式万用表测量时,由于数字式万用表的红表棒接表内电池的正极而黑表棒接表内电池的负极,因此用数字式万用表判定的极性与用指针式万用表判定的极性恰好相反。

2.5　几种特殊二极管

2.5.1　光敏二极管

光敏二极管也叫光电二极管。光敏二极管与半导体二极管在结构上是类似的,其管芯是一个具有光敏特征的 PN 结,具有单向导电性,因此工作时需加上反向电压。无光照时,有很小的饱和反向漏电流,即暗电流,此时光敏二极管截止。当受到光照时,饱和反向漏电流大大增加,形成光电流,它随入射光强度的变化而变化。当光线照射 PN 结时,可以使 PN 结中产生电子-空穴对,使少数载流子的密度增加。这些载流子在反向电压下漂移,使反向电流增加。因此可以利用光照强弱来改变电路中的电流。常见的有 2CU、2DU 等系列。光敏二极管实物和符号分别如图7-9所示。

图7-9　光敏二极管及符号

2.5.2　发光二极管

发光二极管(简称LED)是一种光发射元件,当发光二极管的 PN 结加上正向电压时,会发生发光现象。发光二极管实物、符号分别如图7-10所示。发光二极管是一种冷光源,具有功耗低、体积小、可靠性高、寿命长和响应快等优点,几乎不产生热,也消除了非可见光区电磁波对人体的危害。发光二极管广泛应用于仪器仪表、计算机、汽车、电子玩具、通信、自动控制、军事等领域。

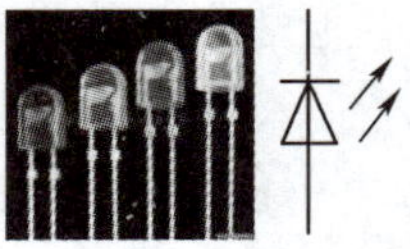

图7-10　发光二极管及符号

发光二极管的颜色主要取决于制造所用的材料,常见的有红色、绿色和红外光单色发光二极管。

2.5.3　稳压二极管

稳压二极管是一种用特殊工艺制造的硅材料二极管,它具有稳定电压的功能,在稳压设备和一些电子电路中经常使用。稳压二极管在反向击穿前的导电特性与普通二极管相似。在反向击穿后,其两端的电压基本保持不变。这样,当把稳压管接入电路以后,若由于电源电压发生波动,或其他原因造成电路中各点电压变动时,负载两端的电压将基本保持不变,起到稳压作用。稳压二极管实物如图7-11所示,符号及特性曲线如图7-12所示。

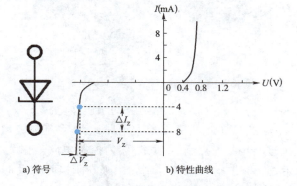

图7-11 稳压管实物

图7-12 稳压管符号及特性曲线

3 晶 闸 管

晶闸管原称可控硅,是硅晶体闸流的简称。它是近50年来发展起来的一种较理想的大功率电能变换与控制的理想器件。自晶闸管问世以来,弱电对强电的控制得到了快速的发展,在工业生产领域的各个方面得到了广泛的应用,如可控整流、逆变、变频、交流调压等。

3.1 晶闸管的结构

晶闸管种类很多,有普通型、双向型、可关断型等。这里主要介绍应用最广泛的普通型晶闸管。目前,大功率的晶闸管外形结构有螺栓式和平板式,如图7-13、图7-14所示。晶闸管有三个电极,阳极A、阴极K和控制极(门极)G。螺栓式晶闸管有螺栓的一端是阳极,使用时将它固定在散热器上,安装、更换管子方便,但仅靠阳极散热器效果差;另一端有两根引线,其中较粗的是阴极,较细的是控制极。平板式晶闸管的中间金属环的引出线是控制极,离控制极较远的端面是阳极,近的端面是阴极,使用时晶闸管夹在两个散热器中间,散热效果好。

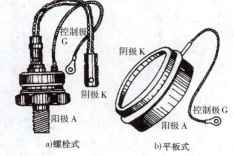

图7-13 晶闸管外形图

晶闸管的结构示意图及图形符号如图7-15所示,管芯由P型和N型半导体组成 $P_1N_1P_2N_2$ 结构,形成三个PN结 J_1、J_2 和 J_3,分别从 P_1、P_2、N_2 引出三个电极,所以晶闸管是一个四层三端半导体器件。

3.2 晶闸管的工作特性

为便于理解,我们用实验来说明普通晶闸管的工作原理。

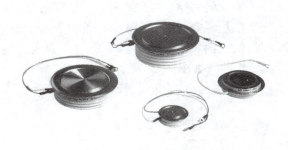

图 7-14　晶闸管实物

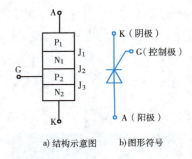

a) 结构示意图　　b) 图形符号

图 7-15　晶闸管结构示意图和符号

如图 7-16a) 所示,将晶闸管的阳极接电源 E_a 的负极,阴极接电源 E_a 的正极,并在回路中串联小灯泡 HL(此回路称为主电路),然后控制极(门极)接电源 E_g 的正极,阴极接 E_g 的负极,并通过开关 S 控制(此回路称为控制电路或触发电路)。这时不管开关 S 是否闭合,灯泡 HL 始终不亮。这说明当晶闸管阳极与阴极间加反向电压时,不管控制极有无正向触发电压,晶闸管均不导通,处于反向阻断状态。

如图 7-16b) 所示,将 E_a 的极性调换,即在晶闸管的阳极与阴极间加正向电压,若 S 断开,HL 不亮,说明晶闸管不导通,处于正向阻断状态。

如图 7-16c) 所示,将开关 S 闭合,即在晶闸管阳极与阴极间加正向电压的同时,给控制极与阴极间加上正向触发电压,HL 亮,说明晶闸管被触发导通。

如图 7-16d) 所示,在晶闸管导通后,将开关 S 打开,HL 仍然发光,这说明晶闸管仍然导通,控制极失去作用。

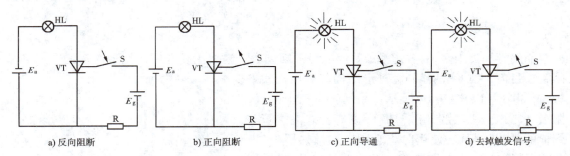

a) 反向阻断　　　b) 正向阻断　　　c) 正向导通　　　d) 去掉触发信号

图 7-16　晶闸管工作特性测试电路

由以上分析可得出晶闸管的工作性能:

(1) 导通条件:在晶闸管的阳极与阴极间加正向电压,同时在控制极与阴极间加正向电压,晶闸管就能导通。两者缺一不可。

(2) 关断条件:晶闸管导通后,控制极失去控制作用,即使去掉控制极电压,晶闸管仍然导通。若要使晶闸管关断,只有在阳极与阴极间加反向电压,或去掉正向电压,使流过晶闸管的阳极主电流小于某一数值,才能关断。

(3) 晶闸管导通后,控制极失去控制作用,因此,控制极只需要一个触发脉冲就可触发晶闸管导通。

(4) 晶闸管具有单向导电性,且导通时刻是可以通过控制极控制的,所以,晶闸管可以用来构成可控整流电路。

(5) 晶闸管还可以用作无触点功率静态开关,取代继电器、接触器构成控制电路。

3.3 晶闸管的主要参数

3.3.1 额定电压 U_{Tn}

为防止晶闸管因承受正向电压过大而引起误导通,或因承受反向电压过大被反向击穿而规定的允许加在晶闸管阳极与阴极间的最大电压,称为晶闸管的额定电压。因晶闸管承受过电压的能力差,所以在选择晶闸管时,额定电压应取元件在电路中可能承受的最大电压瞬时值的 2~3 倍。

3.3.2 额定电流(通态平均电流)$U_{T(AV)}$

在规定的标准散热条件和室温(≤40℃)下,晶闸管的阳极与阴极间允许通过的工频正弦半波电流的平均值,称为晶闸管的额定电流。由于晶闸管过流能力差,选用晶闸管时,额定电流至少应大于正常工作电流的 1.5~2 倍。

3.3.3 通态平均电压(管压降)$U_{T(AV)}$

当元件流过正弦半波的额定电流平均值时,元件阳极与阴极之间电压降的平均值称为管压降。一般为 0.4~1.2V 之间,可忽略不计。

3.3.4 控制极触发电压 U_G 和触发电流 I_G

在晶闸管阳极与阴极之间加 6V 的正向直流电压,使晶闸管由阻断变为导通所需要的最小控制极电压和电流。在实际使用时,应稍大于这一数值,以保证可靠触发。

3.3.5 维持电流 I_H

在室温下,控制极开路时,维持晶闸管继续导通所必需的最小电流称为维持电流。当正向电流小于 I_H 值时,晶闸管就自行关断。I_H 值一般为几十至一百多毫安。

4 单相整流电路

许多电子设备都需要用直流电源供电。获得直流电源的方法较多,如干电池、蓄电池、直流发电机等。但比较经济实用的办法是通过整流、稳压电路把交流电源变换成直流电源。常用的直流稳压电源一般由电源变压器、整流电路、滤波电路和稳压电路组成,如图7-17所示。

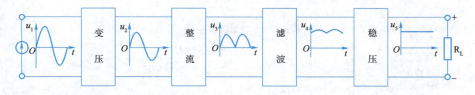

图 7-17　直流稳压电源的结构示意图

电源变压器也称整流变压器,它的作用是把 220V 电网电压变换成所需要的交流电压。整流电路的作用是将交流电压变换成单向脉动的直流电压。滤波电路的作用是将脉动电压中的脉动成分滤掉,使输出电压成为比较平滑的直流电压。稳压电路的作用是使输出的直流电压保持恒定。

4.1 单相半波整流电路

4.1.1 电路与工作原理

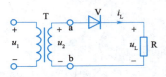

图 7-18 单相半波整流电路

图 7-18 是单相半波整流电路。它是最简单的整流电路,由整流变压器 T、二极管 V 及负载电阻 R_L 组成。为了突出主要问题,认为二极管均为理想二极管,即正向电阻为零,反向电阻无穷大,管压降为零。设变压器二次电压为

$$u_2 = \sqrt{2}U_2\sin\omega t$$

当 u_2 为正半周时,二极管正向导通,则负载上的电压 u_L、流过负载的电流 i_L 和流过二极管的电流 i_D 分别为

$$u_L = u_2$$
$$i_L = i_D = \frac{U_2}{R_L}$$

当 u_2 为负半周时,二极管反向截止,则负载上的电压 u_L、流过负载的电流 i_L 和流过二极管的电流 i_D 分别为

$$u_L = 0$$
$$i_L = i_D = 0$$

整流波形如图 7-19 所示。由于这种电路只在交流的半个周期内才导通,也只有在正半周时才有电流流过负载,故称为单相半波整流电路。

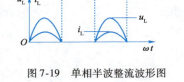

图 7-19 单相半波整流波形图

4.1.2 输出电压和输出电流

设在一个周期内,整流输出电压的平均值为 U_L,流过负载的电流平均值为 I_L,则 U_L、I_L 分别为

$$U_L = \frac{1}{T}\int_0^{\frac{T}{2}}\sqrt{2}U_2\sin\omega t\, dt = \frac{\sqrt{2}}{\pi}U_2 = 0.45U_2 \qquad (7\text{-}1)$$

$$I_L = \frac{U_L}{R_L} = 0.45\frac{U_2}{R_L} \qquad (7\text{-}2)$$

通过二极管的正向电流平均值等于通过负载的电流,即

$$I_D = I_L \qquad (7\text{-}3)$$

二极管截止时所承受的最大反向电压等于变压器二次电压的幅值,即

$$U_{DRM} = \sqrt{2}U_2 = 3.14U_L \qquad (7\text{-}4)$$

半波整流电路的优点是结构简单,使用的元件少。但是也存在明显的缺点:只利用了电源的半个周期,所以电源的利用率较低,而且输出电压脉动较大。故半波整流只用在对脉动要求不高,输出电流较小(几十毫安以下)的直流设备。

4.2 单相桥式整流电路

4.2.1 电路与工作原理

为了克服半波整流的缺点,通常采用桥式整流电路。桥式整流的电路如图 7-20 所示,电

路中采用了四只二极管,接成电桥的形式。下面分析其工作原理。

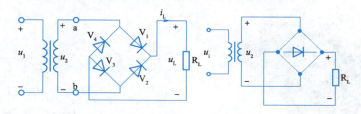

图 7-20 桥式整流电路及简化电路图

当 u_2 为正半周时,V_1 和 V_3 正向导通,V_2 和 V_4 反向截止;当 u_2 为负半周时,V_1 和 V_3 反向截止,V_2 和 V_4 正向导通。而流过负载的电流方向始终一致,其波形如图 7-21 所示。由此可见,桥式整流电路中,V_1、V_3 和 V_2、V_4 轮流导通,流过负载的是两个半波的电流,而且电流方向相同,故称为全波整流。从桥式整流的波形图可看出其输出直流电压的脉动程度比半波整流低。

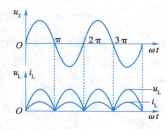

图 7-21 桥式整流电路波形图

4.2.2 输出电压和输出电流

显然,全波整流输出的直流电压为半波整流的二倍。由于两组二极管轮流工作,所以通过各个二极管的电流为负载电流的一半。有关计算公式如下:

负载两端的直流电压平均值

$$U_L = 0.9 U_2 \tag{7-5}$$

通过负载的直流电流平均值

$$I_L = \frac{U_L}{R_L} = 0.9 \frac{U_2}{R_L} \tag{7-6}$$

通过每只二极管的正向平均电流

$$I_D = \frac{1}{2} I_L \tag{7-7}$$

每个二极管承受的最大反向电压

$$U_{DRM} = \sqrt{2} U_2 = 1.57 U_L \tag{7-8}$$

必须注意,桥式整流电路的四个二极管的正负极不能接反。交流电源和直流负载也不许接错。否则,可能发生电源短路,不仅烧坏整流管,甚至烧坏电源变压器。

桥式整流电路的优点是电源利用率高,输出电压提高了一倍。流过每个管子的电流仅为输出电流的一半,有利于电路的保护。

将桥式整流电路的 4 个二极管制作在一起,封装成一个器件就称为整流桥。在许多电源电路中都会用整流桥构成整流电路。如图 7-22 是常见的单相整流桥,图 7-23 是其电气符号。图中 ~ 是交流电压接入引脚,+、- 是直流电压输出引脚。

单相整流电路只用三相供电线路中的一相电源,如果电流较大,将使三相负载严重不平衡,影响供电质量。故单相桥式整流电路仅适用于中、小功率的整流。大功率整流(几千瓦以上)一般采用三相整流电路。三相整流不仅可以做到三相电源的负载平衡,而且输出的直流电压脉动更小。

图 7-22 单相整流桥

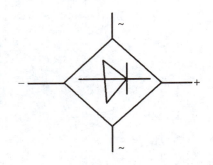
图 7-23 单相整流桥电气符号

4.2.3 整流二极管的选择

一般选管根据二极管的电流 I_D 和二极管所承受的最大反向电压 U_{DRM} 进行选择，即二极管的最大整流电流 $I_F \geq I_D$，二极管的反向工作峰值电压 $U_R \geq 2U_{DRM}$。

【例 7-1】 有一单相半波整流电路，已知负载电阻 $R_L = 750\Omega$，变压器二次电压 $U_2 = 20V$。试求 U_L, I_L 及 U_{DRM}，并选用二极管。

解：
$$U_L = 0.45U_2 = 0.45 \times 20 = 9(V)$$

$$I_L = \frac{U_L}{R_L} = \frac{9}{750} = 0.012 = 12(mA)$$

$$U_{DRM} = \sqrt{2}U_2 = \sqrt{2} \times 20 = 28.2(V)$$

查附录，二极管选用 2AP4（16mA, 50V）。为了使用安全，二极管的反向工作峰值电压 U_R 要选得比 U_{DRM} 大一倍左右。

【例 7-2】 已知负载电阻 $R_L = 80\Omega$，负载电压 $U_L = 110V$。今采用单相桥式整流电路。请为该电路选用二极管。

解： 负载电流

$$I_L = \frac{U_L}{R_L} = \frac{110}{80} = 1.4(A)$$

每个二极管通过的平均电流

$$I_D = \frac{1}{2}I_L = 0.7(A)$$

每个二极管承受的最大反向电压

$$U_{DRM} = \sqrt{2}U_2 = 1.57U_L = 1.57 \times 110 = 172.7(V)$$

因此可选用 2CZ11C 晶体二极管，其最大整流电流为 1A，反向工作峰值电压为 300V。

【例 7-3】 试分析图 7-20 所示桥式整流电路中的二极管 V_2 或 V_4 断开时负载电压的波形。如果 V_2 或 V_4 接反，后果如何？如果 V_2 或 V_4 击穿或短路，后果又如何？

解： 当 V_2 或 V_4 断开后，电路为单相半波整流电路。正半周时，V_1 和 V_3 导通，负载中有电流过，负载电压 $U_L = u$；负半周时，V_1 和 V_3 截止，负载中无电流通过，负载两端无电压，$U_L = 0$。

如果 V_2 或 V_4 接反，则正半周时，二极管 V_1、V_4 或 V_2、V_3 导通，电流经 V_1、V_4 或 V_2、V_3 而造成电源短路，电流很大，因此变压器及 V_1、V_4 或 V_2、V_3 将被烧坏。

如果 V_2 或 V_4 因击穿烧坏而短路，则正半周时，情况与 V_2 或 V_4 接反类似，电源及 V_1 或

V_3 也将因电流过大而烧坏。

5 滤波电路

整流电路虽然可以把交流电转换为直流电,但是它们的输出电压都含有较大的脉动成分,这远不能满足我们的需要。在大多数的电子设备中,整流电路中都要接滤波器,以改善输出电压的脉动程度,使输出电压更加平滑。

电容和电感是基本的滤波元件,主要利用电容器两端电压不能突变和流过电感器的电流不能突变的特点,将电容和负载电阻并联或将电感器与负载电阻串联,即可达到使输出波形平滑的目的。

5.1 电容滤波

图 7-24 是单相半波整流电容滤波电路。滤波电容 C 与负载电阻 R_L 并联,因此负载两端电压等于电容器 C 两端电压,即 $u_L = u_c$,由于电容器的滤波作用,输出电压的波形如图 7-25 所示。

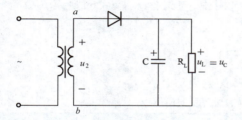

图 7-24 单相半波整流电容滤波电路   图 7-25 单相半波整流电容滤波电路波形图

设起始时电容器两端电压为零。当 u_2 由零进入正半周时,二极管导通,电容 C 被充电,其两端电压 u_c 将随 u_2 的上升而逐渐增大,直到达到 u_2 的最大值。在此期间,电源经二极管向负载提供电流。

当 u_2 从最大值开始下降时,由于电容器两端电压不会突变,将出现 $u_2 < u_c$ 的情况。这时,二极管则因反向偏置而截止,电容器通过 R_L 放电为负载提供电流,通过负载的电流方向与二极管导通时的电流方向相同。在 R_L 和 C 足够大的情况下,放电过程持续时间较长,直到交流电压 u_2 正向上升至 $u_2 > u_c$ 时,二极管再次导通,重复上述过程。

由于二极管的正向导通电阻很小,所以电容充电很快,u_c 紧随 u_2 升高。当 R_L 较大时,电容放电较慢,负载两端的电压徐徐下降,甚至几乎保持不变。因此,输出电压不仅脉动程度减小,其平均值也得到提高。

由以上分析,可得到以下几个结论:

(1) 电容滤波后,输出的直流电压提高,同时输出电压的脉动成分降低。而且输出的直流电压与放电时间常数 τ 有关,τ 越大,输出的直流电压就越高。为此,应选择大容量电容器作为滤波电容,而且要求负载的等效电阻也较大。所以电容滤波适用于负载电阻较大的场合下运用。

（2）与无电容滤波比较，电容滤波电路的输出电压随负载电阻的变化有较大的变化，即外特性较差，或者说带负载能力较差。通常取

$$U_L = U_2 \quad （半波）$$

$$U_L = 1.2 U_2 \quad （全波）$$

（3）在电容滤波电路中，时间常数

$$\tau = R_L C \geq (3 \sim 5) \frac{T}{2}$$

其中 T 为交流电网电压的周期。一般滤波电容的电容值都比较大，达到几十微法至几千微法，故常选用电解电容器。在使用时一定要注意电容器的极性，不能接反。否则漏电电流非常大，甚至会引起电容器爆炸。还要注意滤波电容的耐压值应大于输出电压的最大值，其耐压值一般取输出电压的最大值的 1.5 倍左右。

（4）电容滤波的输出电压 U_L 会随输出电流 I_L 的增大而很快下降。所以电容滤波适用于负载电流变化不大的场合。

（5）在电容滤波电路中，整流二极管的导通时间缩短了，所以整流二极管在导电的短暂时间内，将流过很大的脉冲电流，为此在实际应用中，应选择 I_F 较大的整流二极管。一般选择

$$I_F \geq (2 \sim 3) \frac{U_L}{R_L}$$

（6）二极管截止时所承受的最高反向电压 U_{DRM} 如表 7-1 所示。

二极管截止时所承受的最高反向电压表　　　　表 7-1

电　　路	无电容滤波	有电容滤波
单相半波整流	$U_{DRM} = \sqrt{2} U_2$	$U_{DRM} = 2\sqrt{2} U_2$
单相桥式整流	$U_{DRM} = \sqrt{2} U_2$	$U_{DRM} = \sqrt{2} U_2$

电容滤波电路结构简单，使用方便，但是当要求输出电压的脉动成分非常小时，则要求电容器的容量很大，这样不但不经济，甚至不可能。当要求输出电流较大或输出电流变化较大时，电容滤波也不适用。

【例 7-4】　一单相桥式电容滤波整流电路，已知交流电源频率 $f = 50$Hz，负载电阻 $R_L = 200\Omega$，要求输出电压 $U_L = 30$V。请为该电路选二极管及滤波电容器。

解：（1）选择整流二极管
流过二极管的电流

$$I_D = \frac{1}{2} I_L = \frac{1}{2} \times \frac{U_L}{R_L} = \frac{1}{2} \times \frac{30}{200} = 75 (\text{mA})$$

由 $U_L = 1.2 U_2$ 得变压器副边电压为

$$U_2 = \frac{U_L}{1.2} = \frac{30}{1.2} = 25 (\text{V})$$

二极管所承受的最高反向电压

$$U_{\text{DRM}} = \sqrt{2}U_2 = \sqrt{2} \times 25 = 35(\text{V})$$

因此可选用二极管 2CP11(100mA,50V)。

（2）选择滤波电容器

由 $R_L C = 5 \times \dfrac{T}{2}$ 得

$$C = \frac{5T}{2R_L} = 250(\mu\text{F})$$

选用 $C = 250\mu\text{F}$，耐压为 50V 的极性电容器。

5.2 电感滤波

电感滤波电路如图 7-26 所示，电感 L 与负载电阻 R_L 串联，利用通过电感的电流不能突变的特性来实现滤波。当电感电流增大时，电感产生的自感电动势阻止电流的增加；而电流减小时，自感电动势则阻止电流的减小。因此，当脉动电流从电感线圈中通过时，将会变得平滑。不仅如此，当负载变化引起输出电流变化时，电感线圈也能抑制负载电流的变化。所以电感滤波适用于一些大功率整流设备和负载电流变化大的场合。

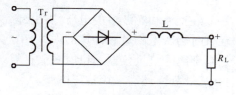

图 7-26　电感滤波电路

显然，L 越大，滤波效果越好。但电感量较大时（几亨至几十亨），电感器的铁芯粗大笨重、线圈匝数较多，成本较高。因此，在小型电子设备中很少采用电感滤波。

5.3 复式滤波

为了进一步提高滤波效果，可用电容和电感组成复式滤波器。常见的有 LC—π 型滤波电路或 RC—π 型滤波电路，如图 7-27 及图 7-28 所示。

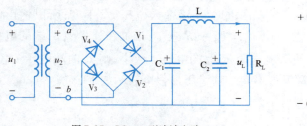

图 7-27　LC—π 型滤波电路

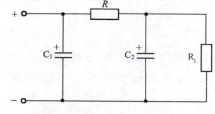

图 7-28　RC—π 型滤波电路

LC—π 型滤波的原理如下：

含有脉动成分的直流电先经过电容 C_1 的第一级滤波，使整流输出电压的脉动成分降低，再利用电感对交变电流的阻碍作用，进一步降低电压的脉动程度，最后经过 C_2 的滤波作用，负载即可得到脉动程度很小的直流电。由于 LC—π 型滤波电路采用了多个滤波元件，所以滤波效果非常好。如果需要大电流输出，或输出电流变化范围较大，可采用 LC—π 型滤波。

但是 LC—π 型滤波电路中，由于电感线圈的体积大而笨重，成本又高，所以有时候用电阻代替 LC—π 型滤波电路中的电感线圈,这样就构成了 RC—π 型滤波电路。虽然电阻本身并无滤波作用,但是当它和电容配合之后,就使脉动电压的交流较多地降落在电阻两端,而较少地降落在负载上,从而起到了滤波的作用。R 越大,滤波效果越好。但 R 太大,将使直流压降增加,所以这种滤波电路主要适用于负载电流较小而又要求输出电压脉动极小的场合。

5.4 有源滤波

上述电感、电容和电阻所组成的无源滤波器,对于小功率或较大电流和较高电压的大功率电源设备均可适用,但其体积和重量一般较大。在小型电子设备中,为了减小电源体积,减轻设备重量,均可采用有源器件组成的有源滤波电路。

6 稳压电路

经整流和滤波后的电压往往会随交流电源电压的波动和负载的变化而变化。电压的不稳定有时会产生测量和计算的误差,引起控制装置的工作不稳定,甚至根本无法正常工作。特别是精密电子测量仪器、自动控制、计算装置及晶闸管的触发电路等都要求有很稳定的直流电源供电。因此,还需采用稳压电路。

6.1 硅稳压管稳压电路

图 7-29 是硅稳压管稳压电路。经过桥式整流和电容滤波得到的脉动直流电,再经过限流电阻和稳压管组成的稳压电路接到负载电阻 R_L 上,这样负载电阻 R_L 上便得到一个比较稳定的电压了。

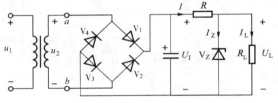

图 7-29 硅稳压管稳压

其稳压原理如下:

(1) 输入电压 U_I 不变,当负载电阻 R_L 减小时,流过负载电阻的电流 I_L 将增大,限流电阻 R 上的电流 I 也将增大,则 R 两端电压 $U_R = IR$ 也增大,因输入电压 U_I 不变,所以输出电压 $U_L = U_I - IR$ 减小;当加在稳压管两端的电压减小时,流过稳压管的电流会明显减小,使限流电阻 R 上的电流 I 减小,则 R 两端电压 $U_R = IR$ 也减小,从而使得输出电压 $U_L = U_I - IR$ 保持不变。其稳压过程可表示如下:

$$R_L \downarrow \to I_L \uparrow \to IR \uparrow \to U_L \downarrow \to I_Z \downarrow \to I \downarrow \to IR \downarrow \to U_L \uparrow$$

当 R_L 增大时,上述的调节过程正好相反,同样能保持负载上的电压 U_L 基本不变。

(2) 负载电阻 R_L 不变,当 U_I 升高时,U_L 也升高,必然引起流过稳压管电流 I_Z 的显著增大,则限流电阻 R 上的电流 I 也将增大,则 R 两端电压 $U_R = IR$ 也增大,以抵消由 U_I 的升高而带来的输出电压的增加,从而使负载电压 U_L 近似保持不变。此稳压过程可表示为:

$$U_I \uparrow \to U_L \uparrow \to I_Z \uparrow \to I \uparrow \to U_R \uparrow \to U_L \downarrow$$

当 U_L 降低时,必然引起 I_Z 减小,进而引起 I 的减少,从而使 U_L 上升。最终使输出电压 U_L

近似不变。

必须指出,不论输入电压 U_1 改变,还是负载电阻 R_L 改变,都要引起稳压管电流 I_L 的变化,再通过限流电阻 R 上的电压变化来维持输出电压 U_L 近似不变。因此这种稳压电路的稳压过程不仅与稳压管有关,而且和限流电阻 R 的大小有关。

在选择稳压电路元件时,一般应注意以下三点:

(1) 稳压管的稳压值应该等于输出电压的值,即 $U_Z = U_L$;

(2) 稳压管的最大稳定电流应该等于最大输出电流的 2~3 倍;

(3) 动态电阻尽可能小。

硅稳压管稳压电路结构简单,在负载电流变动较小时,稳压效果较好。但其输出电压只能等于稳压管的稳定电压,允许电流变化的幅度也受到稳压管稳定电流的限制。因此这种电路只适用于功率较小和负载电流变化不大的场合。

6.2 串联型稳压电路

串联型稳压电路是一个反馈调节系统,包含有取样电路、基准电压电路、比较放大电路和调整电路 4 部分组成。图 7-30 就是一个串联型稳压电路。

在稳压电路的主回路中,调整管 V_1 与负载电阻 R_L 串联,所以称之为串联型稳压电路,V_2 是比较放大管,R_1、R_P 和 R_2 串联接在输出端,构

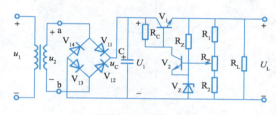

图 7-30 串联型稳压电路

成取样电路,而由限流电阻 R_Z 与稳压管 V_Z 组成的稳压电路直接接在比较放大管 V_2 的发射极上,它的稳压原理如下:

当输出电压 U_L 升高时,取样电压就增大,V_2 管的基极电位升高,但 V_2 管发射极电位被稳压,所以 V_2 的基极与发射极之间电压 U_{BE2} 增大,V_2 管的导通程度增强,其基极电流 I_{BE2} 增大,从而使 V_2 的集电极电流 I_{C2} 增大,则 V_2 的集电极电位 U_{C2} 降低,而调整管 V_1 因基极电位降低,而使其导通程度下降,其基极电流 I_{BE1} 减小,V_1 的集电极电流也减小,使得其集射电压增大,输出电压增大。

当输出电压降低时,调整过程正好相反。

在稳压电路的工作过程中,要求调整管始终处于放大状态。通过调整管的电流等于负载电流,因此必须选用适当的大功率管做调整管,并安装散热装置。为了防止短路或长期过载烧坏调整管,在直流稳压器中一般还设有短路保护和过载保护等环节。

6.3 集成稳压器

随着集成工艺的发展,稳压电路也制成了集成器件。它具有体积小、重量轻、使用方便、运行可靠和价格低等一系列优点,因而得到广泛应用。目前集成稳压电源的规格种类繁多,最简单的是三端集成稳压电路,它只有三个引线端:输入端(一般与整流滤波电路输出端相连)、输出端(与负载相连)和公共搭铁端。组成稳压电路的所有元件都集成在一块芯片上,使用安装很方便。只要按需要选定型号,再配上适当的散热片,就可接成稳压电路。如图 7-31 所示为

三端集成稳压器。

集成稳压器有 W7800（正电压输出）和 W7900（负电压输出）系列,其中 W7800 型可提供 1.5A 电流和输出为 5V、6V、9V、12V、15V、18V、24V 等各种档次的稳定电压。输出电压值由型号中的后两位数字表示。例如,W7805 表示输出电压为 +5V,W7912 表示输出电压为 -12V。在保证充分散热的条件下,输出电流有 0.1A、0.5A 和 1.5A 三个档次。

使用三端集成稳压器,应注意区分输入端与输出端。假若接错使调整管的发射结承受过高的反向电压而击穿。还应注意散热,如果散热不良,稳压器内部的过热保护装置会使稳压器终止工作,如图 7-32、图 7-33 所示。

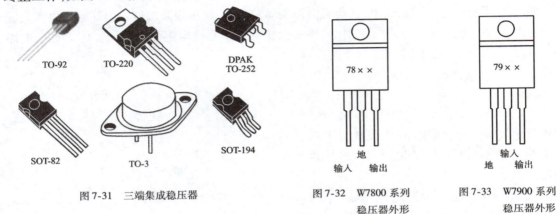

图 7-31 三端集成稳压器　　　　图 7-32 W7800 系列稳压器外形　　图 7-33 W7900 系列稳压器外形

7　三相桥式整流电路

三相桥式整流电路如图 7-34 所示,三相变压器原绕组接成三角形,副绕组接成星形。二极管 VD1、VD3、VD5 是共阴极接法,二极管 VD2、VD4、VD6 是共阳极接法。

在每一瞬间,共阴极组中阳极电位最高的二极管导通;共阳极组中阴极电位最低的二极管导通。

如图 7-35 所示,在 $t_1 \sim t_2$ 期间,共阴极组中 a 点电位最高,VD1 导通;共阳极组中 b 点电位最低,VD4 导通。负载两端的电压为线电压 U_{ab}。在 $t_2 \sim t_3$ 期间,共阴极组中 a 点电位最高,

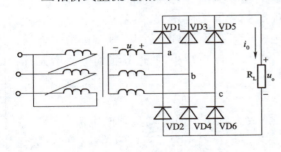

图 7-34 三相桥式整流电路

VD1 导通;共阳极组中 c 点电位最低,VD6 导通。负载两端的电压为线电压 U_{ac}。在 $t_3 \sim t_4$ 期间,共阴极组中 b 点电位最高,VD3 导通;共阳极组中 c 点电位最低,VD6 导通。负载两端的电压为线电压 U_{bc}。在 $t_4 \sim t_5$ 期间,共阴极组中 b 点电位最高,VD3 导通;共阳极组中 a 点电位最低,VD2 导通。负载两端的电压为线电压 U_{ba}。

在一个周期中,每个二极管只有 1/3 的时间导通。负载两端的电压为线电压。

图 7-36 所示是三相整流桥。

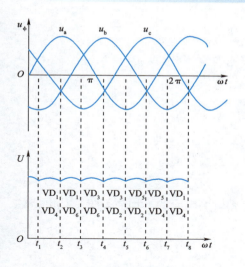

图 7-35 三相桥式整流电路波形图

图 7-36 三相整流桥

知识扩展

1. 直流调压电路

可调直流电压可以通过可控整流电路获得。可控整流指的是将交流电变换为电压大小可以调节的直流电的过程。

可控整流电路按相数可分为单相可控整流电路和三相可控整流电路;按电路形式可分为半波可控整流电路、全波可控整流电路、桥式可控整流电路。下面介绍单相半控桥式可控整流电路的调压原理。

1.1 工作原理

图 7-37 为单相半控桥式可控整流电路图,这里用了两个晶闸管,两只二极管。这样,既节省了两个晶闸管和两个触发电路,还提高了运行的可靠性,所以,这种整流电路在中小容量的场合得到广泛应用。

当 u_2 为正半周时,正向电压加在晶闸管 VT_1 阳极和二极管 VD_2 上。如果此时将正向触发电压 U_G 加给 VT_1,则 VT_1 和 VD_2 导通,电流路径为:a→VT_1→R_L→VD_2→b。此时 VT_2 和 VD_1 承受反向电压而截止。

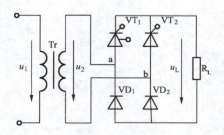

图 7-37 单相半控桥式可控整流电路

当 u_2 为负半周时,VT_2 和 VD_1 上承受正向电压,这时,如对晶闸管 VT_2 引入触发信号 U_G,则 VT_2 和 VD_1 导通,电流路径为:b→VT_2→R_L→VD_1→a。此时 VT_1 和 VD_2 承受反向电压而截止。

1.2 负载的电压和电流

图 7-38 为单相半控桥式可控整流电路波形图,可以看出 u_L 是一个不完整的全波整流电压,只要改变控制角 α 的大小,便可调节输出直流电压 u_L 的大小。该电路输出电压的平均值为

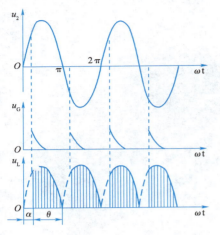

$$U_L = 0.9 U_2 \frac{1+\cos\alpha}{2}$$

电压的可控范围为$(0\sim 0.9)U_2$。
输出电流的平均值为

$$I_L = 0.9 \frac{U_2}{R_L} \times \frac{1+\cos\alpha}{2}$$

1.3 晶闸管上的电压和电流
晶闸管承受的最大反向电压

$$U_M = \sqrt{2}U_2$$

流过每个晶闸管的电流的平均值等于负载电流的一半，即

$$I_T = \frac{1}{2}I_L$$

图7-38 单相半控桥式可控整流电路波形图

2. 交流调压电路

工业上许多场合需要控制交流供电电压。下面介绍双向晶闸管交流调压电路。

图7-39所示就是双向晶闸管交流调压电路及波形，T是双向晶闸管，它相当于两只反向并联的晶闸管，但只有一个控制极G。D是双向二极管。

当接通交流电源时，无论正、负半周，只要电容器C充电电压u_c达到双向二极管的导通电压，C就通过D和电阻R_G，给双向晶闸管提供一个触发脉冲，使晶闸管导通。当电源电压经过零点时，晶闸管自行关断。电路工作时双向晶闸管正、反向轮流导通，输出端便可获得可控的交流电压。调节R_P的阻值可改变电容C的充电速度，借以控制双向二极管导通的时间，使得触发脉冲移相，从而改变控制角以调节输出电压。不过电路输出电压为非正弦波形。这种电路已广泛应用于风扇调速、照明调光、电热调温等场合。

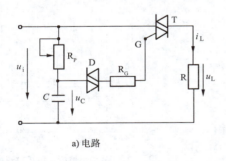

a) 电路

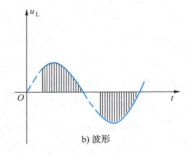

b) 波形

图7-39 双向晶闸管交流调压电路及波形

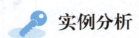

实例分析

汽车发电机整流器电路

整流电路在汽车交流发电机中也有重要应用。目前汽车上普遍采用的是硅整流交流发电

机,其整流部分由 6 个硅二极管(外形、符号如图 7-40 所示)按照图 7-41 组成。压装在后端盖上的 3 个硅二极管,其引线为负极,外壳为正极,俗称负极管,管壳底上有黑色标记;压装在散热板上的 3 个二极管,其引线为正极,外壳为负极,俗称正极管,管壳底上有红色标记。散热板上的 3 个正极管分别接在发电机三相绕组的首端,分别在三相交流电的正半周导通,哪相电压最高,该相绕组的正极管子导通;后端盖上的 3 个负极管分别接在发电机三相绕组的首端,分别在三相交流电的负半周导通,哪相电压最低,该相绕组的负极管子导通。因此,同时导通的管子有两个(正、负极管子各一个),它们将发电机的线电压加在负载两端,使负载得到直流电。

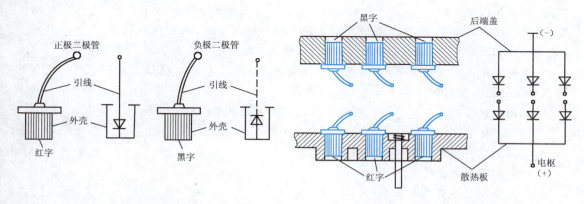

图 7-40 硅二极管的外形、符号　　　　图 7-41 车用整流电路安装示意图

单元小结

1. 半导体的导电特性:导电能力可以人为地加以调整;导电能力对环境的变化很敏感,特别是对温度和光照的变化最敏感;半导体的电流是电子电流和空穴电流之和。

杂质半导体分两类:N 型半导体和 P 型半导体。在 N 型半导体中自由电子是多子,而空穴是少子。在 P 型半导体中,空穴是多子,而自由电子是少子。

PN 结是在 P 型半导体和 N 型半导体交接面形成了一个空间电荷区,PN 结具有单向导电性。

2. 晶体二极管是由 PN 结加两个引出电极和管壳组成。晶体二极管的主要特点是具有单向导电性,在电路中可以起整流和检波等作用。

3. 晶闸管原称可控硅,是硅晶体闸流管的简称。大功率的晶闸管外形结构有螺栓式和平板式。晶闸管有三个电极,阳极 A、阴极 K 和控制极(门极)G,是一个四层三端半导体器件,具有可控单向导电性,可以用作可控整流和无触点功率静态开关。

4. 小功率直流稳压电源由变压器、整流电路、滤波电路和稳压 4 个环节组成。

5. 单相半波整流在纯电阻负载下,输出电压的平均值 $U_L = 0.45U_2$,单相桥式整流在纯电阻负载下,输出电压的平均值 $U_L = 0.9U_2$。

6. 整流电路加上电容滤波后,如果电容容量选择合适,则有 $U_L = U_2$(半波整流),$U_L = 1.2U_2$(桥式整流)。单相桥式整流电容滤波电路在实际应用中非常普遍。

7. 传统的稳压电路主要是硅稳压管稳压电路和串联型稳压电路。

思考练习

一、填空题

1. 半导体是指其导电能力介于_____和_____之间的一种特殊材料。我们常用的两种半导体材料是_____和_____,它们都是_____价元素。
2. 掺杂半导体中的杂质通常指_____价的_____元素和_____价的_____元素。
3. 晶闸管又称为_____,其管芯由_____层半导体组成,有_____个 PN 结。
4. 用万用表测二极管,如果测出其正反向电阻均接近于零,表明该二极管_____;如果测出其正反向电阻很大,甚至为无穷大,表明该二极管_____。
5. 晶闸管是一种可控整流元件,它的导通条件是_____电位高于_____电位,同时控制极与阴极间适当_____电压。
6. 利用二极管的_____可以组成变交流为直流电的整流电路。

二、判断题

1. 稳压电路中稳压管工作在反向击穿状态。( )
2. 滤波电路中的滤波电容是极性电容。( )
3. 桥式整流电路负载电压 $U_L = 0.45U_2$。( )
4. 滤波电路的滤波电容越大越好。( )
5. 整流电路能把交流电变成稳定的直流电。( )
6. 二极管的最高反向工作电压等于二极管的反向击穿电压。( )
7. 滤波电容耐压必须大于变压器副边电压。( )
8. 电感和电容组成的 π 型滤波器其输出电压平滑,负载性能也很好。( )

三、简答题

1. 半导体导电机理和导体的导电机理有什么区别?
2. 试比较电容滤波、电感滤波和 π 型滤波的特点及其应用场合。
3. 硅稳压管稳压电路中,限流电阻 R 起什么作用?若 R = 0,电路会出现什么问题?
4. 三端电压固定式集成稳压器如何使用?
5. 当晶闸管与负载串接在 220V 交流电源时,选用 300V 的晶闸管是否合适?选用 700V 的晶闸管是否合适?

四、选择题

1. 稳压二极管的正常工作状态是( )。
   A. 导通状态　　　　　　B. 截止状态
   C. 反向击穿状态　　　　D. 任意状态
2. 用万用表 R×1K 的电阻挡检测某一个二极管时,发现其正、反电阻均约等于 1kΩ,这说明该二极管是属于( )。
   A. 短路状态　　　　　　B. 完好状态
   C. 极性搞错　　　　　　D. 断路状态

3. PN 结加正向电压时,其正向电流是( )。
   A. 多子扩散而成　　　　　B. 少子扩散而成
   C. 少子漂移而成　　　　　D. 多子漂移而成
4. 如果把一个二极管直接同一个电动势为15V、内阻为0的电池实行正接,则该管( )。
   A. 击穿　　　　　　　　　B. 电流为0
   C. 电流正常　　　　　　　D. 电流过大使管子烧坏
5. 一个半波整流电路的变压器副边电压为10V,负载电阻为100Ω,则流过二极管的平均电流为( )。
   A. 100mA　　B. 50mA　　C. 45mA　　D. 90mA
6. 在单相桥式整流电路中,如果一只整流二极管接反,则( )。
   A. 引起电源短路　　　　　B. 成为半波整流
   C. 仍为桥式整流　　　　　D. 引起断路
7. 在单相桥式整流电路中,如果一只整流二极管击穿,则( )。
   A. 引起电源短路　　　　　B. 成为半波整流
   C. 仍为桥式整流　　　　　D. 引起断路
8. 在单相桥式整流电路中接入电容滤波器后,输出电压( )。
   A. 升高　　B. 降低　　C. 不变　　D. 无法判断
9. 桥式整流电容滤波电路的变压器副边电压为20V,则电路的输出电压为( )。
   A. 20V　　B. 24V　　C. 9V　　D. 18V
10. 在电容滤波的单相桥式整流电路中,若负载电压为60V,则变压器副边电压是( )。
    A. 50V　　B. 60V　　C. 72V　　D. 27V
11. 电容滤波电路中,若输出电压为30V,则选择下列哪个滤波电容比较合适( )。
    A. 耐压值为30V　　　　　B. 耐压值为50V
    C. 耐压值为100V　　　　 D. 耐压值为150V
12. 稳压管稳压电路中,若稳压管接反了会产生的后果是( )。
    A. 电路正常工作　　　　　B. 负载被烧坏
    C. 烧坏稳压管　　　　　　D. 无法判断
13. W7800系列集成稳压器输出( )。
    A. 正电压　　　　　　　　B. 负电压
    C. 正、负电压均可　　　　D. 无法判断

五、计算题

1. 单相半波整流电路中,$U_0=180V$,$R_L=100\Omega$。求U_2并选用合适的二极管。
2. 如果要求某一单相桥式整流电路的输出直流电压U_0为36V,直流电流I_0为1.5A。试为该电路选用合适的二极管。
3. 有一电压为110V,电阻为55Ω的直流负载,采用单相桥式整流电路供电,试求变压器副边电压并选用合适的二极管。
4. 有一电阻性负载,采用单相桥式整流带电容滤波电路供电,要求输出电压为20V,电流为1A,问:(1)如何选择整流二极管?(2)电容器的耐压值多大?

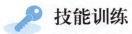 技能训练

实训九 二极管的识别与检测

一、实训目的

1. 了解二极管的类型、外观及相关标识。
2. 掌握用万用表识别二极管的极性及判别其性能优劣的方法。

二、实训器材

1. 万用表　　　　　　1 个
2. 二极管（ZQ15）　　2 只

汽车用发电机整流器二极管

三、实训内容

1. 二极管的识别

对型号为 ZQ15 的二极管外形进行识别，理解型号的含义。

2. 用万用表判别二极管的正负极和鉴别管的质量

根据二极管正向电阻小，反向电阻大的特点，用万用表可判别其正负极。测量二极管正反向电阻时，一般选用万用表 R×100Ω 电阻挡。若测得的电阻很小，与黑表笔相接的管脚是正极，与红表笔相接的管脚是负极。若测得电阻很大，与黑表笔相接的管脚是负极，与红表笔相接的管脚是正极。如型号为 ZQ15 的二极管正向电阻为 8～10Ω 左右，反向电阻大于 10kΩ。

若正向电阻太大，反向电阻又较小或正反向电阻相差不大则是劣品；若正反向电阻为零或无穷大则是坏管。

四、实训报告

1. 整理各项数据，填入实训表 7-1 中。

二 极 管 的 测 量　　　　　　　　　　　　　　　实训表 7-1

型号	R×1kΩ		R×100Ω		质量	
	正向	反向	正向	反向	好	坏

2. 如何用万用表识别二极管的管脚极性？

实训十 晶体管串联直流稳压电路

一、实训目的

1. 进一步了解串联直流稳压电路的工作原理。
2. 掌握稳压电路的一般调整方法和测试方法。

二、实训器材

1. 示波器　　　　　　　　　　　　1 台
2. 万用表　　　　　　　　　　　　1 只

3. 毫伏表　　　　　　　　　　　　　1只
4. 电源变压器(220V/16V,300W)　　 1只
5. 实训电路板　　　　　　　　　　　1块

三、实训电路

实训电路如实训图 7-1 所示。

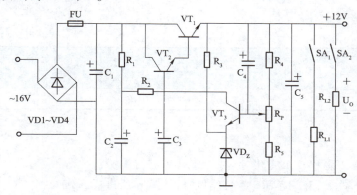

实训图 7-1　晶体管串联直流稳压电路

元件参数或型号：

$VD_1 - VD_4$—IN4001, $FU - 2.5A$, VT_1—3DD15, VT_2—3DG12, VT_3—3DG6, $VD_Z - 2CW14$, $C_1 - 2000\mu F/50V$, C_2—$100\mu F/25V$, $C_3 - 10\mu F/16V$, $C_4 - 4.7\mu F/16V$, $C_5 - 470\mu F/25V$, $R_1 - 1.5k\Omega$, R_2—$1k\Omega$, $R_3 - 820\Omega$, R_4—680Ω, R_5—$1k\Omega$, R_{L1}—$27\Omega(5W)$, R_{L2}—$300\Omega(1W)$。

四、实训内容

1. 按实训图 7-1 连接电路，先不接 R_L（即断开 SA_1、SA_2），调整管 VT_1 紧固在散热片上。

2. 线路连接无误后，将电源变压器输入端与 220V 交流电源相接。调节电位器 R_P 至最大与最小位置，测量输出直流电压 U_o，并计算电压调整范围，记入实训表 7-2。

实训表 7-2

U_o（R_P 最大时）	U_o（R_P 最小时）	电压调整范围

3. 用示波器观察电容器 C_1 两端的电压波形和输出电压 U_o 的波形，并用毫伏表测量输出波纹电压，将波形图和输出波纹电压记入实训表 7-3 中。

实训表 7-3

电容 C_1 上电压波形	输出电压 U_o 波形	输出波纹电压(mV)

4. 分别闭合 SA_1、SA_2，测量不同负载电阻时的输出电压 U_o，记入实训表 7-4 中。

实训表 7-4

输出电压 ＼ 负载电压	闭合 SA_1（$R_L = 27\Omega$ 时）	闭合 SA_1（$R_L = 300\Omega$ 时）
U_o		

5. 观察故障现象

(1) 断开调整管 VT_1 的集电极,测量输出电压 U_o。
(2) 将调整管 C、E 极短路,测量输出电压 U_o。
(3) 将稳压管 VD_Z 极性对调,测量输出电压 U_o。
(4) 断开稳压管 VD_Z 一端,测量输出电压 U_o。

将上述结果记入实训表 7-5。

实训表 7-5

故障形式 输出电压	断开 VT_1 集电极	短路 VT_1 的 C、E 极	VD_Z 管脚对调	断开 VD_Z 一端
U_o				

6. 实训数据

五、问答题

1. 负载电阻在一定程度上变化时,对输出电压有何影响?
2. 若输出电压偏大,且调节 R_P 不起作用时,故障可能出现在何处?

单元八　三极管及放大电路

学习目标

知识目标
1. 正确描述三极管的结构、符号和工作特性。
2. 正确描述场效应管的结构、符号和工作特性。
3. 简述基本放大电路的工作原理。

能力目标
1. 会用万用表对三极管进行简易测试。
2. 能解决基本放大电路中的连接问题。
3. 会分析基本放大电路的工作状况。

1　晶体三极管

1.1　晶体三极管的结构

在一块半导体芯片上,通过掺杂等工艺形成三个导电区域和两个PN结,分别从三个区引出电极,加上管壳封装,就制成晶体三极管,又称半导体三极管、晶体管,或简称三极管。

如图8-1所示是三极管的结构示意图及其图形符号。图中两个PN结的公共区域叫基

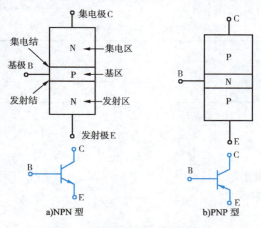

图8-1　三极管的结构示意图和符号

区，基区两侧分别是发射区和集电区，引出的电极分别叫基极（B）、发射极（E）、集电极（C）。两个 PN 结分别称为发射结和集电结。根据 PN 结的排列顺序的不同，三极管分为 PNP 型和 NPN 型两类。图 8-2 是三极管实物。

三极管按芯片材料的不同，可分为硅管和锗管两种。两种三极管又各有 PNP 型和 NPN 型。两种管型的工作原理相同，但在构成电路时，外接直流电源的极性不同，各极电流方向不同。为讨论方便，我们以 NPN 型三极管为例。

图 8-2 三极管实物

> **知识链接**
>
> 我国半导体器件型号命名由四部分组成。
> 第一部分：用数字表示半导体器件有效电极数目。2-二极管、3-三极管。
> 第二部分：用汉语拼音字母表示半导体器件的材料和极性。表示二极管时：A-N 型锗材料、B-P 型锗材料、C-N 型硅材料、D-P 型硅材料。表示三极管时：A-PNP 型锗材料、B-NPN 型锗材料、C-PNP 型硅材料、D-NPN 型硅材料。
> 第三部分：用汉语拼音字母表示半导体器件的类型。
> 第四部分：用数字表示序号。

1.2 三极管的电流放大作用

三极管具有电流放大作用。其含义是当基极有一个较小的电流变化时，集电极就产生一个较大的电流变化。为了更深刻地理解三极管的电流放大作用，我们将三极管组成如图 8-3 所示的电路来分析。

在图 8-3 中，当基极电阻 R_B 变化时，基极电流 I_B 发生变化，使 I_B 分别为 0、20、40、60、80μA 时，记录集电极电流 I_C、发射极电流 I_E，结果见表 8-1。

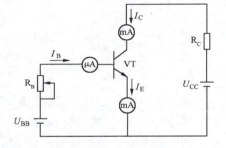

图 8-3 三极管各极电流分配

三极管各极电流数据　　　　　　　　　表 8-1

基极电流 I_B（mA）	0	0.02	0.04	0.06	0.08
集电极电流 I_C（mA）	0	0.70	8.40	2.80	2.80
发射极电流 I_E（mA）	0	0.72	8.44	2.86	2.88

对实验数据进行分析，不难得出以下几点结论：
（1）三极管各极电流的分配关系为：发射极电流等于集电极电流与基极电流之和，即

$$I_E = I_C + I_B，且 I_C \geqslant I_B \tag{8-1}$$

（2）I_B 增大时，I_C 成正比例相应增大。集电极电流 I_C 与基极电流 I_B 的比值称为三极管的直流电流放大系数，以 $\bar{\beta}$ 表示。

$$\bar{\beta} \approx \frac{I_C}{I_B} \tag{8-2}$$

(3) 当基极电流发生微小变化时,集电极电流将发生较大的变化。集电极电流的变化量 ΔI_C 与基极电流的变化量 ΔI_B 的比值,称为三极管的交流电流放大系数,用 β 表示。

$$\beta = \frac{\Delta I_C}{\Delta I_B} \tag{8-3}$$

因 $\bar{\beta}$ 与 β 数值很接近,故一般不作区别,统称为三极管的电流放大系数,用 β 表示。

以上结果表明,三极管的基极电流发生微小变化时,集电极电流会发生较大变化。且比值基本恒定,这种小电流对大电流的控制作用,就是三极管的电流放大作用。

要使三极管具有电流放大作用,要满足一定的外部条件:使其基极电位高于发射极电位而低于集电极电位,即发射结正向偏置,集电结反向偏置。

1.3 三极管的特性曲线

三极管的特性曲线包括输入特性曲线和输出特性曲线,它反映了三极管各极电流与极间电压的关系。

1.3.1 输入特性曲线

输入特性曲线是指集-射电压 U_{CE} 一定时,基极电流 I_B 随集-射电压 U_{BE} 而变化的曲线。其函数关系为 $I_B = f(U_{BE})$。三极管的输入特性曲线如图8-4a)所示。

因三极管的基极与发射极之间就是一个 PN 结,故这一曲线与二极管的正向特性相似。三极管正常放大时,工作在陡直的部分,电压 U_{BE} 数值不大,变化也较小,可近似认为硅管为 0.7V,锗管为 0.3V。

1.3.2 输出特性曲线

输出特性曲线是指基极电流 I_B 一定时,集电极电流 I_C 随集-射电压 U_{CE} 而变化的曲线。其函数关系为 $I_C = f(U_{CE})$。三极管的输出特性曲线如图8-4b)所示。

在 I_B 取不同值时,分别描绘曲线就得到一族曲线,每条曲线形状相似,随 I_B 的不同取值上下移动。不论 I_B 取值多少,当 U_{CE} 很小时,I_C 随 U_{CE} 的增加而迅速增加,此时 I_C 受 U_{CE} 控制。当 U_{CE} 增加到约 8V 以上时,I_C 基本保持恒定,曲线接近水平。这一阶段,I_C 的大小主要取决于 I_B,I_B 值越大,I_C 曲线越高。三极管在正常放大时,工作在曲线的水平部分。

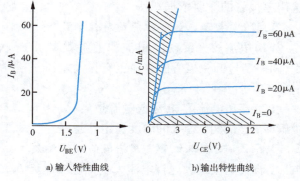

a) 输入特性曲线　　b) 输出特性曲线

图 8-4　三极管的伏安特性曲线

1.4 三极管的三种工作状态

根据三极管输出特性曲线的特点,可以将特性曲线划分为三个不同的区域,分别对应三种不同的工作状态,即放大状态、截止状态和饱和状态,如图8-5所示。

1.4.1 放大状态

特性曲线的水平部分为放大区,放大区的特点是 I_C 受 I_B 控制,且随 I_B 成比例变化,即 $I_C =$

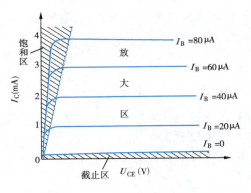

图 8-5 三极管的三个工作区

βI_B。此时,三极管处于放大状态,呈恒流输出特性,相当于一个受基极电流控制的恒流源。

三极管工作于放大状态的条件是发射结正偏,集电结反偏。

1.4.2 截止状态

在 $I_B = 0$ 这条特性曲线下面的区域为截止区。截止区的特点是 $I_B = 0$,此时通过三极管集电极的电流很小,约为 0,这个电流叫穿透电流 I_{CEO}。此时三极管处于是截止状态,相当于一个断开的开关。

三极管工作于截止状态的条件是:发射结零偏或反偏,集电结反偏。实际上,发射结电压小于死区电压时,三极管就进入截止状态。

1.4.3 饱和状态

特性曲线上升段拐点连接线左侧区域为饱和区。饱和区的特点是基极电流对集电极电流的控制作用减弱,$I_C = \beta I_B$ 的关系不再存在,集-射极间的压降很小,相当于一个接通的开关。完全饱和时的管压降称为饱和压降,硅管约 0.3V,锗管约 0.8V。

三极管工作于饱和状态的条件是:发射结、集电结均正向偏置。

三种工作状态都是三极管的正常工作状态。三极管作为放大使用时工作在放大状态,作为开关使用时工作在饱和状态和截止状态。

1.5 主要参数

三极管的参数有特性参数和极限参数两种,用来表征管子的性能优劣和应用范围。这是选用三极管的重要依据。

1.5.1 表示三极管性能的特性参数

(1)电流放大系数 β:电流放大系数表示三极管的电流放大能力。由于制造工艺的离散性,同一型号的三极管的 β 值也有很大差别,一般在 20~200 之间。选用三极管时可查阅有关的参考手册。

(2)穿透电流 I_{CEO}:穿透电流是当 $I_B = 0$ 时,集电极与发射极之间的反向电流。在选用三极管时,I_{CEO} 越小,管子的温度稳定性越好。

1.5.2 限制三极管运用范围的极限参数

(1)集电极最大允许电流 I_{CM}:集电极电流 I_C 增加到一定值时,三极管的 β 值就要降低,影响电路的放大能力。为了使 β 值下降不超过正常规定所允许的集电极电流最大值就是集电极最大允许电流。

(2)发射极反向击穿电压 $U_{CE(BR)}$:基极开路时,允许加在集-射极之间的最大电压称为集射极反向击穿电压。当 U_{CE} 超过 $U_{CE(BR)}$ 时,三极管将被击穿而损坏。

(3)集电极最大允许耗散功率 P_{CM}:集电极电流通过管子时要产生功耗,使集电结发热,结温升高。为了限制温度不超过允许值,而规定的集电结功耗的最大值,称为集电极最大允许耗散功率 P_{CM}。

在选用三极管时,为确保管子安全可靠工作,必须同时考虑以上三个极限参数,即满足

$$I_C < I_{CM}$$
$$U_{CE} < U_{CE(BR)}$$
$$I_C U_{CE} < P_{CM}$$

根据 $I_C U_{CE} < P_{CM}$，可在输出特性曲线上画出一条管耗极限线，如图 8-6 所示。在管耗极限线的左下方为安全工作区，在管耗极限线的右方为过损耗区。三极管必须工作在安全区内。由图可见，截止区、饱和区、管耗极限线、集电极最大允许电流 I_{CM} 和集射极反向击穿电压 $U_{CE(BR)}$ 从五个方面限制了三极管的放大区域。

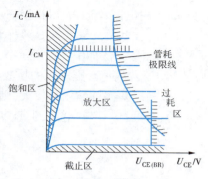

图 8-6 三极管放大区的界限

1.6 晶体三极管的简易判别

用万用表测量晶体三极管时，应把万用表的选择开关拨在"欧姆挡"，最好是用 R×1k 或 R×100 的测量范围。因为在更高的欧姆挡 R×10k，万用表内可能串联有电压较高的电池，可能使晶体管的 PN 结反向击穿。而在更低的欧姆挡 R×1，则由于万用表内串联的内阻太小，可能使小功率晶体三极管的电流过大而导致 PN 结损坏。

1.6.1 基极的判别

用万用表的两根表棒分别对晶体管的三个管脚中的任意两个管脚进行正接测量和反接测量各一次。如果在正、反接时测得的电阻均较大，则此次测量中所空下的管脚即为基极。

因为不论是 NPN 还是 PNP 型晶体管，都可以把它们的发射结和集电结等效为两个背靠背连接的二极管，当万用表的一根表棒和基极相接而另一根表棒和其他任一极相接时，则在正、反接的过程中总有一次测得的是二极管的正向电阻，其值较小。当万用表的两根表棒分别与集电极、发射极相接时，不论是正接还是反接，总是一个正向电阻和一个反向电阻相串联，其阻值必然远大于一般二极管的正向电阻。

1.6.2 NPN 型和 PNP 型的判别

当基极判定后，可用指针式万用表的黑表棒（接表内电池的正极）接到基极，用红表棒（接表内电池的负极）分别和另外两极相接。若测得两个阻值都很大，即为 PNP 型三极管；若测得两个阻值都很小，即为 NPN 型三极管。

1.6.3 发射极与集电极的判别

在基极判定后，可假定其余两个管脚中的任意一个为集电极，另一个为发射极。通过一个 100kΩ 的电阻把假定的集电极和基极接通。

如果是 NPN 型三极管，则以万用表的黑表棒接到假定的集电极，红表棒接到假定的发射极，这时从万用表上读出一个阻值 R_1。而后把假定的集电极和发射极互换，进行第二次测量（即：100kΩ 的电阻仍然接通假定的集电极和基极，万用表的黑表棒仍然接到假定的集电极，红表棒接到假定的发射极），这时从万用表上读出另一个阻值 R_2。在两次测量中，阻值小的那一次假设正确，即与黑表棒相接的是集电极，与红表棒相接的是发射极（图 8-7）。

如果是 PNP 型三极管，则以万用表的红表棒接到假定的集电极，黑表棒接到假定的发射极，这时从万用表上读出一个阻值 R_1。而后把假定的集电极和发射极互换，进行第二次测量，这时从万用表上读出另一个阻值 R_2。在两次测量中，阻值小的那一次假设正确，即与红表棒相接的是集电极,与黑表棒相接的是发射极。

1.6.4 电流放大系数 β 的测量

β 的测量方法如图 8-8 所示,对 NPN 型三极管,用黑表棒接集电极,红表棒接发射极(如果是 PNP 型三极管,则表棒的接法应相反)。把开关 K 接通前和接通后的万用表读数加以比较,如果前后两次读数相差较大,则表示 β 值较大。这是因为开关 K 断开时,$I_b = 0$,而开关 K 接通后,基极有一定的电流,引起集电极有较大的电流,集电极电流愈大,表示 β 值愈大。

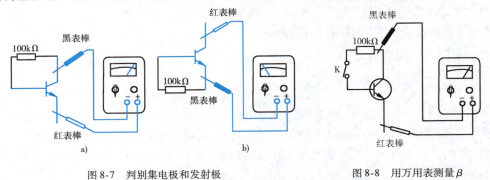

图 8-7 判别集电极和发射极　　　　图 8-8 用万用表测量 β

2　基本放大电路

2.1 基本放大电路的组成

共射极单管交流放大电路如图 8-9 所示。它由三极管、直流电源、电阻和电容等元器件组成。以正弦信号作为信号源,u_i 为输入信号电压,U_L 为输出信号电压。各元件的作用如下:

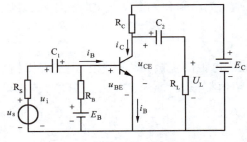

图 8-9 双电源共发射极放大电路

2.1.1 三极管 VT

三极管是整个电路的核心器件,起电流放大作用。

2.1.2 耦合电容 C_1 和 C_2

它们又称隔直电容。其作用是让输入和输出的交流信号电流通过,而不让放大电路的直流电流流入信号源和负载。简单说来就是传送交流、隔离直流。

2.1.3 直流电源 E_B 和电阻 R_B

E_B、R_B 支路的作用是供给基极直流电流 I_B,该电流称为偏置电流,简称偏流。它的作用是在无信号输入时使三极管处于导通状态。因为交流输入信号电压 u_i 所产生的 i_b 只有叠加在 I_B 上才能使其全部波形顺利通过单向导电的发射结。

2.1.4 集电极电阻 R_C

R_C 的作用是将三极管的集电极、发射极回路中的交流电流信号转变为交流电压信号。

2.1.5 集电极电源 E_C

E_C 的作用一是在三极管的集电结上加反向电压以产生集电极电流,二是供给放大电路消耗的电能。

总之,三极管的放大作用在于用比较小的输入信号去控制比较大的输出信号,而输出信号的能量来源于集电极电源 E_C。

为了节省电源,基极偏置电流 I_B 可以从集电极电源 E_C 取得,只要改用大阻值的基极电阻 R_B 就可以了。其电路如图 8-10 所示。在放大电路中,通常把公共端接"地",设其电位为零,作为电路中其他各点电位的参考点。同时为了简化电路的画法,习惯上常不画电源 E_C 的符号,而只在连接其正极的一端标出它对"地"的电压值 U_{CC} 和极性("+"或"-"),如图 8-11 所示。若忽略电源 E_C 的内阻,则 $U_{CC} = E_C$。由于这种电路的偏置电流是固定的,故称为固定偏置放大电路。

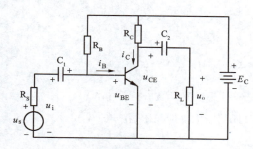

图 8-10 单电源共发射极放大电路

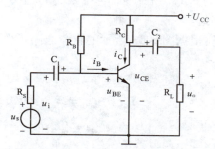

图 8-11 电位表示的共发射极放大电路

2.2 放大电路的静态分析

放大电路可分为静态和动态两种情况来分析。静态是当放大器没有输入信号时的工作状态,静态分析的目的是要确定放大电路的静态值,即静态工作点;动态则是有输入信号时的工作状态,动态分析的对象是交流量,其目的是要确定放大电路的性能指标,主要包括放大倍数、输入电阻和输出电阻。下面先讨论静态分析。

2.2.1 静态工作点

当放大电路没有输入信号(即 $u_i = 0$)时,电路中各处电压、电流都是由直流电源形成的。当 E_C、R_B、R_C 确定后,U_{BE}、I_B 与 I_C、U_{CE} 随之确定。这四个数值可在三极管输入、输出特性上确定一个点 Q,如图 8-12 所示。Q 点称为静态工作点。

2.2.2 用放大电路的直流通路确定静态值(估算静态值)

静态值既然是直流,故可用交流放大电路的直流通路来分析计算。图 8-13 是图 8-11 所示的共射极放大电路的直流通路。画直流通路时,电容 C_1 和 C_2 可视作开路。

由图 8-13 的直流通路,可得出静态时的基极电流

$$I_{BQ} = \frac{U_{CC} - U_{BEQ}}{R_B} \approx \frac{U_{CC}}{R_B} \qquad (8-4)$$

由于 U_{BE} 比 U_{CC} 小得多,故可忽略不计。

由式(8-2)可得出静态时的集电极电流

$$I_{CQ} \approx \bar{\beta} I_{BQ} \approx \beta I_{BQ} \qquad (8-5)$$

静态时的集电极—发射极电压则为

$$U_{CEQ} = U_{CC} - R_C I_{CQ} \qquad (8-6)$$

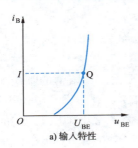
a) 输入特性

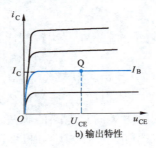
b) 输出特性

图 8-12 静态工作点

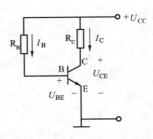

图 8-13 放大电路的直流通道

【例 8-1】 在图 8-11 中,已知 $U_{CC}=12V$, $R_C=4k\Omega$, $R_B=300k\Omega$, $\beta=37.5$,试求放大电路的静态值。

解:根据图 8-13 所示的直流通路可得出

$$I_{BQ} \approx \frac{U_{CC}}{R_B} = \frac{12V}{300 \times 10^3 \Omega} = 4.0 \times 10^{-5}(A) = 40(\mu A)$$

$$I_{CQ} \approx \beta I_{BQ} = 37.5 \times 4.0 \times 10^{-5} = 1.5 \times 10^{-3} A = 1.5(mA)$$

$$U_{CEQ} = U_{CC} - R_C I_{CQ} = 12 - (4 \times 10^3) \times (1.1 \times 10^{-3}) = 6(V)$$

2.2.3 用图解法确定静态值

由三极管特性曲线可知,三极管是非线性器件。即其集电极电流 I_C 与集电极-发射极电压 U_{CE} 之间不是线性关系。在图 8-13 的直流通路中,三极管与集电极负载电阻 R_C 串联后接于电源 U_{CC},可列出

$$U_{CE} = U_{CC} - R_C I_C$$

或

$$I_C = -\frac{1}{R_C} U_{CE} + \frac{U_{CC}}{R_C} \tag{8-7}$$

这是一个直线方程,其斜率为 $\tan\alpha = -1/R_C$,在横轴上的截距为 U_{CC},在纵轴上的截距为 U_{CC}/R_C,这一直线如图 8-14 所示。因为它是由直流通路得出的,且与集电极负载电阻 R_C 有

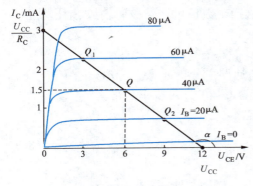

图 8-14 图解法确定电路的静态工作点

关,故称为直流负载线。负载线与三极管的某条输出特性曲线的交点 Q,即为前面提到的放大电路的静态工作点。由它就可以确定放大电路的电压和电流的静态值。

由图 8-14 可见,基极电流的 I_B 大小不同,静态工作点在负载线上的位置也就不同。根据对三极管工作状态的要求不同,要有一个相应的工作点,这可以通过调整 I_B 的大小来获得。通常是改变 R_B 的阻值来调整 I_B 的大小。

用图解法求静态值的一般步骤如下:

给出三极管的输出特性曲线组→作出直流负载线→由直流通路求出基极电流 I_B→得出合适的静态工作点→求出静态值。

【例 8-2】 图 8-11 所示的放大电路中,已知 $U_{CC}=12V$, $R_C=4k\Omega$, $R_B=300K\Omega$。三极管的

单元八　三极管及放大电路

输出特性曲线组已给出,如图 8-14 所示。试用图解法求放大电路的静态值。

解:根据图 8-13 所示的直流通路可得出

$$U_{CE} = U_{CC} - R_C I_C$$

当 $I_C = 0$ 时

$$U_{CE} = U_{CC} = 12(V)$$

当 $U_{CE} = 0$ 时

$$I_C = \frac{U_{CC}}{R_C} = \frac{12}{4 \times 10^3} = 3 \times 10^{-3}(A) = 3(mA)$$

据此就可在图 8-14 所示的三极管的输出特性曲线组上作出直流负载线。根据式(8-4)可算出

$$I_{BQ} \approx \frac{U_{CC}}{R_B} = \frac{12}{300 \times 10^3} = 4 \times 10^{-5}(A) = 40(\mu A)$$

由此即可得出静态工作点 Q,其静态值为

$$I_{BQ} = 40\mu A$$
$$I_{CQ} = 1.5 mA$$
$$U_{CEQ} = 6 V$$

2.3　放大电路的动态分析

当放大电路输入端有输入信号时,三极管的各个电流和电压都含有直流分量和交流分量。直流分量一般即为静态值。动态分析是在静态值确定后分析信号的传输情况,考虑的只是电流和电压的交流分量。微变等效电路法和图解法是动态分析的两种基本方法。本书采用微变等效电路法进行动态分析。

所谓放大电路的微变等效电路,就是把非线性元件三极管的放大电路等效成为一个线性电路,也就是把三极管等效为一个线性元件。这样,就可以像处理线性电路那样来处理三极管放大电路。线性化的条件是三极管工作在小信号情况下。

2.3.1　三极管的微变等效电路

下面从共射极接法的三极管的输入特性和输出特性两方面来分析讨论如何把三极管线性化。

图 8-15a)是三极管的输入特性曲线,是非线性的。但当输入信号很小时,在静态工作点 Q 附近的工作段可认为是直线。当 U_{CE} 为常数时,ΔU_{BE} 与 ΔI_B 之比称为三极管的输入电阻,用 r_{be} 表示,即

$$r_{be} = \frac{\Delta U_{BE}}{\Delta I_B} = \frac{u_{be}}{i_b} \tag{8-8}$$

它表示三极管的输入特性。在小信号的情况下,r_{be} 是一常数,由它确定 u_{be} 和 i_b 之间的关系。因此,三极管的输入电路可用 r_{be} 等效,如图 8-16a)所示。

低频小功率三极管的输入电阻常用下式估算

$$r_{be} \approx 300\Omega + (1+\beta)\frac{26(mV)}{I_{EQ}(mA)} \tag{8-9}$$

式中,I_{EQ}是发射极电流的静态值,r_{be}一般为几百欧到几千欧。

图8-15b)是三极管的输出特性曲线组,在线性工作区是一组近似等距离的平行直线。当U_{CE}为常数时,ΔI_C与ΔI_B之比即为三极管的电流放大系数β,即

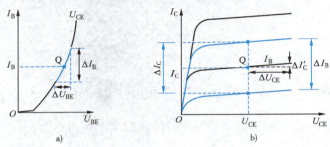

图8-15 三极管的特性曲线

$$\beta = \frac{\Delta I_C}{\Delta I_B} = \frac{i_c}{i_b} \tag{8-10}$$

在小信号的条件下,β是一常数,由它确定i_C受i_B控制的关系。因此,三极管的输出电路可用一等效恒流源$i_c = \beta i_b$代替,以表示三极管的电流控制作用。当$i_b = 0$时,βi_b不复存在,所以它不是一个独立电源,而是受输入电流i_b控制的受控源。β值一般在20~200之间。在手册中常用h_{fe}代表。

此外,在图8-15b)中还可以看到,三极管的输出特性曲线不完全与横轴平行,当I_B为常数时,ΔU_{CE}与$\Delta I'_C$之比称为三极管的输出电阻,用r_{ce}表示。

在小信号的条件下,r_{ce}也是一个常数。如果把三极管的输出电路看作电流源,r_{ce}也就是电源的内阻,故在等效电路中与受控源βi_b并联。由于r_{ce}的阻值很高,约为几十千欧到几百千欧,所以在后面的微变等效电路中都把它忽略不计。

图8-16b)就是得出的三极管微变等效电路。

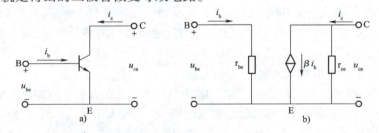

图8-16 三极管及其微变等效电路

2.3.2 放大电路的微变等效电路

由三极管的微变等效电路和放大电路的交流通路可得出放大电路的微变等效电路。如前所述,静态值可由直流通路确定,而交流分量则由相应的交流通路来分析计算。图8-17是图8-11所示的交流放大电路的交流通路。对交流分量来讲,电容C_1和C_2可视作短路,同时,一般直流电源的内阻很小,可以忽略不计,对交流而言直流电源也可以认为是短路的。据此就可以画出交流通路。再把交流通路中的三极管用它的微变等效电路代替,即为放大电路的微变等效电路,如图8-18所示。

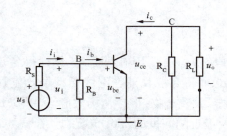
图 8-17 放大电路的交流通路

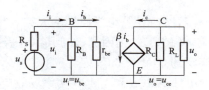
图 8-18 放大电路的微变等效电路

2.3.3 电压放大倍数的计算

为了说明放大电路的放大能力,把放大电路的输出电压的变化量 Δu_o 与输入电压 Δu_i 的比称为电压放大倍数,也称电压增益,用 A 表示。即

$$A = \frac{\Delta u_0}{\Delta u_i} \tag{8-11}$$

由图 8-18 可得,当放大电路不带负载 R_8 时,电压放大倍数的计算公式为

$$A = -\beta \frac{R_C}{r_{be}} \tag{8-12}$$

当放大电路带负载 R_8 时,电压放大倍数的计算公式为

$$A' = -\beta \frac{R'_L}{r_{be}} \tag{8-13}$$

其中

$$R'_L = \frac{R_L R_C}{R_L + R_C}$$

2.3.4 输入电阻和输出电阻的计算

放大电路的输入电阻是从放大电路的输入端看进去的交流等效电阻,用 r_i 表示。由图 8-18可得

$$r_i = \frac{R_B r_{be}}{R_B + r_{be}} \approx r_{be} \quad (因为通常 R_B \gg r_{be}) \tag{8-14}$$

放大电路的输出电阻是从放大电路的输出端看进去的交流等效电阻,用 r_o 表示。由图 8-18可得

$$r_o = R_C \tag{8-15}$$

3 场效应管

场效应管是场效应晶体管(Field Effect Transistor,FET)的简称。由多数载流子参与导电,也称为单极型晶体管。是利用控制输入回路的电场效应来控制输出回路电流的一种半导体器件。如图 8-19 所示。具有输入电阻高($10^7 \sim 10^{12} \Omega$)、噪声小、功耗低、动态范围大、易于集成、没有二次击穿现象、安全工作区域宽等优点,现已成为三极管和功率晶体管的强大竞争者。

图 8-19 场效应管

3.1 场效应管分类

场效应管分结型、绝缘栅型两大类。结型场效应管(JFET)因有两个 PN 结而得名,绝缘栅型场效应管(JGFET)则因栅极与其他电极完全绝缘而得名。目前在绝缘栅型场效应管中,应用最为广泛的是 MOS 场效应管,简称 MOS 管(即金属-氧化物-半导体场效应管 MOSFET);此外还有 PMOS、NMOS 和 VMOS 功率场效应管,以及最近刚问世的 πMOS 场效应管、VMOS 功率模块等。

按沟道半导体材料的不同,结型和绝缘栅型各分沟道和 P 沟道两种。若按导电方式来划分,场效应管又可分成耗尽型与增强型。结型场效应管均为耗尽型,绝缘栅型场效应管既有耗尽型的,也有增强型的。

场效应晶体管可分为结场效应晶体管和 MOS 场效应晶体管。而 MOS 场效应晶体管又分为 N 沟耗尽型和增强型,P 沟耗尽型和增强型四大类,如图 8-20 所示。

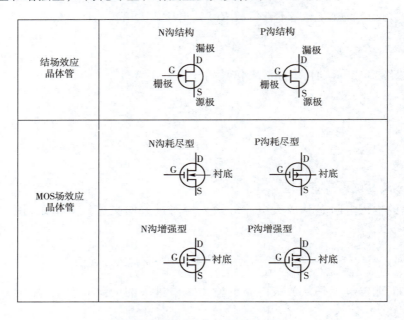

图 8-20 场效应管的分类及结构特点

3.2 场效应管的作用

(1)场效应管可应用于放大。由于场效应管放大器的输入阻抗很高,因此耦合电容可以容量较小,不必使用电解电容器。

(2)场效应管很高的输入阻抗非常适合作阻抗变换。常用于多级放大器的输入级作阻抗变换。

(3)场效应管可以用作可变电阻。

(4)场效应管可以方便地用作恒流源。

(5)场效应管可以用作电子开关。

3.3 场效应管的特点

与晶体三极管相比,场效应管具有如下特点:
(1) 场效应管是电压控制器件,它通过 VGS(栅源电压)来控制 ID(漏极电流)。
(2) 场效应管的控制输入端电流极小,因此它的输入电阻($10^7 \sim 10^{12}\Omega$)很大。
(3) 它是利用多数载流子导电,因此它的温度稳定性较好。
(4) 它组成的放大电路的电压放大系数要小于三极管组成放大电路的电压放大系数。
(5) 场效应管的抗辐射能力强。
(6) 由于不存在杂乱运动的电子扩散引起的散粒噪声,所以噪声小。

4 集成运算放大电路

运算放大器是一种高放大倍数的直接耦合放大器,是用途极为广泛的模拟电子集成电路产品。因它曾在模拟电子计算机中作为各种数学运算器而得名。由于它具有输入阻抗高、放大倍数大、输出阻抗低、性能可靠且成本较低、体积小、功耗低,又有很强的通用性等许多优点,被广泛用于测量、计算、控制、信号波形的产生和变换等各个领域,有"万能半导体放大器件"之称。

本节介绍运算放大器的基本性能特点及由运算放大器组成的放大电路和信号运算电路。

4.1 运算放大器的结构

集成运算放大器的外形通常有双列直插式、扁平式及圆筒式三种,如图 8-21 所示,集成运算放大器(以下简称运放)内部电路一般由输入级、中间级和输出级组成,级间直接耦合,结构

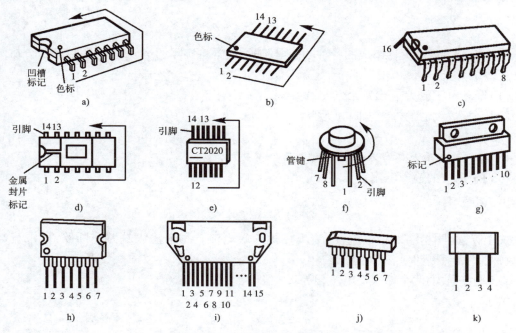

图 8-21 常见集成运算放大器的外形

框图如图 8-22 所示。

输入级一般采用输入电阻高并且可以消除零点漂移的放大电路；中间级主要提供高的电压放大倍数，它包括多级共射放大电路和提高电压放大倍数及改善特性的措施；输出级多采用无变压器互补对称式功率放大电路，以尽量增大其负载能力，减小输出电阻。

运算放大器的图形符号，如图 8-23 所示。运算放大器具有两个输入端、一个输出端，"－"端称为反相输入端，"＋"端为同相输入端。

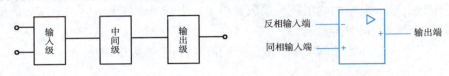

图 8-22　运算放大器的结构框图　　　　图 8-23　运算放大器的图形符号

4.2　运算放大器的主要性能

运算放大器可以看成一个受控电压源。运算放大器的输出电压 u_o 由两个输入端的电位 u_+ 和 u_- 的电位差来控制，即

$$u_o = A(u_+ - u_-) \tag{8-16}$$

式中，A 是运算放大器未接反馈时的电压放大倍数，并称为开环放大倍数。在式（8-16）中，若 $u_+ - u_- > 0$，则 $u_o > 0$，输出 u_o 与输入 u_+ 同相，故称"＋"端为同相输入端；若 $u_+ - u_- < 0$，则 $u_o < 0$，输出 u_o 与输入 u_+ 反相，故称"－"端反相输入端。

运算放大器的三个主要性能：(1)开环电压放大倍数极度高；(2)输入电阻很大；(3)输出电阻很小。

4.3　理想运算放大器

在分析由运算放大器组成的各种功能电路时，通常将实际的运放理想化，以便于分析。我们可近似认为：

(1)开环电压放大倍数为无穷大，$A_o \to \infty$；

(2)运算放大器的输入电阻为无穷大，$r_i \to \infty$；

(3)输出电阻为零，$r_o \to 0$。

4.3.1　理想运放工作在线性区时的两个重要特点

1) 理想运放的输入电流等于零

由于 $r_i \to \infty$，故

$$I_+ = I_- = 0 \tag{8-17}$$

式中，I_+ 为同相输入端电流，I_- 为反相输入端电流。每个输入端并非断路，而电流却为零，故称为"虚假断路"，简称"虚断"。

2) 理想运放的两个输入端电位相等

由于

$$u_o = A_o(u_+ - u_-)$$

可得

又因为 $A_o \to \infty$，所以

$$u_+ - u_- = u_o/A_o$$

$$u_+ - u_- = 0$$

即

$$u_+ = u_- \qquad (8\text{-}18)$$

说明运算放大器的两个输入端之间并非短路，但电位却相等，故称为"虚假短路"，简称"虚短"。

4.3.2 理想运放工作在非线性区时的特点

电压传输特性表示了开环时输出电压与输入电压之间的关系。运放的电压传输特性，如图 8-24 所示。图中的虚线表示实际集成运放的电压传输特性；图中的粗实线表示理想运放的电压传输特性。由理想运放的电压传输特性可得理想运放工作在非线性区时的特点：当 $u_+ > u_-$ 时，$u_o = +U_{OM}$；当 $u_+ < u_-$ 时，$u_o = -U_{OM}$。

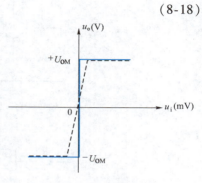

图 8-24　运放的电压传输特性

5　反馈在放大电路中的应用

反馈在电子电路中得到非常广泛的应用。本节简要介绍反馈的有关概念和作用。

5.1　反馈的概念

凡是将放大电路（或某个电子系统）输出信号（电压或电流）的一部分或全部通过某个支路（称为反馈网络）又引回到输入端，则称之为放大电路的反馈，如图 8-25 所示。

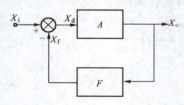

图 8-25　反馈放大电路框图

在图 8-25 中 A 是基本放大电路的放大倍数，它可以是单级的，也可是多级的。X 表示信号，可以是电压信号，也可以是电流信号。X_i 为输入信号，X_d 为净输入信号，X_o 为输出信号，X_f 为反馈信号，F 为反馈系数，它是一个元件或多个元件组成的反馈网络的传输系数。$\otimes$ 表示 X_i 和 X_f 两信号的叠加，"+"、"-"表示信号的瞬时极性。如果反馈信号使净输入信号减弱，电路的放大倍数降低，则称之为负反馈；如果反馈信号使净输入信号增强，电路的放大倍数升高，则称之为正反馈。

5.2　反馈性质的判断

5.2.1　有、无反馈的判断

判断有、无反馈，首先看在放大电路中输出端和输入端有、无电路连接，如果有电路连接，则就有反馈，否则就没有反馈。如图 8-26a)、图 8-26b) 放大电路就无反馈，而图 8-26c)、图 8-26d) 放大电路就有反馈。

5.2.2　交流和直流反馈的判断

在放大电路中仅有直流反馈信号通路如图 8-27a)、图 8-27b) 所示，两图中反馈信号的交流成分被 C_e 和 C 旁路掉，R_e 和 R_2 上产生的反馈信号只有直流成分，所以两放大电路的反馈

为直流反馈。

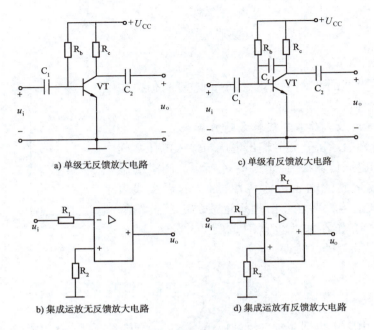

图 8-26 有、无反馈的判断

若在放大电路中仅有交流反馈信号通路,如图 8-27c)、图 8-27d)所示,两图中反馈电路是不通直流信号的,只通交流信号,所以两放大电路的反馈为交流反馈。

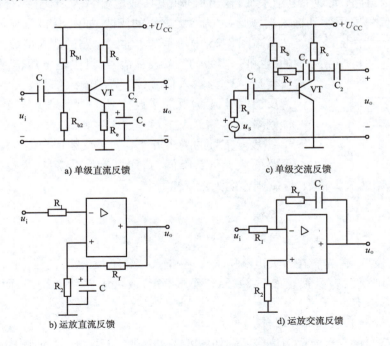

图 8-27 交、直流反馈的判断

若在图 8-27a)、图 8-27b) 两放大电路中,分别去掉 C_e 和 C 后,则放大电路输出的交直流电流,分别要流过 R_e 和 R_2,这种情况称之交、直流反馈。

5.2.3 正、负反馈的判断

正如前面所讲,反馈信号使放大电路净输入信号加强了则是正反馈,使放大电路净输入信号削弱了则是负反馈。其判定方法是采用瞬时极性法,如图 8-28a) 所示,当输入信号瞬时极性为 ⊕,则基极和集电极的电流瞬时增加,则发射极电压瞬时为 ⊕,结果净输入信号 $u_d = u_{BE}$ 被削弱[由于 $U_E = (1+\beta)I_B R_E, U_E \uparrow \gg U_B \uparrow, u_{BE} = U_B - U_E$],所以图 8-28a) 为负反馈放大电路。同样用瞬时极性法分析图 8-28b) 净输入 u_d 是被削弱的,所以图 8-28b) 亦为负反馈放大电路。如图 8-28c) 所示,当输入信号上端为 ⊕,则输入电流 i_i 增大,这时输出电压为 ⊕,则反馈电流 i_f 减小,而净输入电流 i_d 是增加了,所以判定图 8-28c) 为正反馈放大电路。同样用瞬时极性法分析图 8-28d) 的净输入电压 u_d 亦是增加的,所以判定图 8-28d) 亦是正反馈放大电路。

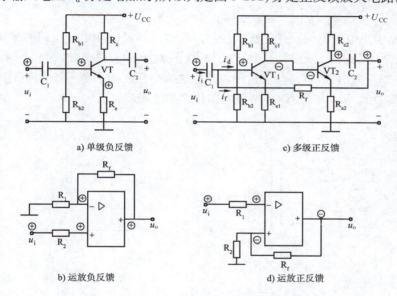

图 8-28 正、负反馈的判断

5.2.4 交流负反馈四种类型的判断

在判断交流负反馈四种类型之前,应首先明确电压反馈、电流反馈、串联反馈和并联反馈。

1) 电压反馈和电流反馈

所谓电压反馈,是指反馈信号 u_f(或 i_f)与输出电压 u_o 成比例。由图 8-29a) 可看出:$u_f = R_1/R_1 + R_f u_o$,则反馈信号 u_f 是随 u_o 增加而增加。由图 8-29b) 可看出:$i_f = u_- - u_o/R_f \approx -u_o/R_f$,则反馈电流 i_f 正比于 $|u_o|$。所以图 8-29a)、图 8-29b) 均为电压负反馈放大电路。如果输出电压 u_o 由于某种原因发生变化时,例如 u_o 减小,则反馈信号 u_f(或 i_f) 也随之成比例地减小,使净输入信号 u_d(或 i_d) 增大,又使输出电压 u_o 增大,于是输出电压 u_o 维持不变,所以电压负反馈有稳定输出电压的作用。

所谓电流反馈,是指反馈信号 u_f(或 i_f)与输出电压 i_o 成比例,如图 8-30 所示。由图 8-30a) 可看出:当输入信号为 ⊕ 时,则输出信号为 ⊖,i_o 方向朝上。i_o 越大,则 i_f 就越大,反馈电流 i_f 正比于 i_o,所以称图 8-30a) 为电流负反馈放大电路。同样由图 8-30b) 可看出:$u_f = u_R = $

$-i_oR$,反馈信号 u_f 正比于 $|i_o|$,所以图 8-30b)是电流负反馈放大电路。由于某种原因输出电流 i_o 减小,则反馈信号 u_f(或 i_f)也减小,而净输入信号 u_d(或 i_d)在增大,使输出电流 i_o 增大,于是输出电流可维持不变。所以电流负反馈有稳定输出电流 i_o 的作用。

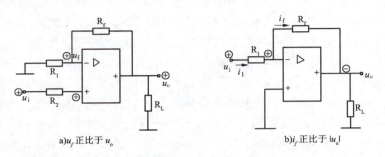

图 8-29 电压反馈放大电路图

在放大电路中是电压反馈还是电流反馈可以根据电压反馈和电流反馈的定义来判定。但在实用电路中,通常采用 R_8 短路法来判定。如:在图 8-29 中短路 R_1 后,则 $u_o=0$,反馈信号 u_f 和 i_f 都等于零,即反馈信号不再存在,这种电路称之为电压反馈。如图 8-30a)、图 8-30b)中短路 R_8 后,反馈信号 u_f 和 i_f 依然存在,这种电路称之为电流反馈。

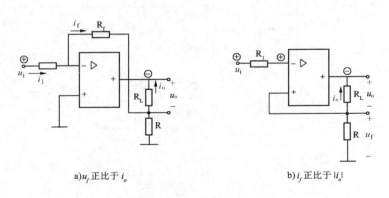

图 8-30 电流反馈放大电路图

2)串联反馈和并联反馈

在反馈放大电路中,输入信号 X_i、反馈信号 X_f 和净输入信号 X_d 的关系是:$X_i = X_f + X_d$。若三者均是电压量纲,则为串联反馈。如图 8-29a)和图 8-30b)所示。若三者均是电流量纲,则为并联反馈,如图 8-29b)和图 8-30a)所示。

综上所述,放大电路中的交流负反馈可以组合成四种类型:电压串联负反馈、电压并联负反馈、电流串联负反馈、电流并联负反馈。这四种负反馈类型,各有各的作用。

5.3 负反馈对放大电路的影响

负反馈对放大电路的影响是多方面的。直流负反馈能够稳定静态工作点;交流负反馈能够改善放大电路的性能指标:降低放大倍数;提高放大倍数的稳定性;展宽通频带;减小非线性失真;改变输入电阻和输出电阻,见表 8-2。

负反馈对输入输出电阻的影响 表 8-2

反馈类型 电阻名称	电压串联负反馈	电压并联负反馈	电流串联负反馈	电流并联负反馈
输入电阻	增大	减小	增大	减小
输出电阻	减小	减小	增大	增大

知识扩展

1. 基本运算电路

1.1 比例运算

1.1.1 反相比例运算

如图 8-31 所示电路中,信号由反相输入端输入,而同相输入端搭铁,并将反馈电阻跨接在输出端与反向输入端之间,这就构成了反相比例运算。电路中各电压和电流的参考方向如箭头所示。根据反向输入端"虚断"$I_- = 0$,可得 $I_1 = I_f$,此表示式为

$$\frac{u_i - u_-}{R_1} = \frac{u_- - u_o}{R_f}$$

因 $I_+ = 0$,且 R_2 搭铁,所以 $U_+ = 0$。又根据输入端"虚短",得 $u_- = u_+ = 0$,将 $u_- = 0$ 代入上式得

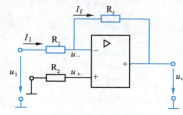

图 8-31 反向比例运算电路

$$u_o = -\frac{R_f}{R_1}u_i \tag{8-19}$$

上式表明集成运算的输出电压与输入电压的关系是 R_f 与 R_1 的比例关系,而与集成运放本身的参数无关。式中负号表示输出电压与输入电压的相位相反。当然,上述结论是以理想运放为前提,因此上述结论是近似的。只有运放的 A_0、r_i 越大,结论才越接近于实际。

由图 8-31 可见,反相输入端并未搭铁却具有地电位,故称反相输入端"虚地"。

为了使运放的输入级电路保持对称,两个输入的外接等效电阻必须尽可能相等,因此,应取 $R_2 = R_1 // R_f$。R_2 为平衡电阻。

若 $R_f = R_1$ 时,则 $u_o = -u_i$,这时,图 8-29 电路输出信号与输入信号相位相反,幅度大小相等,这种电路称为"反相器"或"反号器"。

1.1.2 同相比例运算

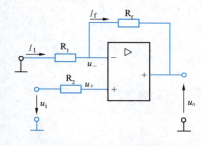

图 8-32 同向比例运算电路

同相比例运算电路如图 8-32 所示。输入电压加在同相输入端上,反相输入端搭铁。反馈电阻 R_f 仍接到反相输入端,以便构成负反馈。u_o 为输出电压。电流与电压的参考方向如图中箭头所示。根据"虚断",$I_- = 0$,$I_1 = I_f$,此式可表达为

$$\frac{0 - u_-}{R_1} = \frac{u_- - u_o}{R_f}$$

又因 $I_+ = 0$,所以,$u_+ = u_i$,根据"虚短" $u_- = u_+$,又得

$u_- = u_i$,将其代入上式得

$$u_o = \left(1 + \frac{R_f}{R_1}\right)u_i \tag{8-20}$$

上式表明,同相比例运算电路的输出电压与输入电压同相,比例系数大于或等于1,与运放本身的参数无关,而由外部电路参数决定。

由图8-32可见,输入信号加在同相输入端上,而反相输入端电位 $u_- = u_i \neq 0$。这时,反相输入端不为"虚地"。当 $R_f = 0$ 或 $R_1 \to \infty$ 时,可得

$$A_f = 1 \quad \text{或} \quad u_o = u_i$$

这时输出电压跟随输入电压,称此电路为电压跟随器,或称同号器。

1.2 信号运算电路

运算放大器可以用来构成对模拟信号作各种数学运算的电路,如加法运算、减法运算、积分运算等。下面逐一讨论。

1.2.1 加法运算

加法运算电路如图8-33所示,图中三个输入电压 u_{i1}、u_{i2}、u_{i3} 都从运放反相输入端输入,u_o 为输出信号电压。下面我们讨论 u_o 与 u_{i1}、u_{i2}、u_{i3} 之间存在的关系。

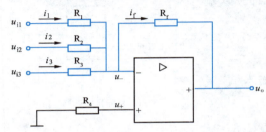

图8-33 加法运算电路

由于 $u_+ = 0$,故

$$u_- = u_+ = 0$$
$$u_o - u_- = -i_f R_f,\text{则}$$
$$u_o = -i_f R_f$$

因

$$i_f = i_1 + i_2 + i_3$$
$$i_1 = \frac{u_{i1}}{R_1}, i_2 = \frac{u_{i2}}{R_2}, i_3 = \frac{u_{i3}}{R_3}$$

所以

$$u_o = -\left(\frac{u_{i1}}{R_1} + \frac{u_{i2}}{R_2} + \frac{u_{i3}}{R_3}\right)R_f \tag{8-21}$$

若取 $R_1 = R_2 = R_3 = R$ 则有

$$u_o = -(u_{i1} + u_{i2} + u_{i3})\frac{R_f}{R} \tag{8-22}$$

若 $R_f = R$ 则有

$$u_o = -(u_{i1} + u_{i2} + u_{i3}) \tag{8-23}$$

即输出电压为各输入电压的代数和,构成加法运算电路。

1.2.2 减法运算

减法运算电路是一个双端输入的运算放大器,如图8-32所示。一般取 $R_f = R_1 = R_2 = R_3$。由图8-34可知

$$u_+ = \frac{u_{i2} R_3}{R_2 + R_3} = \frac{u_{i2}}{2}$$

$$u_- = u_{i1} - i_1 R_1 = u_{i1} - \frac{(u_{i1} - u_o)R_1}{R_1 + R_f}$$

因为

$$u_- = u_+$$

所以

$$u_o = u_{i2} - u_{i1} \tag{8-24}$$

即输出电压 u_o 等于两个输入电压信号之差,实现了减法运算。

1.2.3 积分运算

如图 8-35 所示,电容器 C 接在输出端与反相输入端之间构成负反馈电路,输入信号加到反相输入端上,同相输入端搭铁,就构成积分运算电路。

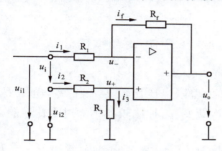

图 8-34 减法运算电路

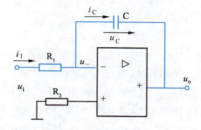

图 8-35 积分运算电路

根据电容器的特性可得

$$u_C = \frac{1}{C} \int i_C \mathrm{d}t$$

因反相输入端为"虚地", $u_- = 0$,所以

$$u_o = -u_C$$

因 $i_C = i_i$,而 $i_i = \dfrac{u_i - u_-}{R_1} = \dfrac{u_i}{R_1}$,所以

$$i_C = \frac{u_i}{R_1}$$

则有

$$u_o = -\int \frac{u_i}{R_1 C} dt \tag{8-25}$$

上式表明,输出电压与输入电压对时间的积分成正比。负号表示输出电压与输入电压极性相反。

信号运算电路还有微分运算,对数与反对数运算、乘法运算及除法运算电路,在此不作讨论。

1.3 单限电压比较器

集成运放工作于非线性区时,可构成幅值比较器。其功能是对送到集成运放输入端的两个信号(模拟输入信号和参考信号)进行比较,并在输出端以高低电平的形式给出比较结果。

图 8-36a)为单限电压比较器电路,图 8-36b)为输入信号接入反相输入端,参考电压 U_R 接在同相输入端时的电压传输特性。当 $u_i < U_R$ 时,$u_o = +U_{OM}$;而当 $u_i > U_R$ 时,$u_o = -U_{OM}$;当 $u_i = U_R$ 时,是状态转换点,输出电压 u_o 产生跃变(实际情况如图中虚线所示)。

当输入信号 u_i 接入同相输入端,参考电压 U_R 接在反相输入端时,电路的工作特性为:$u_i > U_R$ 时,$u_o = +U_{OM}$;$u_i < U_R$ 时,$u_o = -U_{OM}$。

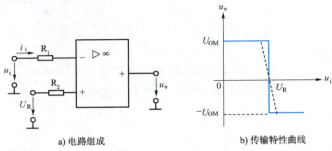

a) 电路组成　　b) 传输特性曲线

图 8-36　单限电压比较器

由于这种电路只有一个门限电压值 U_R,故称为单限电压比较器。当参考电压 $U_R = 0$ 时,输入电压没经过一次零值,输出电压就要产生一次跃变,这种比较器称为过零比较器。

2. 三极管开关电路

三极管作为开关应用时,通常都采用共发射极接法,如图 8-37a)所示。当它的基极输入正脉冲时,三极管将导通并进入饱和状态,集电极回路电流较大,集电极和发射极之间的电压接近于零,这时的三极管相当于一个接通的开关,如图 8-37b)所示。当它的基极输入负脉冲时,三极管截止,这时的三极管相当于一个断开的开关,切断了集电极回路,如图 8-37c)所示。所以只要在三极管的基极输入相应的控制信号,就可以使三极管起到开关作用。

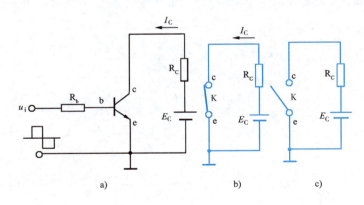

图 8-37　三极管的开关作用

三极管作为开关应用时,不是处于截止状态,就是处于饱和状态。但在截止与饱和状态间的转换要经过放大状态。三极管工作在放大状态时,电路的工作点 Q 应落在输出特性曲线的放大区内,即图 8-38 中负载线上 A—B 之间的区域。三极管工作在饱和状态时,电路的工作点 Q 应落在输出特性曲线的饱和区内,即图 8-38 中负载线上 A 点及以上的区域。三极管工作在截止状态时,电路的工作点 Q 应落在输出特性曲线的截止区内,即图 8-38 中负载线上 B

点及以下的区域。

在 A 点时,三极管处于放大与饱和两种状态的边缘,称为临界饱和状态。临界饱和时的基极电流 $I_{BS} = I_{CS}/\beta \approx E_C/\beta R_C$。在某些开关电路中,为了使三极管可靠地工作在饱和状态,不致在受到外界干扰时引起 I_B 波动,而使三极管退出饱和状态,因此总使基极电流 $I_B > I_{BS}$ 以加深饱和程度。I_B 超过 I_{BS} 越多,则三极管饱和越深,其饱和电压降 U_{CES} 也越小。三极管饱和时各电极之间电压的典型值见图 8-39。

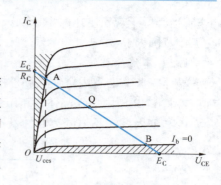

图 8-38 三极管的开关工作状态

如上所述,在开关电路中,三极管相当于一个由基极信号所控制的无触点开关,它时而"断开",时而"接通"。三极管的工作状态也时而从饱和转为截止,时而又从截止转为饱和。

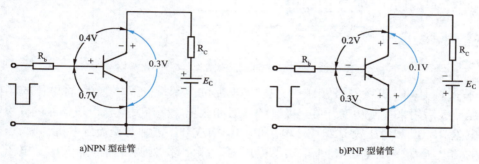

图 8-39 三极管饱和时各电极之间电压的典型值

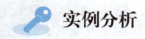

实例分析

三极管开关电路应用

晶体三极管的开关特性在汽车电路上的应用非常广泛,如晶体管调节器、无触点电子闪光器、发动机转速表电路、间歇式电动刮水器等。下面以晶体管调节器和无触点电子闪光器为例加以说明。

1. 晶体管调节器

1.1 基本结构

各种晶体管调节器的基本结构大致相同,一般有 2~3 个晶体管、一个稳压管或二极管以及电阻、电容等组成。

晶体管调节器由电子开关、开关控制和信号检出等三部分组成。其中的电子开关(即执行元件)按控制电压的变化,改变交流发电机激磁绕组电路的通断时间比例;开关控制(即控制器)把信号电压变为控制电子开关通断的控制电压;信号检出(即传感器)部分也叫电压敏感电路,其作用是检出高于规定的供电电压。

当交流发电机电压高于规定供电电压时,电子开关切断激磁电流,使交流发电机电压迅速下降,当其低于规定电压时电子开关又接通激磁电路。如此反复,使交流发电机输出电压稳定在工作范围内。

1.2 工作原理

晶体管调节器有内搭铁式和外搭铁式两种,内搭铁晶体管调节器又分PNP型和NPN型两种。现将PNP型内搭铁晶体管调节器的工作原理叙述如下。

PNP型内搭铁晶体调节器的基本原理,如图8-40所示。

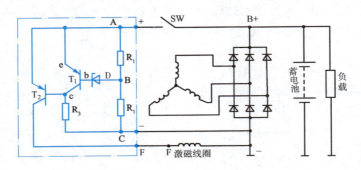

图8-40 PNP型内搭铁式晶体管调节器基本电路

晶体管T_2是功率开关三极管,串联在磁场电路的电源端。晶体管T_1将电压检测电路送来的电压放大后用来控制功率开关三极管的导通和截止。交流发电机电压信号的采集和控制电路由电阻R_1、R_2和稳压管D组成。电阻R_1、R_2构成分压器并与交流发电机并联,承受交流发电机的端电压U_B。从电阻R_1上取出总电压的一部分,作为调节器的输入信号电压。稳压器D反向串联在晶体管T_1的基极回路中,控制晶体管T_1的通断。

闭合点火开关SW后蓄电池电压便加在A、C两端,电阻R_1上的分压U_{AB}通过晶体管T_1的发射极加到稳压管D上。由于蓄电池电压低于交流发电机的规定电压值,加到稳压管D上的电压值也低于稳压管的反向击穿电压U_D,稳压管D则截止。晶体管T_1因无基极电流而截止,晶体管T_2则由电阻R_3提供偏置电流而处于饱和导通状态,蓄电池经晶体管T_2向交流发电机磁场绕组提供电流。

交流发电机转速升高,其端电压上升并超过规定值时,加到稳压管D的电压超过其反向击穿电压,稳压管D导通,晶体管T_1因获得基极电流而开始导通。稳压管D导通后晶体管T_2的发射极被短路而截止,切断了交流发电机的激磁电路,交流发电机的电压迅速下降。当交流发电机电压低于规定值时,加到稳压管D上的电压数值再次低于稳压管的反向击穿电压U_D,稳压管D截止、晶体管T_1因无基极电流而截止。晶体管T_2重新导通,接通交流发电机的磁场电路,交流发电机电压又升高。如此反复,以维持交流发电机电压稳定。

2. 无触点闪光器

如图8-41所示为国产SG131型无触点闪光器的电路。转向灯开关打开时三极管T_1的基极电流由两路提供,一路经电阻R_2;另一路经电阻R_1和电容器C。三极管T_1导通,复合三极管T_2、T_3处于截止状态。由于三极管T_1的导通电流很小(仅6mA左右),所以转向信号灯不亮。与此同时,电源对电容器C充电。随着电容器C的端电压升高,充电电流逐渐减小,以致三极管T1由导通变为截止。此时A点的电位升高,其电位达到1.4V时三极管T_2导通,三极

管 T_3 也随之导通,于是转向信号灯及其指示灯发亮。此时电容器 C 经过电阻 R_1、R_2 放电,电容器放完电后电源又对其充电,三极管 T_1 导通,T_2 和 T_3 截止,转向信号灯及其指示灯熄灭。如此反复循环,使转向信号灯及其指示灯闪烁。闪光频率由电路中的元件参数决定。

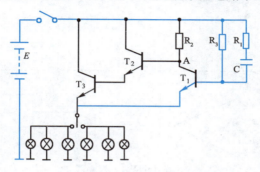

图 8-41　国产 SG131 型无触点闪光器电路

3. 汽车大灯光控开关电路

图 8-42 为汽车大灯光控开关电路,其工作原理如下:

改变照射光敏电阻 R_G 的光亮,当照度下降到设置值时,由于光敏电阻阻值上升使运放 μA741 的反相端电位升高,其输出为低电平,激发 VT(9012)导通,VT 的激励电流使继电器工作,常开触点闭合,汽车照明灯点亮,从而实现对外电路的控制。

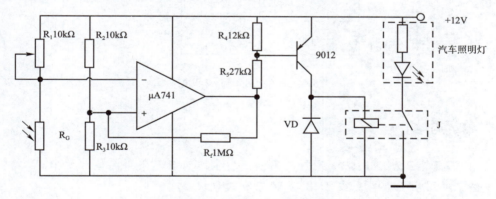

图 8-42　汽车大灯光控开关电路

改变照射光敏电阻的光亮,当照度提高到设置值时,由于光敏电阻阻值下降使运放 μA741 的反相端电位下降,其输出为高电平,VT 截止,使继电器断电,常开触点断开,汽车照明灯不亮。

操作提示:用手电筒作光源,改变手电与光敏电阻 R_G 的距离就可改变光的照度。从而可根据光线强弱自动控制汽车照明灯的开闭。

4. 电控发动机喷油电路

图 8-43 为电控发动机喷油电路,电路中设置有功放集成电路模块 LM324。该电路具有增强输出信号的驱动能量的功能,为大电流功放管提供足够的基级电流。同时又可在数字和模拟电路之间形成器件隔离,以抑制干扰。

5. 汽车照明灯延时熄灭功能

现代汽车灯光电路中可增加延时熄灭功能,以方便驾驶员晚上收车入库关闭灯光开关时,汽车灯光还能保持一段时间的延时照明。方便驾驶员处理下车前的事务和锁车门及提供回家道路照明等。图 8-44 为汽车照明灯延时熄灭电路,如果将电容容量增大或减小,可改变灯光延时熄灭时间。

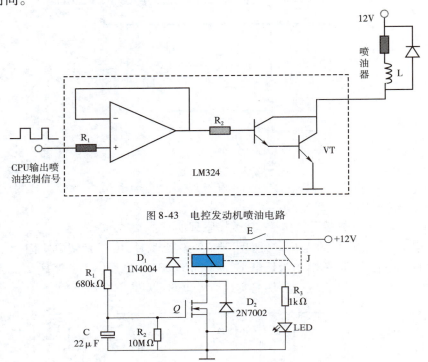

图 8-43　电控发动机喷油电路

图 8-44　汽车照明灯延时熄灭电路

单元小结

1. 晶体三极管分为 PNP 型和 NPN 型两类。它们均包含三层半导体和两个 PN 结(发射结、集电结),并引出三个电极(基极 B、发射极 E、集电极 C)。

三极管有三种工作状态:放大、截止和饱和。三极管工作于放大状态时,具有电流放大作用,其条件是发射结正偏,集电结反偏。三极管工作于截止和饱和状态时,可当开关管使用。三极管工作于截止状态的条件是发射结零偏或反偏,集电结反偏。三极管工作于饱和状态的条件是发射结、集电结均正向偏置。

2. 放大电路由三极管、直流电源、电阻和电容等元件组成。组成原则是直流电源应保证三极管发射结正偏,集电结反偏,处于放大状态。同时必须设置合适的静态工作点,保证在整个信号周期内三极管导通,以减小失真。

放大电路的分析方法有两种:图解法和微变等效电路法。定量分析的主要任务是:静态分析,确定放大电路的静态工作点;动态分析,确定电压放大倍数、输入电阻和输出电阻等。

负反馈以牺牲放大倍数为代价来改善电路的性能,可采用瞬时极性法判断一个反馈是正反馈还是负反馈。不同的反馈类型有不同的作用,应根据实际需要灵活运用。

运算放大器是一种高放大倍数的直接耦合放大器,通常将实际运放理想化,理想运放在线性工作时的重要特点是"虚断"和"虚短"。运放的主要应用有:反相比例运算、同相比例运算、加法运算、减法运算和积分运算等。

思考练习

一、填空题

1. 三极管放大的条件是发射结_____,集电结_____。
2. 三极管的三个工作区分别是_____、_____、_____。
3. 当硅管正常工作时,它的 U_{BE} 约为_____ V,而锗管的 U_{BE} 约为_____ V。
4. 从输出特性曲线上看三极管的工作状态可分成_____、_____、_____。
5. 三极管的输出特性曲线可分为三个区域,即_____区,_____区,_____区。当三极管工作在_____区时,关系式 $I_C = \beta I_B$ 成立;当三极管工作在_____区时,$I_C \approx 0$;当三极管工作在_____区时,$U_{CE} \approx 0$。
6. 基本放大电路中,如果静态工作点设置过高会出现_____失真,如果静态工作点设置过低会出现_____失真。
7. 单管放大电路的三种基本组态是_____、_____、_____。
8. 直流放大器中的极间耦合方式是_____。

二、选择题

1. 处于截止状态的三极管,其工作条件为( )。
   A. 发射结正偏,集电结反偏   B. 发射结反偏,集电结反偏
   C. 发射结正偏,集电结正偏   D. 发射结反偏,集电结正偏
2. 理想运算放大器的开环放大倍数 A_0 为( ),输入电阻为( ),输出电阻为( )。
   A. ∞   B. 0   C. 不定
3. 放大器电压放大倍数 $A_U = -20$,其中负号代表( )。
   A. 放大倍数小于0   B. 衰减   C. 同相放大   D. 反相放大
4. 处于放大状态时,加在硅材料晶体三极管的发射结正向压降为( )。
   A. 0.1~0.3V   B. 0.6~0.8V   C. 0.9~1.9V   D. 1.2V
5. 集成运放组成的电压跟随器的输出电压 V_O = ( )。
   A. V_i B. 1   C. 0   D. ∞
6. 为使电路输入电阻高、输出电阻低,应引入( )。
   A. 电压串联负反馈   B. 电压并联负反馈
   C. 电流串联负反馈   D. 电流并联负反馈
7. 理想集成运放工作在线性放大区时的两个重要特点是( )。
   A. $U_+ = U_- = 0$, $I_+ = I_-$ B. $U_+ = U_- = 0$, $I_+ = I_- = 0$
   C. $U_+ = U_-$, $I_+ = I_- = 0$ D. $U_+ = U_-$, $I_+ \neq I_-$
8. 用万用表直流电压挡测得晶体管三个管脚的对地电压分别是 $V_1 = 2V$、$V_2 = 6V$、$V_3 = 2.7$ V,由此可判断该晶体管的管型和三个管脚依次为( )。

A. PNP 管,CBE　　　B. NPN 管,ECB　　　C. NPN 管,CBE　　　D. PNP 管,EBC

9.测得某电路板上晶体三极管 3 个电极对地的直流电位分别为 $V_E=3V$,$V_B=3.7V$,$V_C=3.3V$,则该管工作在(　　)。

A. 放大区　　　B. 饱和区　　　C. 截止区　　　D. 击穿区

10.三极管组成的放大电路在工作时,测得三极管上各电极对地直流电位分别为 $V_E=2.1V$,$V_B=2.8V$,$V_C=4.4V$,则此三极管已处于(　　)。

A. 放大区　　　B. 饱和区　　　C. 截止区　　　D. 击穿区

三、判断题

1. 放大器一般采用的反馈形式是正反馈。　　　　　　　　　　　　　　　　(　)
2. 发射极支路接入电阻 R_E 的目的是为了稳定静态工作点。　　　　　　　(　)
3. 晶体管可以把小电流放大成大电流。　　　　　　　　　　　　　　　　(　)
4. 晶体管可以用较小电流控制大电流。　　　　　　　　　　　　　　　　(　)
5. 晶体管可以把小电压放大成大电压。　　　　　　　　　　　　　　　　(　)

四、简答题

1. 如何用万用表判断晶体三极管的好坏？如何分辨它的类型及其 3 个管脚？
2. 如果有一个 PNP 型三极管,要接成一个简单的共发射极交流放大器,问直流电源的极性应当如何考虑？耦合电容的极性应当如何考虑？试画出相应的电路图,并在图上标明静态工作电流 I_B 和 I_C 的方向及静态时 U_{CE} 的极性。
3. 什么是"虚短"？什么是"虚断"？

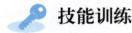
技能训练

实训十一　三极管的识别与检测

一、实训目的

1. 三极管的类型、外观及相关标识。
2. 掌握用外用表识别三极管的极性及判别其性能优劣的方法。

二、实训器材

1. 万用表　　　　　　　　　　1 个
2. 三极管(PNP 型、NPN 型)　　2 只

三、实训内容

1. 三极管有大、中、小功率之分,有高、低频之分,有锗、硅材料之分,还有 NPN、PNP 的类型之分。三极管的型号标注有五个部分,第一部分"3"表示三极管有三个极,第二部分为 A、B、C、D 字母,表示材料和特性,如:

3A　　锗材料,PNP,如 3AX38;
3B　　锗材料,NPN,如 3BX88;
3C　　硅材料,PNP,如 3CG84;
3D　　硅材料,NPN,如 DG82。

2.用万用表测量三极管

1）判别基极和管子的类型

将黑表笔接在某极,用红表笔去接触另外两个极时都导通(测得阻值都很小)；再将红表笔接在该极,用黑表笔去接触另外两个极时都不导通(测得的阻值都很大),则该极就是基极,该管是 NPN 型三极管。

将红表笔接在某极,用黑表笔去接触另外两个极时都导通(测得阻值都很小)；再将黑表笔接在该极,用红表笔去接触另外两极时都不导通(测得的阻值都很大),则该极就是基极,该管是 PNP 型三极管。

2）判别的发射极和集电极

对 NPN 型的三极管,将红表笔接假定的发射极,黑表笔接假定集电极,用左手的大拇指和食指捏住假定的集电极与基极之间(R_B),可看到表针从左向右偏转(阻值变小),记下此时的偏转角度;调换假定的发射极与集电极再测一次,记下偏转角度。对此两次的偏转角度,偏转角度大的那一次,红表笔接的是发射极,另外一个是集电极。

对于 PNP 型的三极管,判断方法同上,偏转角度大的那一次,黑表笔接的是发射极。

四、实训报告

实训十二　三极管的开关作用实验

一、实训目的

1. 了解三极管固定式偏置电路的连接方法。
2. 掌握三极管的开关作用。

二、实训器材

1. 直流稳压电源　　　1 台
2. 三极管 3DA10　　　1 只
3. 电阻 R(560Ω)　　　1 只
4. 白炽灯(6V)　　　　1 个

三、实训电路

实训电路如实训图 1 所示。

四、实训步骤

1. 按图 1 所示连接电路,开关 S 处于断开状态,打开直流稳压电源,将输出电压调至 6V。

2. 闭合开关 S,观察白炽灯是否点亮,再断开开关 S,观察白炽灯的变化情况。反复改变开关的状态,观察白炽灯的变化情况。反复改变开关的状态,观察白炽灯的情况,同时测量 u_{CE} 的大小。

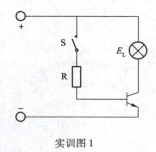

实训图 1

五、问题讨论

白炽灯发光或熄灭时,三极管分别处于哪两种状态？两种状态下的 u_{CE} 是多少？

单元九　数字电路基础

学习目标

知识目标

1. 简述数字电路的基本概念和特点，各种数制与码制及其转换规律，叙述逻辑代数及其运算法则。
2. 简述各种门电路、触发器的原理及逻辑功能。
3. 正确描述各种逻辑数字器件的逻辑表达式、真值表、输入、输出波形图的含义。

能力目标

1. 会分析电路，能从较复杂的电路中把各个数字单元简化出来将以分析，读懂电路图。
2. 能查阅有关数字电路手册，了解各种数字集成电路的引脚排列，性能特点和使用方法。

1　概　述

1.1　数字电路和模拟电路

电子电路分成两大类：一类叫数字电路；另一类叫模拟电路。它们是以所处理的电信号的不同来区分的。在单元八中所述的各种电路均属于模拟电路，它们所处理的电信号都是模拟信号。所谓模拟信号就是信号数值在时间上连续变化的电信号。例如我们所熟悉的正弦波信号就是一种典型的模拟信号，如图9-1a)所示。数字电路是处理数字信号的电子电路。数字信号是一种数值在时间上不连续变化的电信号，例如现代汽车上的曲轴位置传感器信号，发动机转速信号和用于故障自诊的故障码等，都是典型的数字信号，如图9-1b)所示。

数字信号只有两种状态：高电平、低电平，或者有信号、无信号。在数字电路中，通常把这两种状态用两个符号来表示，即"1"和"0"，也即逻辑1和逻辑0。高电平或有信号用"1"表示，低电平或无信号用"0"表示，这称为正逻辑；相反，则称为负逻辑。在数字电路的逻辑设计中，有时用正逻辑，有时用负逻辑，无特殊声明时，一律采用正逻辑。

1.2　数字电路的特点

数字电路也可以进行逻辑运算与判断，此时它大多处理"二值逻辑"问题。例如"真"和

"假"、"是"和"非"、"有"和"无"等。因此,可用电路的两种截然不同的状态来表述。例如三极管的饱和导通(开)和截止(关),电平的"低"和"高"两种状态。这就使得数字电路的基本单元电路简单,对元件的精度要求也不太严格,很适合做成集成电路。

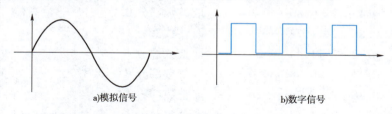

a)模拟信号　　　　　　　　b)数字信号

图9-1　模拟信号与数字信号

数字电路重点研究输入信号和输出信号之间的逻辑关系,它的数学分析工具是逻辑代数(又称为"布尔代数")。

数字电路结构简单,易于制造,便于集成化系列化生产,成本低廉,使用方便;由数字电路组成的数字系统,工作准确可靠,精度高,保密性好,抗干扰能力强;在电子计算机、自动控制、电视、雷达、通信、数字仪表、汽车电路等各个领域中都得到了广泛的应用。

1.3　数制与码制

1.3.1　数制

所谓数制就是计数的方法。在日常生活中最常用的是十进制,它有0、1、2、3、4、5、6、7、8、9十个数码,用来组成不同的数。在数字电路中采用二进制,还有八进制、十六进制。下面介绍常用的二进制和十六进制。

1)二进制

二进制有两个数码0和1,它们与电路的两个状态(开和关、高电平和低电平等)直接对应,使用比较方便。

二进制与十进制的进位规则不同。十进制是"逢十进一",即9+1=10,可写成$10=1\times10^1+0\times10^0$。10为基数。如538可写成:

$$538 = 5\times10^2 + 3\times10^1 + 8\times10^0$$

二进制是"逢二进一",即1+1=10,可写成$10=1\times2^1+0\times2^0$,也就是说,二进制以2为基数,如

$$(11011)_2 = 1\times2^4 + 1\times2^3 + 0\times2^2 + 1\times2^1 + 1\times2^0 = (27)_{10}$$

这样可把任意一个二进制数转换为十进制数。若要将十进制数转换为二进制数,由上式可得

$$(27)_{10} = d_4\times2^4 + d_3\times2^3 + d_2\times2^2 + d_1\times2^1 + d_0\times2^0 = (d_4d_3d_2d_1d_0)_2$$

式中$d_4 \sim d_0$分别为相应的二进制数码1或0。如果是整数部分,可采用除2取余法求得:27除2的余数是1,商除2的余数为1,这样除下去,直到商为0为止

```
2│27      ……余1(d₀)      最低位
2│13      ……余1(d₁)
2│6       ……余0(d₂)
2│3       ……余1(d₃)
2│1       ……余1(d₄)      最高位
  0
```

所以，$(27)_{10} = (d_4d_3d_2d_1d_0)_2 = (11011)_2$

如果要将小数部分的十进制数转换成二进制数，则采用乘2取整法，例如$(0.43)_{10}$转换成二进制小数时，其过程如下：

        $0.43 \times 2 = 0.86$……………取整数部分 0　　　　　最高位
        $0.86 \times 2 = 1.72$……………取整数部分 1
        $0.72 \times 2 = 1.44$……………取整数部分 1
        $0.44 \times 2 = 0.88$……………取整数部分 0
        $0.88 \times 2 = 1.76$……………取整数部分 1
        $0.76 \times 2 = 1.52$……………取整数部分 1
        $0.52 \times 2 = 1.02$……………取整数部分 1　　　　　最低位

可得$(0.43)_{10} = (0.0110111)_2$

2）十六进制

十六进制有 0、1、2、3、4、5、6、7、8、9、A、B、C、D、E、F 十六个数码，其中 A~F 分别代表十进制的 10~15。为与十进制区别，规定十六进制数注有下标 16 或 H。十六进制是"逢十六进一"，即 $F+1 = 10$，可写成 $10 = 1 \times 16^1 + 0 \times 16^0$，其基数为 16，如

$$(4E6)_{16} = 4 \times 16^2 + 14 \times 16^1 + 6 \times 16^0 = (1254)_{10}$$

这就是十六进制数转换为十进制数的方法。反过来，要将十进制数转换为十六进制数，可先转换为二进制数，再由二进制数转换为十六进制数。因为每一个十六进制数码都可以用 4 位二进制数来表示，如$(1011)_2$ 表示十六进制的 B；$(0101)_2$ 表示十六进制的 5 等。故可将二进制数从低位开始，每 4 位为一组写出其值，就得到十六进制数。如

$$(27)_{10} = (0011011)_2 = (1B)_{16}$$

下面比较一下以上三种数制的数码：

十进制	二进制	十六进制	十进制	二进制	十六进制
0	000	0	8	1000	8
1	001	1	9	1001	9
2	010	2	10	1010	A
3	011	3	11	1011	B
4	100	4	12	1100	C
5	101	5	13	1101	D
6	110	6	14	1110	E
7	111	7	15	1111	F

1.3.2　编码

所谓编码，就是用数字或某种文字和符号来表示某一对象或信号的过程。十进制编码或某种文字和符号的编码难于用电路来实现，在数字电路中一般采用二进制数。用二进制数表示十进制数的编码方法称二—十进制编码，即 BCD 码。常用的 BCD 码有 8421 码、5421 码、2421 码等编码方式。以 8421 码为例，8421 分别代表对应二进制位的权，它的每个代码中出现"1"的各位权值之和就是它所表示的十进制数。下面是 8421BCD 码与十进制数码的对照关系：

十进制数码	8421 码	十进制数码	8421 码
0	0000	5	0101
1	0001	6	0110
2	0010	7	0111
3	0011	8	1000
4	0100	9	1001

2 逻辑代数

逻辑代数也称布尔代数,它是分析设计逻辑电路的数学工具。虽然它和普通代数一样也用字母表示变量,但变量的取值只有"0","1"两种,分别称为逻辑"0"和逻辑"1"。这里"0"和"1"并不表示数量的大小,而是表示两种相互对立的逻辑状态。逻辑代数所表示的是逻辑关系,而不是数量关系。这是它与普通代数的本质区别。

2.1 基本逻辑关系

在逻辑代数中,输出逻辑变量和输入逻辑变量的关系,叫逻辑函数,可表示为

$$Y = f(A, B, C \cdots) \tag{9-1}$$

其中,A,B,C 输入逻辑变量,Y 为逻辑函数。下面介绍基本逻辑运算。

2.1.1 逻辑"与"

逻辑乘是描述与逻辑关系的,又称"与"运算。逻辑表达式为

$$Y = A \cdot B \tag{9-2}$$

其意义是仅当决定事件发生的所有条件 A、B 均具备时,事件 Y 才能发生。例如把两只开关和一盏电灯串联接到电源上,只有当两只开关均闭合时灯才能亮。两个开关中有一个不闭合灯就不能亮。在 A 和 B 分别取 0 或 1 时,Y 的逻辑状态列于表 9-1,称真值表。

"与"逻辑真值表　　　　　表 9-1

A	B	Y	A	B	Y
0	0	0	1	0	0
0	1	0	1	1	1

2.1.2 逻辑"或"

逻辑加是描述或逻辑关系的,也称"或"运算。逻辑表达式为

$$Y = A + B \tag{9-3}$$

其意义是当决定事件发生的各种条件 A、B 中,只要有一个或一个以上的条件具备,事件 Y 就发生。仍以上述的灯的情况为例,把两只开关并连与一盏电灯串联接到电源上,当两只开关中有一个或一个以上闭合时灯均能亮。只有两个开关全断开灯才不亮。当 A 和 B 分别取 0 或 1 值时,Y 的逻辑状态列于真值表 9-2。

"或"逻辑真值表   表9-2

A	B	Y	A	B	Y
0	0	0	1	0	1
0	1	1	1	1	1

2.1.3 逻辑"非"

逻辑非是对一个逻辑变量的否定,也称"非"运算。逻辑表达式为

$$Y = \bar{A} \tag{9-4}$$

其意义是事件发生出现的结果必然和这种条件相反。仍以灯的情况为例,一只在面板上标有"开"和"关"字样的开关与一盏电灯并联接到电源上,当开关打向"开"时灯灭,打向"关"时灯亮。当 A 取 0 或 1 时,Y 的逻辑状态列于真值表9-3。

"非"逻辑真值表   表9-3

A	Y	A	Y
0	1	1	0

2.2 逻辑代数运算法则

2.2.1 基本运算法则

$0 \cdot A = 0 \quad 1 \cdot A = A \quad A \cdot A = A \quad A \cdot \bar{A} = 0$

$0 + A = A \quad 1 + A = 1 \quad A + A = A \quad A + \bar{A} = 1$

$\bar{\bar{A}} = A$

2.2.2 常用运算公式

交换律:$A + B = B + A \quad AB = BA$

结合律:$ABC = (AB)C = A(BC) \quad A + B + C = (A + B) + C = A + (B + C)$

分配率:$A(B + C) = AB + AC$

吸收率:$A(A + B) = A \quad A(\bar{A} + B) = AB \quad A + \bar{A}B = A + B$

反演率:$\overline{AB} = \bar{A} + \bar{B} \quad \overline{A + B} = \bar{A} \bar{B}$

2.3 逻辑函数的表示方法

逻辑函数常用逻辑状态表、逻辑式、逻辑图和卡诺图四种方法表示,它们之间可以相互转换。

【例9-1】 有一T形走廊,在相会处有一路灯,在进入走廊的 A、B、C 三地各有控制开关,都能独立进行控制。任意闭合一个开关,灯亮;任意闭合两个开关,灯灭;三个开关同时闭合,灯亮。设 A、B、C 代表三个开关(输入变量);Y 代表灯(输出变量)。下面用两种方法表示逻辑函数 Y。

2.3.1 逻辑状态表

按照上述要求,可以列出逻辑状态表9-4。逻辑状态表就是用输入、输出变量的逻辑状态("1"或"0")以表格形式来表示逻辑函数。

设开关闭合状态为"1",断开为"0";灯亮状态为"1",灯灭为"0"。

三地控制一灯的逻辑状态表　　　　　　　　　　　　　　　　表 9-4

A	B	C	Y	A	B	C	Y
0	0	0	0	1	0	0	1
0	0	1	1	1	0	1	0
0	1	0	1	1	1	0	0
0	1	1	0	1	1	1	1

n 输入变量有 2^n 种组合状态,三输入变量有八种组合状态。

2.3.2 逻辑式

用"与""或""非"等运算来表示逻辑函数的表达式。

在逻辑状态表中取 $Y=1$,列逻辑式,对应于 $Y=1$,若输入变量为"1",则取输入变量本身(如 A);若输入变量为"0"则取其反变量(如 $\bar{A}$)。最后把 $Y=1$ 的组合相加。所以表 9-4 对应的逻辑式为

$$Y = \bar{A}BC + A\bar{B}\bar{C} + A\bar{B}\bar{C} + ABC$$

3　基本逻辑门电路

3.1 "与"门电路

我们把一个电路的输入端作为条件,输出端作为结果。输入端和输出端能满足"与"逻辑关系的电路称为"与"门电路。图 9-2 所示为二极管"与"门电路。

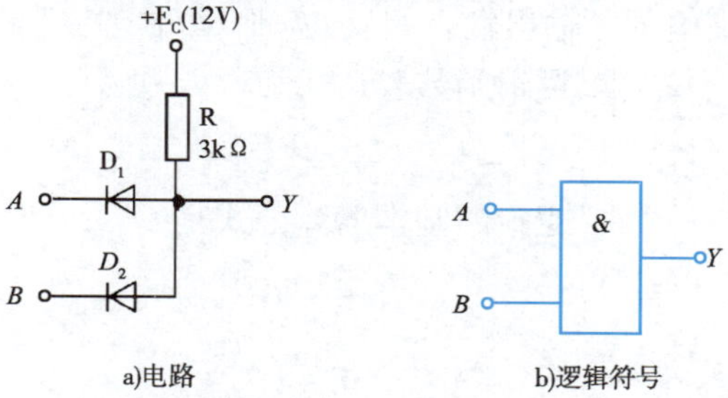

它有两个输入端 A、B,一个输出端 Y。假定输入信号的高电平为 +5V,低电平为 0V,则按输入信号的不同可分为以下情况:

(1) 输入端 A、B 都处于低电平 0V(即 $A = B = 0$),这时 D_1、D_2 都处于正向导通状态。如果忽略二极管的导通压降,则输出 $Y = 0$。

(2) 输入端 A、B 只有一个处于低电平 0V,这时处于低电平的二极管 D 优先导通,输出 Y 仍为低电平。

(3) 输入端 A 和 B 全处于高电平,这时二极管 D_1、D_2 都截止,则输出端 Y 的电位基本上与输入端相等,Y 为高电平。

图 9-2　二极管"与"门电路及其逻辑符号

综合上述分析可知,上述电路是一个与门电路。逻辑函数表达式为

$$Y = A \cdot B \quad (9-5)$$

"与"逻辑的基本运算公式是

$$0 \cdot 0 = 0$$
$$0 \cdot 1 = 0$$

$$1 \cdot 0 = 0$$
$$1 \cdot 1 = 1$$

3.2 "或"门电路

能满足"或"逻辑关系的电路,称为"或"门电路,简称"或"门,如图9-3a)所示为二极管"或"门电路,图9-3b)是"或"门符号。当一个或一个以上的输入端为高电平(+5V)时,相应的二极管导通,输出端 Y 也为高电平(+5V);当两个输入端都为低电平(0V)时,所有二极管截止,输出端 Y 才为低电平(0V)。

"或"逻辑函数表达式为

$$Y = A + B \tag{9-6}$$

"或"逻辑的基本运算公式是

$$0 + 0 = 0$$
$$0 + 1 = 1$$
$$1 + 0 = 1$$
$$1 + 1 = 1$$

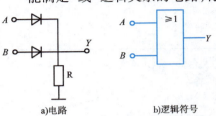

图9-3 二极管"或"门电路及其逻辑符号

3.3 "非"门电路

具有非逻辑功能的电路叫做"非"门电路,简称"非"门。图9-4是三极管组成的"非"门电路和逻辑符号。当输入为高电平时,三极管饱和导通,输出低电平"0"。反之,三极管T截止,输出为高电平。输出输入相反,实现了"非"的逻辑功能。

"非"逻辑函数表达式为

$$Y = \bar{A} \tag{9-7}$$

"非"逻辑的基本运算公式是

$$\bar{1} = 0$$
$$\bar{0} = 1$$

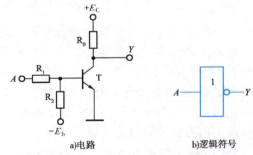

图9-4 三极管"非"门电路及其逻辑符号

3.4 复合门电路

上述三种电路是最基本的逻辑门电路,利用它们可以组合成与非门、或非门、与或非门等复合门电路。这些复合门电路在带负载能力、工作速度和可靠性方面都得到了很大提高,因此成为逻辑电路中最常用的电路。

3.4.1 "与非"门

图9-5是典型的"与非"门电路及符号。它由二极管"与"门和三极管"非"门串接而成,故输入与输出之间的关系是"与非"关系,表9-5是"与非"门真值表。

其逻辑函数表达式为

$$Y = \overline{A \cdot B} \tag{9-8}$$

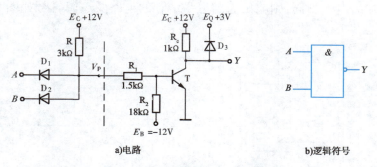

图9-5 "与非"门电路及其符号

"与非"门真值表　　　　　　　　　　　　　　　　　表9-5

A	B	Y	A	B	Y
0	0	1	1	0	1
0	1	1	1	1	0

3.4.2 "或非"门

图9-6是一个"或非"门电路及其符号,它由一个二极管"或"门和一个"非"门组成,因此输入输出之间是"或非"关系,其特点是：只要输入有"1",输出就为"0",只有输入全为"0"时,输出才为"1"。表9-6为"或非"门真值表。其逻辑表达式为

$$Y = \overline{A + B} \tag{9-9}$$

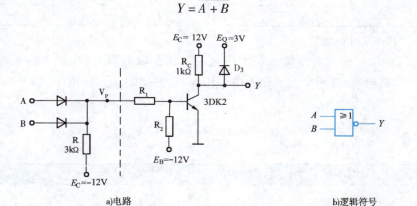

图9-6 "或非"门电路及其符号

"或非"门真值表　　　　　　　　　　　　　　　　　表9-6

A	B	Y	A	B	Y
0	0	1	1	0	0
0	1	0	1	1	0

3.4.3 "异或"门电路

"异或"门的输入与输出逻辑关系是：当两个输入端均为低电平或均为高电平时,输出为

低电平;如输入端的电平不同,则输出为高电平。它的电路及逻辑符号如图 9-7 所示。"异或"门真值表见表 9-7。

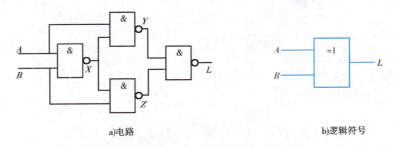

a)电路　　　　　　　　　　　　b)逻辑符号

图 9-7　"异或"门电路及逻辑符号

由图 9-7a)中可见,当 A、B 均为低电平时,Y 和 Z 均为高电平,则输出 L 为低电平;当 A、B 均为高电平时,为低电平,Y 和 Z 均为高电平,故输出 L 为低电平。当 A 或 B 只有一个为低电平时,X 为高电平,Y 和 Z 也只有一个为低电平,因此,输出 L 将为高电平,符合真值表中的逻辑关系。"异或"门常用来检查两个输入端的电平是否一致。逻辑函数式为

$$L = \bar{A}B + A\bar{B} = A \oplus B \tag{9-10}$$

"异或"门真值表　　　　表 9-7

A	B	L	A	B	L
0	0	0	1	0	1
0	1	1	1	1	0

3.4.4　"同或"门电路

"同或"门也是一种有两个输入端的门电路。其逻辑功能是,当两个输入端的电平相同时,输出端 Y 为高电平;当两个输入端的电平相异时,输出端 Y 为低电平,表 9-8 为真值表,逻辑函数式为

$$Y = \bar{A}\bar{B} + AB = A \odot B \tag{9-11}$$

"同或"门真值表　　　　表 9-8

A	B	Y	A	B	Y
0	0	1	1	0	0
0	1	0	1	1	1

4　集成门电路

上面介绍的一些常见门电路,如果用分立元件构成时,不但连线和焊点太多,而且电路的体积很大,可靠性很差。随着电子技术的飞速发展和集成工艺的规模化生产,数字集成电路得到了广泛的应用。

数字集成门电路按开关元件的不同可分为双极型逻辑门和单极型逻辑门两大类。本节主要介绍双极型 TTL 集成逻辑门和单极型的 CMOS 集成逻辑门电路。

4.1 TTL 集成门电路

TTL 是"晶体管-晶体管逻辑电路"的简称。TTL 集成电路相继生产的产品有 74(标准),74S(肖特基),74H(高速)和 74LS(低功耗肖特基)四个系列,其中 LS 系列综合性能最优,应用最广泛。常见的集成电路是将几个门封装在同一芯片上,如 74LS08 为四个 2 输入端"与"门,74LS20 为两个 4 输入端"与非"门等。

4.1.1 "与非"门电路

74LS10 是一个三输入端 3"与非"门,其内部结构如图 9-8 所示。

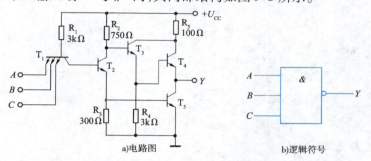

a)电路图　　b)逻辑符号

图 9-8　TTL"与非"门电路和逻辑符号

工作原理:当输入信号 A、B、C 中至少有一个为低电平(0.3V)时,输出为高电平,$Y=3.6$V。当输入信号全部高电平(3.6V)时,输出低电平,$Y=0.3$V。

显然,上述 TTL 电路满足"与非"门的输入、输出逻辑关系。

常用的"与非"门集成电路有四双输入"与非"门 74LS00 和 CD4011,如图 9-9 所示。

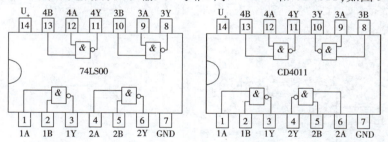

图 9-9　常用"与非"门集成电路引脚图

> **知识链接**
>
> 集成电路脚位序列的判定规则
>
> 汽车中的集成电路常用的外形有三种:单列直插式、双列直插式、四方扁平式。
>
> 对于单列直插式 IC 的脚位识别:打点或带小坑的为 1 脚,按从左到右的顺序数。
>
> 对于双列直插式、四方扁平式的脚位识别:从起始脚开始,按逆时针方向数,一般打点或带小坑的为 1 脚,有的 IC 是以缺口槽为起始标志,正对缺口槽,左下脚即为 1 脚。

4.1.2 集电极开路的 TTL 与非门(OC 门)电路

在逻辑设计中,还将用到线逻辑。所谓线逻辑就是将两个或多个逻辑门的输出端并联所得到的附加逻辑。线逻辑又分为"线与"和"线或"两类。

为了解决 TTL 门电路的"线与"问题("线与"就是将几个门的输出端直接相连,实现几个输出相"与"的逻辑功能),研制出了 OC 门。

OC 门在结构上将一般 TTL 门输出级的有源负载部分(如 TTL 与非门中的 T_3、T_4、R_4)去除,输出级晶体管 T_5 的集电极在集成电路内部不连接任何元件,直接作为输出端。OC 门在使用时,根据负载的大小和要求,选择合适的电阻 RC 和电源连接在 OC 门的输出端,如图 9-10 所示。

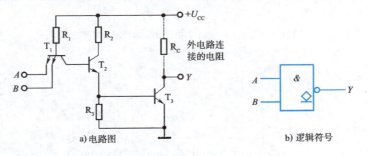

图 9-10 集电极开路的 TTL 与非门 OC 门电路

4.1.3 三态门电路

三态门除了具有一般逻辑门的两种状态外,还具有高输出阻抗的第三种状态,称为高阻态。三态门的电路和逻辑符号见图 9-11。图中控制端(也称使能端)EN 加小圆圈表示低电平有效(呈高阻抗状态),不加小圆圈表示高电平有效。当 EN=1 时,二极管 D_1、D_2 截止,此时三态门就是普通的与非门电路,$Y=\overline{AB}$;当 EN=0 时(有效状态),多发射极晶体管 T_1 饱和,T_2、T_5 截止,同时 D_2 导通使 T_3、T_4 也截止。这时从外往输出端看去,电路呈现高阻态。此三态门因 EN=1 时处于与非门工作状态,故也称为控制端高电平有效三态门,其真值表见表 9-9。

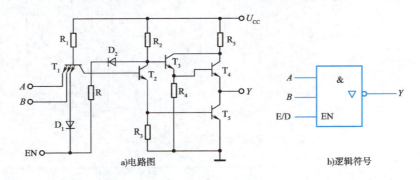

图 9-11 TTL 三态门电路及逻辑符号

三态与非门真值表   表 9-9

使能端	数据输入端		输出端	使能端	数据输入端		输出端
EN	A	B	Y	EN	A	B	Y
1	0	0	1	1	1	1	0
1	0	1	1	0	×	×	高阻态
1	1	0	1				

4.2 CMOS 门电路

CMOS 门电路是由 NMOS 管和 PMOS 管构成的,它静态功耗很低,抗干扰能力强,稳定性好,开关速度较高,扇出系数大,由于优点突出,在中、大规模集成电路中得到了广泛的应用。

4.2.1 CMOS 反相器

在图 9-12 中,工作管 T_1 是增强型 NMOS 管,负载管 T_2 是 PMOS 管,两管的漏极 D 接在一起作为电路的输出端,两管的栅极 G 接在一起作为电路的输入端,T_1 的源极 S_1 与其衬底相连并搭铁,T_2 的源极 S_2 与其衬底相连并接电源 U_{DD}。

当输入电压 U_i 为低电平 0 时,T_1 管截止,T_2 导通,电路的输出为高电平 U_{DD}。

当输入电压 U_i 为高电平 U_{DD} 时,T_1 管导通,S_1 和 D_1 之间呈现较小的电阻,T_2 截止,电路的输出为低电平 0。电路的输出和输入之间满足"非"逻辑关系,所以该电路为非门电路。由于在稳态时,T_1 和 T_2 中必然有一个管子是截止的,所以电路的电流极小,功率损耗很低。

4.2.2 CMOS 传输门和模拟开关

当一个 PMOS 管和一个 NMOS 管并联时就构成一个传输门,如图 9-13 所示,其中两管源极相接,作为输入端,两管漏极相连作为输出端,两管的栅极作为控制端,加互为相反的控制电压 CP 和 $\overline{CP}$。PMOS 管的衬底接 U_{DD},NMOS 管的衬底搭铁。由于 MOS 管的结构对称,源、漏极可以互换,所以输入、输出端可以对换。传输门也称为双向开关。

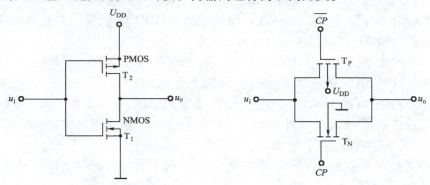

图 9-12 CMOS 反相器　　　图 9-13 CMOS 传输门

传输门的功能如下:

当控制电压 $CP=1$,$\overline{CP}=0$ 时,此时传输门相当于接通的开关,双向导通。

当控制电压 $CP=0$,$\overline{CP}=1$ 时,传输门相当于断开的开关。当传输门的控制信号由一个非门的输入和输出来提供时,就构成一个模拟开关,如图 9-14 常见的型号有 CD4066,CD4051 等。

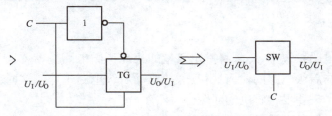

图 9-14 CMOS 双向模拟开关的结构图和逻辑符号

CD4066 是一块四双向模拟开关电路，其外形引脚和内部结构如图 9-15 所示。

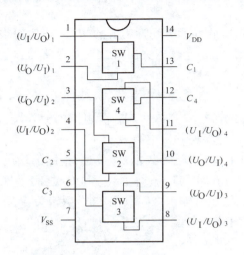

图 9-15 CD4066 引脚和内部结构图

4.3　门电路使用注意事项

（1）电源电压应根据门电路参数的要求选定。一般 TTL 门电路的电源电压为 $5V \pm 0.5V$。CMOS 门电路的电源电压应为 $3 \sim 15V$。电源电压的极性不能接反。为防止通过电源引入干扰信号，应根据具体情况对电源进行去耦和滤波。

（2）输入信号电平的选择，TTL 门应在 $0 \sim 5V$ 之间，CMOS 门应在 $0 \sim U_{CC}$ 之间。

（3）具有图腾柱结构（集成电路输出级具有有源负载）的 TTL 门输出端，不允许并联使用。同一芯片上的 CMOS 门，在输入相同时，输出端可以并联使用（目的是增大驱动能力）。

（4）焊接时应选用 45W 以下的电烙铁，最好用中性焊剂，所用设备应搭铁良好。CMOS 电路应在静电屏蔽下运输和存放。严禁带电从插座上拔插器件。

（5）电路的输出端接容性负载时，应在电容之前接限流电阻，避免出现在开机的瞬间，较大的冲击电流烧坏电路。

（6）TTL 门输入端口为"与"逻辑关系时，多余的输入端可以悬空（但不能带开路长线）、接高电平或并联接到一个已被使用的输入端上。TTL 门输入端口为"或"逻辑关系时，多余的输入端可以接低电平、搭铁或并联接到一个已被使用的输入端上。

（7）具有"与"逻辑端口的 CMOS 门多余的输入端应接 U_{DD} 或高电平，具有"或"逻辑端口的 CMOS 门多余的输入端应接 U_{DD} 或低电平。CMOS 门的输入端不允许悬空。

4.4　TTL 门与 CMOS 门之间的互连

在实际的数字电路系统中，总是将一定数量的集成逻辑电路按需要前后连接起来。由于前级电路的输出将与后级电路的输入端相连，并驱动后级电路工作。这时就存在着电平的配合和负载能力这两个需要妥善解决的问题。

【例 9-2】　设计一个三变量奇偶检验器。

要求:当输入变量 A、B、C 中有奇数个同时为"1"时,输出为"1",否则为"0";用"与非"门实现。

(1)列逻辑状态见表9-10;

(2)写出逻辑表达式

$$Y = \bar{A}\bar{B}C + \bar{A}B\bar{C} + A\bar{B}\bar{C} + ABC$$

(3)用"与非"门构成逻辑电路,如图9-16所示。

逻 辑 状 态 表　　　表9-10

A	B	C	Y	A	B	C	Y
0	0	0	0	1	0	0	1
0	0	1	1	1	0	1	0
0	1	0	1	1	1	0	0
0	1	1	0	1	1	1	1

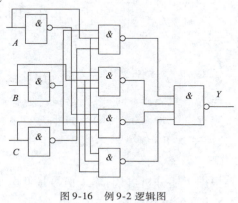

图9-16　例9-2 逻辑图

4.5　集成电路的检测

集成电路出现故障一般是局部损坏,如击穿、开路、短路等。电源集成电路和功放芯片易损坏,存储器易出现软件故障,其他芯片有时会出现虚焊等。

对于集成电路是否损坏,可通过从各个方面测试集成电路的工作状态,并与正常工作状态作比较的方法来判断。即测量集成电路各引脚的对地电压值和电阻值,其中测量电压值必须在电路处于工作状态下进行,测量电阻值则应在断电静态状态下进行,具体判断方法如下:

(1)检查集成电路各管脚对地的直流电压;

(2)检查集成电路各脚对地电阻值;

(3)用示波器检查集成电路的输入输出波形。

5　集成触发器

各种门电路是构成计算机系统的基本单元电路。这些门电路某一时刻的输出由当时的输入状态决定,只要输入发生了变化,输出也随之变化,这类电路称为组合逻辑电路。然而,在一个复杂的计算机系统中,还使用着另一种类型的电路,称时序逻辑电路。这种电路的特点是:它们在某一时刻的输出不仅和当时的输入状态有关,还与电路原来的输出状态有关,触发器是构成时序逻辑电路的基本单元。时序逻辑电路具有两个基本特征:

(1)触发器具有两个稳定状态,分别称为"0"状态和"1"状态,在没有外界信号作用时,触发器维持原来的稳定状态不变,即触发器具有记忆功能。

(2)在一定的外界信号作用下,触发器可以从一个稳定状态转变到另一个稳定状态。转变的过程称翻转。触发器的内部电路结构形式多种多样,本章讲述常见的几种触发器电路。

5.1 基本 RS 触发器

基本 RS 触发器由两个与非门(可以用两个或非门)交叉连接构成,如图 9-17 所示。它有两个输入端 R 和 S,两个输出端 Q 和 $\bar{Q}$,在正常工作条件下,两个输出端的逻辑关系是互非的,所以用一个字母表示。当 $Q=0$,$\bar{Q}=1$ 时,称触发器的状态为"0"态;当 $Q=1$,$\bar{Q}=0$ 时称为"1"态。

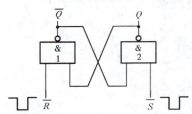

图 9-17 基本 RS 型触发器

5.1.1 基本 RS 触发器的功能

当 $\bar{R}=0$,$\bar{S}=1$ 时,则 $Q=0$,$\bar{Q}=1$;

当 $\bar{R}=1$,$\bar{S}=0$ 时,则 $Q=1$,$\bar{Q}=0$;

当 $\bar{R}=1$,$\bar{S}=1$ 时,触发器保持原状态不变;

当 $\bar{R}=0$,$\bar{S}=0$ 时,两个与非门的输入信号中均有 0,即 $Q=1$,$\bar{Q}=1$,不能满足互非的规定,致使基本 RS 触发器不能正常工作,因此禁止这种状态发生。这种情况下触发器的状态称为"不定"状态。

根据上述分析可知,输入信号是低电平有效,所以在标识的字母上加非门号。

5.1.2 功能描述

1)真值表

以表格的形式反映了触发器从原状态向新状态转移的规律。原态用"Q_n"表示,次态用"Q_{n+1}"表示。这种方法很适合在时序逻辑电路的分析中使用。表 9-11 为基本 RS 触发器的功能真值表。

2)时序图

时序图是以波形图的形式直观地表示触发器的特性和工作状态的一种方法,在时序逻辑电路的分析中经常使用,如图 9-18 所示。

基本 RS 触发器功能真值表　　表 9-11

$\bar{S}$	$\bar{R}$	Q_{n+1}	功能
1	1	Q_n	保持
1	0	0	置 0
0	1	1	置 1
0	0	不定	不允许

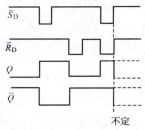

图 9-18 基本 RS 触发器的波形图

5.2 同步 RS 触发器

当一个逻辑电路中有多个触发器时,为了使各触发器输出状态的变化在规定时刻发生,所以引入了时钟脉冲信号 CP 作为触发器状态翻转时刻的控制信号。具有时钟脉冲控制端的触发器称为同步触发器。同步触发器状态的变化不仅取决于输入信号的变化,还取决于时钟脉冲 CP 的作用。同步 RS 触发器逻辑电路如图 9-19 所示。

5.2.1 工作原理

同步 RS 触发器由 4 个与非门组成,与非门 1、2 组成基本 RS 触发器,与非门 3、4 组成引导触发门,$\overline{R}_D$ 叫直接复位端(清 0 端),$\overline{S}_D$ 叫直接置位端(置 1 端),R、S 为输入端,CP 为时钟输入端。

当 CP 为 0 时,不论 R、S 为何电平,引导触发门输出为 1,根据基本 RS 触发器工作原理,触发器输出状态保持不变。

当 CP 为 1 时,触发器的输出状态由 R 和 S 决定。

若 $R=0, S=0$,则引导触发门输出都为 1,输出次态保持原态不变;

若 $R=1, S=0$,则引导触发门 3 输出 0,门 4 输出 1,输出次态为 $Q_{n+1}=0$;

若 $R=0, S=1$,则引导触发门 3 输出 1,门 4 输出 0,输出次态为 $Q_{n+1}=1$;

若 $R=1, S=1$,则引导触发门 3 输出 0,门 4 输出 0,输出次态不定,为禁止态。

5.2.2 功能表示

表 9-12 是同步 RS 触发器真值表。图 9-20 是同步 RS 触发器的时序图。

同步 RS 触发器真值表　　　　表 9-12

S	R	Q_{n+1}	功能	S	R	Q_{n+1}	功能
0	0	Q_n	保持	1	0	1	置 1
0	1	0	置 0	1	1	不定	不允许

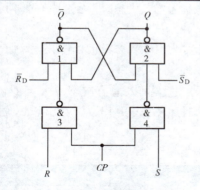

图 9-19　同步 RS 触发器的逻辑电路

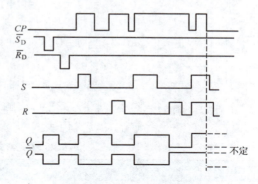

图 9-20　同步 RS 触发器的时序图

5.3　JK 触发器

钟控 RS 触发器采用电位触发方式,此类触发器存在的主要问题,就是在 $CP=1$ 期间,若 R 和 S 发生多次变化,输出将随着发生多次翻转,即存在"空翻"现象。若出现了空翻,就无法判定触发器的状态。

为确保数字系统的可靠工作,要求触发器来一个 CP 时钟脉冲至多翻转一次,即避免出现"空翻"现象。为此,研制出电平触发方式的主从触发器、边沿触发方式的维持阻塞触发器等多种类型的、能够抑制"空翻"现象的触发器。

JK 触发器是功能完善、使用灵活和通用性较强的一种触发器。常用型号有 74LS112(下降边沿触发的双 JK 触发器)、CC4027(上升沿触发的双 JK 触发器)及 74LS276(4JK 触发器)等。

图 9-21 是 74LS112 双 JK 触发器的引脚功能及逻辑符号。其中 J 和 K 是控制信号输入

端，Q 和 $\bar{Q}$ 是输出端，CP 是时钟控制输入端，$\bar{S}_D$ 是直接置位（置1）端，$\bar{R}_D$ 是直接复位（清0）端。引脚功能图中字符前的数字相同时，表示为同一个 JK 触发器的端口。

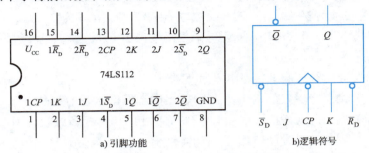

图 9-21 74LS112 双 JK 触发器的引脚功能及逻辑符号

逻辑符号图中 CP 引线上端的"∧"符号表示边沿触发，无此"∧"符号表示电位触发；引线端处的小圆圈仍然表示低电平触发。两种符号同时都有时，表示触发器状态变化发生在时钟脉冲下降沿到来时刻；有"∧"符号而无小圆圈时表示触发器状态变化发生在时钟脉冲上升沿到来时刻。在时钟触发脉冲 CP 作用下，JK 触发器的输出、输入端子对应关系为：

当 $J=0, K=0$ 时，触发器的次态保持原态不变，即 $Q_{n+1} = Q_n$；

当 $J=1, K=0$ 时，触发器为"1"状态，即无论原态如何，次态 $Q_{n+1} = 1$；

当 $J=0, K=1$ 时，触发器为"0"状态，即无论原态如何，次态 $Q_{n+1} = 0$；

当 $J=1, K=1$ 时，触发器发生翻转，总有次态 $Q_{n+1} = \bar{Q}_n$。

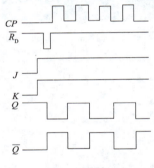

图 9-22 JK 触发器的时序图

图 9-22 为 JK 触发器的时序图，表 9-13 为 74LS112JK 触发器的功能真值表。

74LS112JK 触发器真值表   表 9-13

控制端			输入端		原态	次态	功能
$\bar{S}_D$	R_D	CP	J	K	Q_n	Q_{n+1}	触发器
0	1	×	×	×	×	0	置0
1	0	×	×	×	×	1	置1
0	0	×	×	×	×	不定	不允许
1	1	↓	0	0	0	0	保持
1	1	↓	0	0	1	1	
1	1	↓	0	1	0	0	置0
1	1	↓	0	1	1	0	
1	1	↓	1	0	0	1	置1
1	1	↓	1	0	1	1	
1	1	↓	1	1	0	1	翻转
1	1	↓	1	1	1	0	

5.4 D 触发器

D 触发器是只有一个控制信号输入端的触发器,通常为边沿触发器。D 触发器分为上升沿触发和下降沿触发两种,它的次态只取决于时钟脉冲触发边沿到来前控制信号 D 端的状态。

有很多种型号的 D 触发器可供选用,如 74LS74(双 D 触发器)、74LS175(四 D 触发器)、74LS174(六 D 触发器)、74LS273(八 D 触发器)及 CD4013(CMOS 双 D 触发器)等。

图 9-23 74LS74 的引脚排列及逻辑符号。

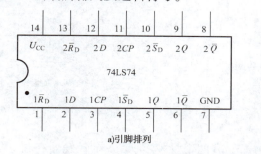
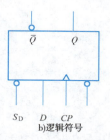

a) 引脚排列　　b) 逻辑符号

图 9-23　74LS74 的引脚排列及逻辑符号

D 触发器的输出和输入之间的关系为:在触发脉冲 CP 作用下,$D=0$,则输出 $Q=0$;$D=1$,则输出 $Q=1$。

D 触发器的特性方程为

$$Q_{n+1} = D_n \tag{9-12}$$

表 9-14 是上升沿触发的 D 触发器真值表。D 触发器的时序图见图 9-24。

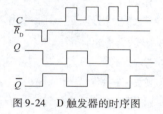

图 9-24　D 触发器的时序图

D 触发器真值表　　　　　　　表 9-14

输入				输出	
$\overline{S}_D$	$\overline{R}_D$	CP	D	$\overline{Q}_{n+1}$	Q_{n+1}
0	1	×	×	0	1
1	0	×	×	1	0
0	0	×	×	Φ	Φ
1	1	↑	0	1	0
1	1	↑	1	0	1
1	1	↑	×	Q_n	$\overline{Q}_n$

6　基本数字部件

6.1　计数器

能起到记忆输入脉冲个数的单元电路称为计数器,它的用途很广,除了记数功能外还可以用于定时、分频、产生节拍脉冲及进行数字运算等,是数字系统中不可缺少的一部分。下面我们以 TTL 型 2-5-10 进制计数器 74LS290 为例，介绍计数器的功能及使用方法。图 9-25 是 74290 引脚图及构成 8421 码十进制计数器电路图。

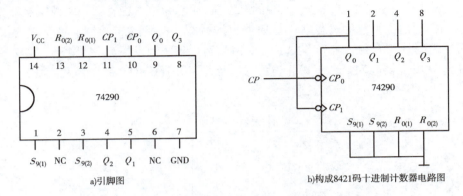

图 9-25　74290 引脚图及构成 8421 码十进制电路图

6.1.1　TTL 异步计数器

74290 是 TTL 异步计数器，它的内部有四个触发器，第一个触发器有独立的时钟输入 CP_0 和输出 Q_0，其余三个触发器以五进方式相连，其时钟输入为 CP_1，输出为 Q_1、Q_2、Q_3。当把 Q_0 与 CP_1 相连，时钟脉冲由 CP_0 输入时，即可组成标准的 8421 码十进制计数器，当把 Q_3 与 CP_0 相接，时钟脉冲由 CP_1 输入时，则成为 5421 码的十进计数器。

74290 的 $R_{0(1)}$、$R_{1(2)}$ 端为异步清零端，即当 $R_{0(1)} = R_{1(2)} = 1$，且 $S_{9(1)}$、$S_{9(2)}$ 中至少有一个是"0"时，计数器全为"0"；74290 的 S_9 端为置"9"端，当 $S_{9(1)}$、$S_{9(2)}$ 都是高电平，不管 $R_{0(1)}$、$R_{1(2)}$ 状态如何，则使触发器 Q_0、Q_3 置"1"，Q_1、Q_2 则置"0"，使计数器置 9(1001)。功能真值如表 9-15 所示。

74290 功能真值表　　　　　　　　　　　　　　　　　　　　表 9-15

输入					输出			
$R_{0(1)}$	$R_{1(2)}$	$S_{9(1)}$	$S_{9(2)}$	CP	Q_3	Q_2	Q_1	Q_0
H	H	L	×	×	L	L	L	L
H	H	×	L	×	L	L	L	L
×	×	H	H	×	H	L	L	H
×	L	×	L	↓	计	数		
L	×	L	×	↓	计	数		
L	×	×	L	↓	计	数		
×	L	L	×	↓	计	数		

6.1.2　作 N 进制计数和分频器的应用

74290 除了作为 2-5-10 进制计数器外，在 R_0 端串接两个与非门电路，还可以接成 9 以内的 N 进制计数器，方法是各级触发器的输出端按一定组合接在与非门的输入端上，就可以构成 10 以内的可变进制计数器。

6.2　移位寄存器

移位寄存器不仅有存放数码而且有移位功能，所谓移位，就是每当移位脉冲（时钟脉冲）

到来时,触发器的状态便向右或向左移位,移位寄存器在计算机中应用广泛。如74194就是4位双向移位寄存器,见图9-26。

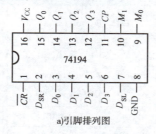
a)引脚排列图

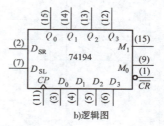
b)逻辑图

图9-26　4位双向移位寄存器74194

74194具有以下功能:

(1)异步清零:$\overline{CR}$低电平有效,只要$\overline{CR}=0$,则$Q_0Q_1Q_2Q_3=0000$。

(2)工作方式选择:当$\overline{CR}=1$时,根据工作方式控制信号M_1和M_0的不同组合,实现功能表9-16所示四种操作。

真　值　表　　　　　　　　　　　　　　　　　　　　表9-16

M_1	M_0	工作方式	M_1	M_0	工作方式
L	L	保持	H	L	左移
L	H	右移	H	H	同步并行置数

$M_1M_0=00$时:保持,与CP无关,移位寄存器保持原来的状态不变。

$M_1M_0=01$时:右移,在CP上升沿的作用下,移位寄存器的状态依次右移一位。

$M_1M_0=10$时:左移,在CP上升沿的作用下,移位寄存器的状态依次左移一位。

$M_1M_0=11$时:并行数据输入,在CP上升沿作用下,并行数据D_0、D_1、D_2、D_3被送入相应的输出端$Q_0\sim Q_3$,实现并入/并出。

 知识扩展

1. 七段译码器和数码显示器

74LS48是一个TTL七段显示译码器/驱动器,用于驱动共阴极半导体数码管。74LS48的逻辑符号及引脚如图9-27所示。图9-28为LED数码显示器。它的基本输入信号是四位二进制数(或8421BCD码)A_3、A_2、A_1、A_0,基本输出信号有7个:a、b、c、d、e、f、g,分别与七段数码笔画相对应,且$a\sim g$为集电极开路输出结构,并已接有2kΩ的上拉电阻。74LS48的逻辑功能如真值表9-17所示。

74LS48功能真值表　　　　　　　　　　　　　　　表9-17

$\overline{LT}$	$\overline{RBI}$	$\overline{BI}/\overline{RBO}$	$A_3 A_2 A_1 A_0$	$abcdefg$	功能显示
0	×	1	××××	1111111	试灯
×	×	0	××××	0000000	熄灭
1	0	0	0000	0000000	灭0

续上表

$\overline{LT}$	$\overline{RBI}$	$\overline{BI}/\overline{RBO}$	$A_3 A_2 A_1 A_0$	abcdefg	功能显示
1	1	1	0000	1111110	显示 0
1	×	1	0001	0110000	显示 1
1	×	1	0010	1101101	显示 2
1	×	1	0011	1111001	显示 3
1	×	1	0100	0110011	显示 4
1	×	1	0101	1011011	显示 5
1	×	1	0110	0011111	显示 6
1	×	1	0111	1110000	显示 7
1	×	1	1000	1111111	显示 8
1	×	1	1001	1110011	显示 9
1	×	1	1010	0001101	
1	×	1	1011	0011001	
1	×	1	1100	0100011	
1	×	1	1101	1001011	
1	×	1	1110	0001111	
1	×	1	1111	0000000	无显示

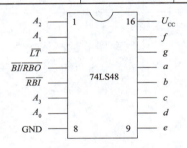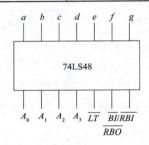

图 9-27 74LS48 的引脚图及逻辑符号

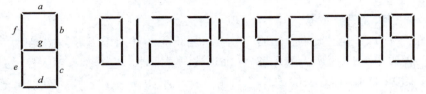

图 9-28 LED 数码显示器

2. 555 时基电路

555 电路又称时基电路,它是一种将数字电路和模拟电路结合制作在同一片硅片上的混合集成电路,在许多领域中都有广泛的应用,它是一种非常通用的功能电路。下面简单介绍 555 电路的工作原理和一些应用。

2.1 555 电路内部结构及其引脚功能

555 电路有双极型和 CMOS 型两种,简化结构如图 9-29 所示。它的内部由两个高精度的电压比较器、一个基本 RS 触发器和一个晶体三极管组成。R_1、R_2、R_3 均为 $5\text{k}\Omega$ 的精密电阻，它们构成基准电压分压电路，分别为两个电压比较器提供基准电压，低电平触发的基本 RS 触发器的 $\overline{Q}$ 端分为两路：一路接到三极管 TD 的基极，另一路经反相器（或称驱动器）缓冲输出。增加驱动器的目的是使 555 电路的最大输出电流达 200mA，以便直接驱动继电器、小电机、指示灯、扬声器等负载。

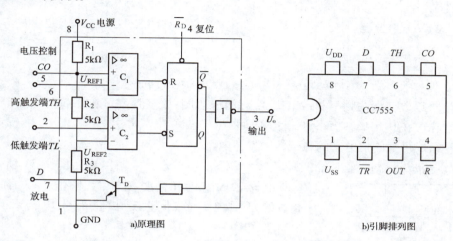

图 9-29　555 电路原理图和引脚排列图

555 电路的各引脚功能是：

（1）搭铁端。

（2）低触发端 TL，当 $U_{TL} < U_{REF2}$ 时，引起触发。

（3）输出端 U_O。

（4）复位端 $\overline{R}_D$，在 $\overline{R}_D$ 端加低电平可以使 555 电路复位（$Q=0$，$\overline{Q}=1$），输出为低电平。

（5）电压控制端 CO，当 CO 悬空时，参考电压 $U_{REF1}=2V_{CC}/3$、$U_{REF2}=V_{CC}/3$，当 CO 端接固定电压 U 时，可以改变上下触发电平。当此端不用时，为了提高电路的稳定性，常把它经 $0.01\mu\text{F}$ 的电容搭铁。

（6）高触发端 TH，当 $U_{TH} > 2V_{CC}/3$ 时引起触发。

（7）放电端 D，也可以作为集电极开路输出端使用。

（8）正电源端，555 电路可以采用 $4.5\sim18\text{V}$ 的单电源工作。

对 555 电路中的两个电压比较器分析可知，当 2 脚低于 $V_{CC}/3$ 时，3 脚输出高电平。当 6 脚高于 $2V_{CC}/3$ 时，3 脚输出为低电平。当 4 脚接低电平时，3 脚输出即为低电平。

2.2　时基电路的典型应用

2.2.1　组成振荡器电路

采用 555 时基集成电路，可以组成多种形式的自激多谐振荡器，如图 9-30 所示。主电源接通时，V_{CC} 通过电阻器 R_A 和 R_B 向电容器 C 充电，而放电则通过 R_B 和 7 脚完成。当电容器刚充电时，2 脚处于 0 电平，故输出是高电平；当电源经 R_A、R_B 向 C 充电直到 $V_C \geq 2/3 V_{CC}$ 时，输出则由高变低，电路内部放电管导通，电容 C 经 R_B 和放电管 7 脚放电，到 $V_C \leq V_{CC}/3$ 时，输出又由低变高，电容 C 再次充电，如此周而复始，形成振荡。

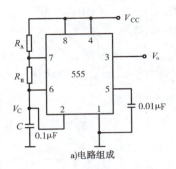
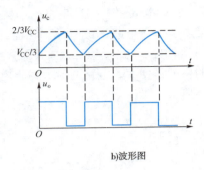

a) 电路组成   b) 波形图

图 9-30 555 电路组成无稳态振荡器及波形图

改变 R_B 可以改变振荡频率和占空比:实际测验表明,振荡频率可在 0.001~500kHz 间任意调节,占空比可在 0.01%~99.99% 范围内调节。

2.2.2 组成可变阀值电平的施密特触发器电路

555 可以组成钟脉冲发生器,也可作为可变阀电平施密特触发器。图 9-31 所示电路具有高输入阻抗和高封锁性能,阈值电平可以在很宽的范围内调节,同时还提供有集电极开路的输出级。

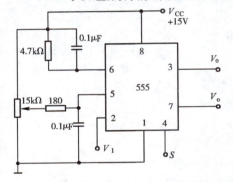

图 9-31 可变阈电平的施密特触发器

图中 555 的 6 脚相当于封锁输入,只有 6 脚电压为高电平时,2 脚触发输入端的信号才能使施密特电路触发。555 的 2 脚输入阻抗大约 1MΩ。该施密特触发器的阈电平是由 5 脚的输入电压确定,它由 15kΩ 电位器调节。S 为选通端,可用于复位。当 4 脚为高电平时,555 工作,3 脚和 7 脚都可以作为输出端,它们是同步的(7 脚是集电极开路输出端)。

电源电压可以为 5~16V,工作频率可以从缓慢变化的直流到 3MHz。

由于 555 内部的比较器能响应 20ns 的脉冲,所以 555 的 6 脚和 5 脚应分别加接旁路和去耦电容。平时电路输出为低电平,当电路被触发时输出为高电平。

🔑 实例分析

数字集成电路在各行各业都得到广泛的应用,从工业、科研、军事、国防、民用领域到处可见,特别是在现代汽车上的作用,更是发挥得淋漓尽致。由数字电路构成的微处理技术(ECU)在汽车上的应用,将汽车(特别是轿车)工业推向了一个新的高度。

1. 前照灯 555 自动变光器

这种采用 555 电路的变光器能使汽车在夜间会车时于相距 100~150m 内把远光灯自动转换成近光灯,会车后又自动恢复到远光灯照明。从而避免或减少夜间会车时造成的交通事故,提高汽车行驶的安全性。

电路如图 9-32 所示。变光器主要由光电检测电路、施密特触发电路及开关电路等组成。

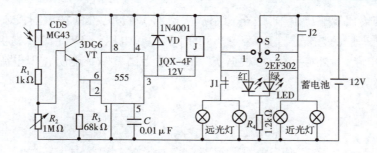

图 9-32　前照灯 555 自动变光器

2. 间歇刮水器

一般汽车刮水器开关上都会有一间歇刮水挡,在下毛毛细雨时使用,其电路如图 9-33 所示。

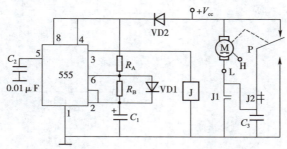

图 9-33　间歇刮水器

3. 555 转向闪光讯响器电路

闪光讯响器是由 555 集成电路、转向灯开关 K,指示信号灯 ZD 以及讯响器 Y 等组成。

555 集成块和 R_1、W、C_1 等组成的无稳态多谐振荡器,其振荡周期 $T=0.693(R_1+2W)C_1$,图 9-34 所示参数的最低频率为 1HZ 左右,调节 W 可改变其振荡频率,占空比接近 1:1,T_1 和 T_2 为驱动级。当汽车左转弯时,按下转向开关 K,左转向灯闪亮,与此同时,扬声器 Y 发出"嘀嘀"的转向提醒声,汽车右转弯时,其情况与此类同。

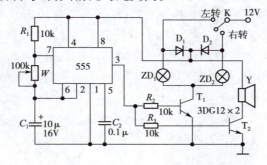

图 9-34　555 转向闪光讯响器

4. 发动机转速表

图 9-35 是发动机转速表电路,现代轿车仪表一般都配有发动机转速表。

5. 语音倒车报警

图 9-36 为汽车语音倒车报警电路,在变速器挂入倒挡时接通电路,WWS-888 专用语音

集成电路的语言输出端输出信号,送至功率放大电路 LM386,推动扬声器发出"嘟嘟,请注意倒车!请注意倒车!"的警告声。WWC-888 的工作电源电压为 3V,由 VZ 提供;电阻 R_5 和电容 C_6 组成振荡电路,为外接元件,可根据实际需要适当调整;VD 能防止因电源极性反接而损坏元件,起保护作用。

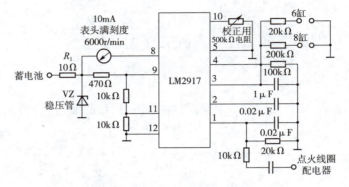

图 9-35　是发动机转速表电路

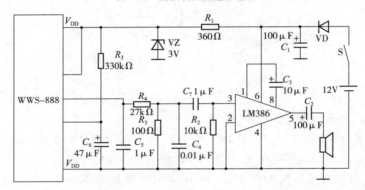

图 9-36　汽车语音倒车报警电路

6. 汽车自动变速器空挡起动开关电路

图 9-37 汽车自动变速器空挡起动开关电路,配备自动变速器汽车在起动时,必须满足自动变速器在驻车挡(P 挡)或空挡(N 挡),踩下制动踏板(制动开关 K 接通电源),点火钥匙打到起动挡(S 接通电源),才能接通起动机起动发动机。也就是 74LS32 输出高电平 1 时,继电器 J 才能工作,接通起动机 M,起动发动机。54/74LS11 为三组 3 输入与门集成电路。

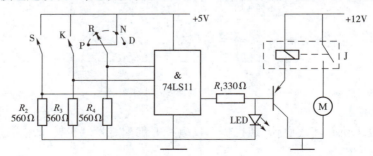

图 9-37　汽车自动变速器空挡起动开关电路

单元小结

本章讲述了几种常见的逻辑门电路,触发器等数字电路部件。TTL 和 CMOS 作为通用器件,应用非常普通,其性能特点如下。

TTL 电路:驱动电流大,速度较高,但功耗也较大。

CMOS 电路:电压适用范围宽(3~18V)抗干扰能力强,功耗低。

需要 TTL 电路驱动 CMOS 电路时,注意电平过渡,当 CMOS 电路驱动 TTL 时,要增加驱动能力。

1. 基本门电路特点

"与"门:全"1"出"1",有"0"出"0",逻辑式 $Y = A \cdot B$

"或"门:有"1"出"1",全"0"出"0",逻辑式 $Y = A + B$

"非"门:有"0"出"1",有"1"出"0",逻辑式 $Y = \overline{A}$

与非门:有"0"出"1",全"1"出"0",逻辑式 $Y = \overline{A \cdot B}$

或非门:有"1"出"0",全"0"出"1",逻辑式 $Y = \overline{A + B}$

2. 触发器

触发器是时序逻辑电路,它的输出不仅取决于当前的输入状态,还与电路原来的状态有关。

(1) RS 触发器的输出仅仅取决于置位端 $\overline{S}$ 和复位端 $\overline{R}$,但 $\overline{S}$ 和 $\overline{R}$ 不允许同时为 0。

(2) D 触发器的输出状态 Q 取决于时钟 CP 到来前 D 的状态,用 D 触发器可以构成 JK 触发器、T 触发器、计数器、移位寄存器等。

(3) JK 触发器是功能较完善,使用较灵活的一种触发器,时钟脉冲到来时,输出取决于 J、K 端的状态:

$J = K = 0$ 时　　　则保持不变

$J = 1, K = 0$ 时　　则 Q 输出为"1"

$J = 0, K = 1$ 时　　则 Q 输出为"0"

$J = K = 1$ 时　　　则输出翻转

用 JK 触发器也可方便构成 D 触发器、T 触发器、计数器、移位寄存器等。

(4) 计数器有多种形式,以 CP 脉冲引入的方式不同分同步计数器和异步计数器;按数字的增减来分有加法计数器、减法数器和可逆计数器,集成二进制计数器可通过反馈法置位法构成 n 进制计数器。

(5) 译码锁存显示器有 TTL 型和 CMOS 型,根据显示器的极性不同还有共阳极和共阴极两种。

(6) 555 时基电路的结构特点:当 2 脚电位低于 $V_{CC}/3$ 时,3 脚将输出高电平,当 6 脚电位高于 $2V_{CC}/3$ 时,3 脚输出低电平。4 脚输入低电平时,3 脚输出低电平。

用 555 时基电路可以构成各种实用电路,如多谐振荡器、单稳态触发器、多种波形发生器,比较器、施密特触发器等。由于其负载能力大,可以直接驱动继电器等大功率负载,因而被广泛使用。

思考练习

一、练习题

1. 将下列十进制数转换为二进制数
   15；30；51；63

2. 将下列二进制数转换为十进制数
   $(1001)_2$；$(011010)_2$；$(10010010)_2$

3. 将下列 8421 码写成十进制数
   $(0010\ 0011\ 1000)_{BCD}$；$(0111\ 1001\ 0101\ 0011)_{BCD}$

二、填空题

1. 在正逻辑的约定下，"1"表示＿＿＿＿电平，"0"表示＿＿＿＿电平。
2. 在正常工作状态下，TTL 集成门的高电平为＿＿＿＿V，低电平为＿＿＿＿V。
3. 一般 TTL 门和 CMOS 门相比，＿＿＿＿门的带负载能力强，＿＿＿＿门的抗干能力强。
4. 组合逻辑电路的输出仅与＿＿＿＿有关。
5. 74LS48 集成译码器 $\overline{RBI}$ 端的作用是＿＿＿＿。
6. 在逻辑中的"1"和"0"用来表示＿＿＿＿。
7. 时序逻辑电路的特点：输出不仅取决于＿＿＿＿的状态还与电路＿＿＿＿的状态有关。
8. 欲使 JK 触发器实现 $Q_{n+1}=Q_n$ 的功能，则输入端 J 应接＿＿＿＿，K 应接＿＿＿＿。
9. TTL 型触发器正常工作时，异步置位端应接＿＿＿＿，异步复位端应接＿＿＿＿。
10. 触发器是一种具有＿＿＿＿功能而且在触发脉冲作用下会＿＿＿＿的电路。
11. 移位寄存器可分为＿＿＿＿移位寄存器、＿＿＿＿移位寄存器和＿＿＿＿移位寄存器。
12. 三态门的第三种状态是＿＿＿＿。

三、选择题

1. 逻辑函数中的逻辑"与"和它对应的逻辑代数运算关系为（　　）。
   A. 逻辑加　　　B. 逻辑乘　　　C. 逻辑非

2. 十进制数 9 所对应的 8421 码是（　　）。
   A. 1011　　　B. 1000　　　C. 1001　　　D. 1100

3. 一个两输入端门电路，当输入为 0 和 1 时，输出不是 1 的门是（　　）。
   A. 与非门　　　B. 或门　　　C. 或非门　　　D. 异或门

4. 在 $Y=AB+BC+\overline{A}C$ 式中，变量 A、B、C 为哪些取值组合时，函数 Y 的值为 1？（　　）
   A. $A=0,B=0,C=0$　　　B. $A=0,B=1,C=0$
   C. $A=0,B=1,C=1$　　　D. $A=1,B=0,C=1$

5. 由与非门组成的 RS 触发器不允许输入的变量组合为（　　）。
   A. 00　　　B. 01　　　C. 10　　　D. 11

6. 双稳态触发器的类型有(　　)。
   A. 基本 RS 触发器　　　　　　　　B. 同步 RS 触发器
   C. 主从式触发器　　　　　　　　　D. 前三种都有
7. 存在空翻问题的触发器是(　　)。
   A. D 触发器　　　B. 同步 RS 触发器　　　C. 主从 JK 触发器
8. 基本 RS 触发器禁止(　　)。
   A. R_D 端 S_D 端同时为 1　　　　B. R_D 端 S_D 端同时为 0
   C. R_D 端为 1, S_D 端为 0　　　　D. R_D 端为 0, S_D 端为 1
9. JK 触发器在 J、K 端同时输入高电平时,处于(　　)状态。
   A. 保持　　　　B. 置 0　　　　C. 置 1　　　　D. 翻转
10. 当 74LS48 的输入端按顺序输入 0101 时,输出高电平为(　　)。
    A. abcdefg　　　B. acdfg　　　C. abcdg　　　D. bcfg
11. 多余输入端可以悬空的门是(　　)。
    A. 与门　　　　B. 与非门　　　C. 或门　　　D. 或非门
12. 数字电路中使用的数制是(　　)。
    A. 二进制　　　B. 八进制　　　C. 十进制　　　D. 十六进制

四、简述题

1. 什么是脉冲信号？常见的脉冲波有哪些？
2. 当 U_A、U_B 是两输入端门的输入波形时,对应画出如习图9-1所示的输出波形。
   (1)"与"门
   (2)"与非"门
   (3)"或非"门
   (4)"非"门

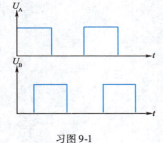

习图9-1

3. TTL 与非门电路输入信号 A、B、C、D 的波形如习图 9-2 所示,试画出对应的输出波形。

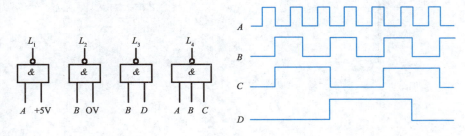

习图9-2

4. 主从 JK 触发器及输入 CP、J、K 的波形如习图 9-3 所示,设触发器的初态为 0,试画出对应的输出波形 Q 及 $\overline{Q}$。
5. D 触发器及输入 CP、D 的波形如习图 9-4 所示,设触发器的初态为 0,试画出对应的输出波形 Q 及 $\overline{Q}$。

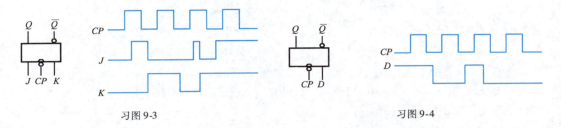

习图 9-3   习图 9-4

技能训练

实训十三 TTL 与门、或门、非门、与非门逻辑功能测试电路

一、实训目的

1. 熟悉并掌握 TTL 与非门的逻辑功能及其检查方法。
2. 熟悉集中集成电路引脚的排列。

二、实训电路

实训电路如实训图 9-1～实训 9-6 所示。

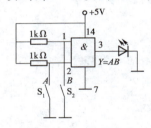

实训图 9-1 与门逻辑功能测试电路

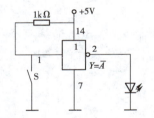

实训图 9-2 非门逻辑功能测试电路

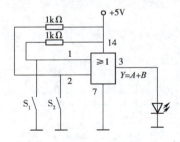

实训图 9-3 或门逻辑功能测试电路

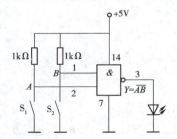

实训图 9-4 与非门逻辑功能测试电路

三、实训器材

1. DS 实验台　　　　　　　　　　1 台
2. 集成底座　　　　　　　　　　　1 个
3. 7400、7404、7408、7432　　　　各 1 片
4. 发光二极管　　　　　　　　　　1 只
5. 1kΩ 电阻　　　　　　　　　　　2 只
6. 钮子开关　　　　　　　　　　　2 只

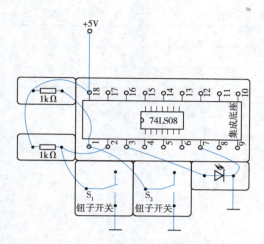
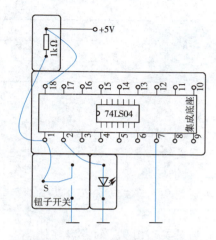

实训图 9-5　与门逻辑功能测试电路接线图　　　实训图 9-6　非门逻辑功能测试电路接线图

四、实训内容

1. 与门 7408 逻辑电路功能测试

（1）按实训图 9-1 及实训图 9-2 连接上述元件，并连上试验台的 TTL 专用电源。

（2）按实训表 9-1 在两输入端输入相应电平，测量并记录相应输出。

与门逻辑功能测试表　　　　　　　　　　　　　　　实训表 9-1

输入	A	1	0	1	0
	B	0	1	1	0
输出	Y				

2. 非门 7404 功能测试

（1）按实训图 9-2 及实训图 9-6 连接各元件，并连上试验台的 TTL 专用电源。

（2）按实训表 9-2 在输入端输入相应电平，测量并记录相应输出。

非门逻辑功能测试表　　　　　　　　　　　　　　　实训表 9-2

输入	A	1	0
输出	Y		

3. 或门 7432 逻辑功能测试

（1）按实训图 9-3 连接各元件，将试验台上 TTL 电源分别链接到 14 脚、7 脚。

（2）按实训表 9-3 在两输入端加入电平，观察并记录输出结果。

或门逻辑功能测试表　　　　　　　　　　　　　　　实训表 9-3

输入	A	0	0	1	1
	B	0	1	0	1
输出	Y				

4. 与非门 7400 逻辑功能测试

（1）按实训图 9-4 连接各元件，将试验台上 TTL 电源分别链接到 14 脚、7 脚。

（2）按实训表 9-4 在两输入端加入电平，观察并记录输出结果。

与非门逻辑功能测试表　　　　　　　　　　　　　　　　实训表9-4

输入	A	0	0	1	1
	B	0	1	0	1
输出	Y				

实训十四　发动机点火及喷油器的供电电路

一、实训目的
掌握发动机点火及喷油器的供电电路满足条件
二、实训电路
实训图9-7为发动机点火及喷油器的供电电路。
三、实训器材
1. 满足实训图9-7的各零部件　　　　　　　6套
2. 面包板　　　　　　　　　　　　　　　　6块
3. 万用表　　　　　　　　　　　　　　　　6块
4. 稳压电源（具有12V和5V两个输出的）　　6台

四、实训内容
1. 如实训图9-7所示的电路。输入端信号：A-发动机温度，B-发动机机油压力，C-发电机输出电压，D-机油温度。当发动机系统正常时，4个输入端均为高电平"1"；当某一路出现故障时，其输入变为低电平"0"。

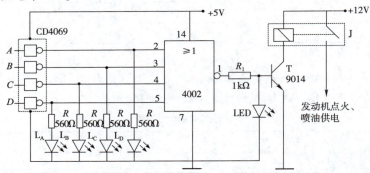

实训图9-7　发动机点火及喷油器的供电电路

2. 当发动机系统正常时，输入端 A、B、C、D 均为"1"（表示发动机温度、机油压力、发电机输出电压、机油温度参数均正常）这时，4个非门输出均为低电平"0"，各路指示灯 L_A ~ L_D 全灭；或非门输出为高电平"0"，三极管T处于导通状态，继电器接通点火和喷油电路，发动机正常点火喷油工作。

3. 若发动机系统中某一路出现故障，例如 C 路出现故障（发电机输出电压过低）输入为低电平"0"，则 C 的输出状态由"0"变为"1"，这时 L_C 就会点亮，表示 C 路出现故障；或非门输出为低电平"0"，三极管T截止，切断发动机点火和供油电路，发动机停机。

五、实训内容
1. 写出实训步骤，记录实训数据，分析结果。
2. 发动机出现哪些异常时，发动机点火及喷油器的供电电路会中断？

单元十　电工电子测量工具与仪表

学习目标

知识目标

1. 掌握测电笔、测试灯、剥线钳、普通指针式万用表、数字万用表和汽车万用表的结构原理、性能特点、使用方法。
2. 掌握普通示波器、汽车示波器、故障诊断仪的结构原理、使用方法。

能力目标

1. 会使用万用表对电阻、电流、电压等常用电参数进行测量。
2. 能对汽车万用表的专用功能熟练操作。
3. 会使用各种示波器、故障诊断仪。

1　测电笔

1.1　测电笔功用

测电笔是用来检查500V以下电路是否有电或测量低压导体和电气设备外壳是否带电的一种常用工具，如图10-1所示。

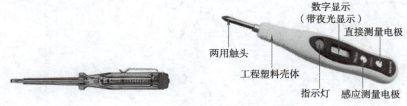

图10-1　测电笔

1.2　测电笔分类

1）氖泡式

形状为一字螺丝刀，可兼试电笔和一字螺丝刀用，笔体中有一氖泡，测试时如果氖泡发光，说明导线有电，或者为通路的火线。

2）二极管或数显式

一般采用感应式测试，无需物理接触，可检查控制线、导体和插座上的电压或沿导线检查断路位置,而其有声光提示,因此极大的保障了维护人员的人身安全。

1.3 使用注意事项

（1）使用试电笔之前,首先要检查试电笔里有无安全电阻,再直观检查试电笔是否有损坏,有无受潮或进水,检查合格后才能使用。

（2）使用试电笔时,不能用手触及试电笔前端的金属探头,这样做会造成人身触电事故。

（3）使用试电笔时,一定要用手触及试电笔尾端的金属部分,否则,因带电体、试电笔、人体与大地没有形成回路,试电笔中的氖泡不会发光,造成误判,认为带电体不带电,这是十分危险的。

（4）在测量电气设备是否带电之前,先要找一个已知电源测一测试电笔的氖泡能否正常发光,能正常发光,才能使用。

2 跨 接 线

汽车电路检修时常会用到跨接线,跨接线是一段专用导线,不同形式的跨接线主要是其长短和两端接头不同。跨接线两端的接头一般是不同形式的插头或鳄鱼夹,以适应不同位置的跨接。在电路故障诊断时跨接在开关、熔断丝、插头等部件两端,测试这些部件的故障。如图10-2所示为各种跨接线及电路诊断示范。

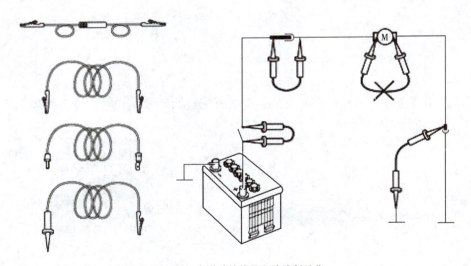

图10-2　各种跨接线及电路诊断示范

3 低压测试灯

低压测试灯主要用来检查汽车电子元件电路的通、断和得电情况。还可根据指示灯亮度或数显判断被测电路的电压高低。常见的有无电源测试灯和自带电源测试灯,如图10-3所示为低压测试灯。

单元十 电工电子测量工具与仪表

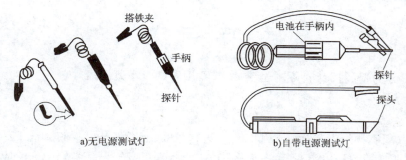

图 10-3 低压测试灯

4 汽车点火高压线测试笔

汽车点火高压线测试笔用于测试汽车高压线是否正常,对于有高压线的汽车点火系统,当发动机运行时,将测试笔端头的凹槽卡在高压导线上,测试笔中间的灯亮起闪烁,说明该高压导线良好。否则,该高压导线有问题。如图10-4所示为汽车点火高压线测试笔。

图 10-4 汽车点火高压线测试笔

5 剥 线 钳

剥线钳在电器维修中有时需要剥离胶皮线的胶皮,而剥线钳这种工具可以方便、安全的完成此工作,根据导线内部金属丝尺寸选择,从而不损伤内部导线,还可调节剥线长度。如图10-5所示。

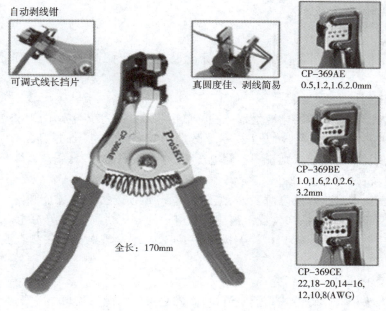

图 10-5 剥线钳

211

6 万用表

万用表可分为普通指针式万用表、数字式万用表和汽车万用表等。

6.1 普通指针式万用表

普通指针式万用表是一种用于电工电子测量、电器维修必不可少的测量工具,它测量精度高、携带方便、价格低廉、功能齐全、一表多用,在普通汽车电气设备维修中广泛应用。

指针式万用表的测量原理是把被测电量、电压、电流、电阻等都转换成电流信号,使磁电式表头指针偏转一定角度,并与输入量保持一种对应关系。通过指针的读数和量程的选择来完成测量。图10-6为指针式万用表。

图10-6 指针式万用表

6.1.1 使用方法

1)调"零点"

使用前如果指针不是准确地指在表面标度尺的零点,则必须用螺丝刀慢慢旋动"起点零位"。

2)直流电压测量

挡位置于被测直流电压的相应量程范围。然后将红表棒接入电路的被测端正极(+),黑表棒接入被测电路的负极(-)。表头指示读数即为被测直流电压的数值。如果在电路上测量直流电压时,表针反向偏转,则说明被测电压极性相反,只需将表棒的黑、红极互换即可。

3)交流电压的测量

万用表的表头本身是直流电流表,因此交流电压须经过整流后,才能测量。一般常采用半波整流或全波整流。测量时,挡位置于被测交流电压的相应量程范围,电表接法与测量直流电压相同(用直流挡测交流电压时,指针会抖动而不偏转,用交流电压挡去测直流电压时表针读数大约要高一倍)。

4)直流电流的测量

万用表的表头是一个磁电式直流电流计,因此它可以直接测量很小的直流电流。

5)电阻的测量

若将电阻串接入表头的电路中,则当通过电流时,电表的偏转角度,要比原来串接入电阻时要小。如果将它减小的程度转换成电阻标度,就构成欧姆表。因此,测量电阻实质上是测量通过被测电阻 R_x 的电流,为了提供测量电流,万用表内均用电池作为电源。表盘上调"0"欧姆的可变电阻器旋钮。指针式万用表的红表棒是欧姆挡内电源的"-"极,黑表棒是"+"极。在使用时还有选择挡位要合适。先要将两表棒短路,使指针向满度偏转,然后调整"0",使指针指示在欧姆标度尺"0"位置上,如果"0"调整器调到最大位置表针不满度偏转,则必须更换表内电池,为了提高测试精确度,选择"Ω"量程应使指针指示值尽可能指示在刻度中间位置,即全刻度起始的 20%～80% 弧度范围内。应当指出,每当换过一个"Ω"量程,要重新调整一次"0"位。

6.1.2 注意事项

(1)测量电阻时应在电阻不带电时用欧姆挡表笔跨接在被测电阻两端。

(2)在用万用表测量电路上某两点间的电阻时,如有非线性元件连接着,一定要注意表棒的极性,因为不同极性所测出的结果是不同的。

(3)要避免用"×1"挡(电流较大)和"×10k"挡(电压较高)直接测量普通的小电流和低耐压的晶体管,以免损坏晶体管。

(4)在测试时,不应任意旋转开关旋钮。

(5)如果不知被测值的大约数值,应先放在最大量程挡,然后减小量程,到合适为止。

(6)测量直流电压、电流时,应注意极性,否则反接后,表针反走,既看不出读数,也易损坏表针。

(7)测量电压时,应跨接(并联)在需要测量的端子上。测量电流时,必须串联在电路中。

(8)在高阻值挡测量高电阻时,不应用手指捏住表棒(导体)两端,否则由于人体电阻也跨接在电表上,会使测量发生误差。

(9)万用表的内阻较小,测量时分流损耗较大,所以其不宜用来测量高内阻的电路。否则会产生较大测量误差。

(10)万用表的交流电压挡,不适用测量较高频率的信号;又因为该万用表没有低于 1V 的交流电压挡,毫伏、微伏级的信号也无法测量。

6.2 数字式万用表

数字万用表是一种新型的电工、电子测量工具,特别是近年来,得到迅速推广和普及,显示出强大的生命力。在许多情况下正在逐步取代模拟万用表。

数字万用表具有很高的灵敏度和准确度,显示清晰直观,功能齐全,性能稳定,输入阻抗高,测量速度快,过载能力强,携带方便,深受广大电子爱好者喜爱。下面我们以 DT890 万用表(图 10-7)为例,介绍其基本构造和使用方法。

DT890A、DT890B、DT890C 是全面改进的 3 位半手持数字式万用表,它可以用来测量直流电压/电流、交流电压/电流、电阻、电容、二极管、三极管 h_{fe} 和温度。

6.2.1 技术规格

(1)交、直流电压量程:200mV、2V、20V、200V、1000V 各 5 个挡位,输入阻抗 10MΩ。

（2）交、直流电流量程：2mA、20mA、200mA、10A。

（3）电阻挡量程：200Ω、2KΩ、20KΩ、200KΩ、2MΩ、20MΩ、200MΩ 七挡。

（4）电容量程：2000PE、20nF、200nF、2μF、20μF 五挡。

（5）二极管：正向直流电流约1mA，反向直流电压约2.8V。

（6）三极管：可测PNP、NPN型晶体管的 h_{fe} 参数 $\beta = 0 \sim 1\,000$，基极电流 10μA，V_{ce} 约 2.8V。

6.2.2 使用方法

（1）直流（DC）和交流（AC）电压测量：将红色测试笔插入"V/Ω"插口，黑色笔插入"COM"中。把功能量程选择开关置于DCV（直流电压）或ACV（交流电压）相应的位置上，如果所测电压超过量程，显示器出现最高位"1"，此时应将量程改高一挡，直至得到合适的挡位，交流电压测试与直流电压相似，只是把功能量程选择开关置于交流电压ACV挡。

（2）直流（DC）和交流（AC）电流测量：将红色测试笔插入"A"插口（最大电流200mA）或"10A"插口（最大电流10A，测量时长为10s），将量程功能选择开关转到DCA（直流电流）或ACA（交流电流）位置，并将测试笔串入被测电路中，即可读数。

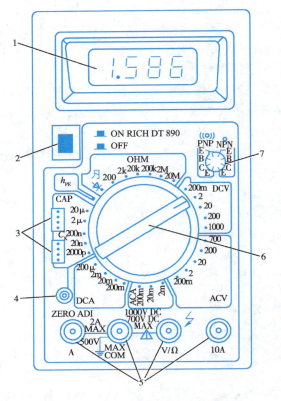

图10-7 DT890型数字万用表面板

1-显示器；2-开关；3-电容插口；4-电容调零器；5-插孔；6-选择开关；7-h_{fe}插口

（3）电阻测量：将红色测试笔插入"V/Ω"，黑色笔插入"COM"中，将功能量程选择开关置于OHM（欧姆）相应的位置上，将二测试笔跨接在被测电阻的两端，即可直接读出电阻值。

（4）电容测量：将被测试电容插入电容插座中，将量程功能选择开关置于CAP（电容）相应量程上，即得电容值。

（5）晶体管测量：将量程功能开关转到 h_{fe} 位置，将被测晶体管PNP型或NPN型的发射极，基极和集电极的脚插放到相应的E、B、C插座中，即得 h_{fe} 参数，测试条件 $V_{ce} \approx 3V$，$I_C \approx 10mA$。

（6）二极管和通断测量：将红色测试笔插入"V/Ω"插口中，黑色笔插入"COM"中。将量程功能开关转到相应位置上，将红笔接二极管正极，黑笔接在二极管负极上，显示器即显示二极管的正向导通压降，单位为mV，电流为1mA。如测试笔反接，则显示过量程状"1"。用来测量通断状态时，如被测量点的电阻低于30Ω时，蜂鸣器会发出声音表示导通状态。

6.3 汽车万用表

汽车万用表是一个具有特殊用途的专用型数字万用表,它除了具备普通数字万用表所有功能外,还具有汽车专用项目的测试功能。下面简单介绍汽车专用数字万用表的基本功能、技术参数和使用方法。

6.3.1 汽车万用表的功能

汽车专用万用表与一般万用表相比较,它提供了更为专用的功能,可以检测电路中信号的频率、占空比、温度、转速和点火闭合角等。因此,能够正确使用汽车万用表是汽车故障检测的基本技能。下面以笛威 9406A 型万用表为例进行讨论,如图 10-8 所示。

笛威 9406A 型数字式微电脑汽车专用万用表其功能有:

(1) 具有能对直接点火(DIS)、发动机转速、发电机二极管动态测试及高压线测试导强大功能。

(2) 测量发动机转速及点火闭合角。

(3) 测量各种传感器和执行器的电阻、电压(或动态电压信号)和电流。

(4) 测量喷油器通电时间以及传感器频率信号。

(5) 长时间不用,可自动关机以节省电能。

(6) 诊断发动机、变速器、ABS、SRS 等的故障码,取代 LED 灯的跨接功能,并以声响计数和显示信号输出端电压。

6.3.2 笛威 9406A 型万用表的操作方法

1)电压测量

黑色表棒插入负极测试棒插座,红色表棒插入正极测试棒插座,功能开关旋至 DC(直流)或 AC(交流)量程范围,测试表棒与被测负载或信号源并联,显示屏上即可显示电压读数。

2)电流测量

黑色表棒插入负极测试棒插座,红色表棒插入电流正极测试棒插座,功能开关置于 DC 或 AC 量程范围,测试表棒串入电路中,显示屏上即可显示电流读数。

3)电阻测量

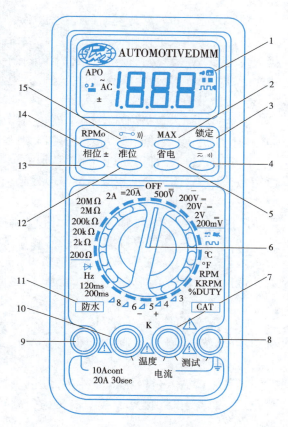

图 10-8 笛威 9406A 型万用表面板

1-液晶显示屏;2-MAX:测试中读取最大值;3-测试中锁定目前屏幕上数值;4-AC/DC 切换,电路导通检查;5-电源 15min 后自动关闭;6-选择所需测试挡位;7-正极测试棒插座及温度测试棒插座;8-负极测试棒插座;9-电流正极测试棒插座;10-温度测试棒负极插座;11-防水符号;12-测试电路中平均电压插孔(平均电压以上为 Hi,以下为 Lo);13-波形斜率正负;14-四冲程/二冲程/DIS 切换;15-检验电表内部熔断器黑色表棒插入负极测试棒插座,红色表棒插入正极测试棒插座,功能开关置于电阻量程上,测试表棒跨接在被测电阻上,显示屏上即可显示电阻读数。在进行电阻测量时,被测部件必须从电路上脱开。

4)频率测量

黑色表棒插入负极测试棒插座,红色表棒插入正极测试棒插座,功能开关置于 Hz 位置,红色表棒测试线接传感器信号端,黑色表棒测试线搭铁或蓄电池负极,显示屏上即可显示频率读数。

5)二极管测量及带蜂鸣器的连续性测试

黑色表棒插入负极测试棒插座,红色表棒插入正极测试棒插座,功能开关置于二极管测量挡,并将测试表棒跨接在被测二极管上(或接在待测线路的两端)。待测线路两端电阻值低于 70Ω 时,内置蜂鸣器发声。测量时,被测部件必须从电路上脱开。

6)读取故障码

黑色表棒插入负极测试棒插座,红色表棒插入正极测试棒插座,功能开关置于读取电路脉冲信号位置,红色表棒测试线接信号输出端,黑色表棒测试线搭铁或蓄电池负极。

打开点火开关,即可通过声响来读取故障码。如听到一长"嘀"声二短"嘀"声,则表示为 12 号故障码(具体可参见相应车型修理手册)。

7)占空比测量

黑色表棒插入负极测试棒插座,红色表棒插入正极测试棒插座,功能开关置于"% DUTY"位置,见图 10-8,红色表棒测试线接需测试的信号端(如喷油器的负极、怠速控制阀的负极等),黑色表棒测试线搭铁或接蓄电池负极。显示屏上即显示占空比数据。

8)执行元件通电时间检测(以喷油器为例)

黑色表棒插入负极测试棒插座,红色表棒插入正极测试棒插座,功能开关置于 20ms 位置,红色表棒测试线接喷油器 12V 电源端,黑色表棒测试线接喷油器信号控制端。起动发动机,即可从显示屏上读取通电时间。

9)闭合角测量

黑色表棒插入负极测试棒插座,红色表棒插入正极测试棒插座,功能开关置于缸数位置,红色表棒测试线接点火线圈的负极,黑色表棒测试线搭铁。显示屏上即可显示闭合角数据。

注意:在测量时,如果测量值超过量程,屏幕只会显示"1"。此时应将功能开关置于更高量程。

6.3.3　汽车专用万用表的使用

1)发动机转速检测

9406A 万用表上有 RPM 及 KRPM 两档,测量转速在 2 000r/min 以上时用 KRPM 档,以下时则用 RPM 档。注意测试时须调准位。检测时接法如图 10-9 所示。

测试发动机转速时,应按"4 行程/2 行程/DIS"切换键选择。

注意:测试直接点火时单数缸须把测试夹"-"记号朝向点火线圈。

2)频率检测——大气压力传感器(FORD)检测

汽车电路中,采用频率信号作输出及输入装置的有:怠速电动机(IAC),福特车系所用进气压力传感器,空气流量计(MAF),通用汽车公司的脉冲式控制 EGR 系统,喷油器,转速参考信号,EST 点火系统等。

检测步骤如下:

(1)电表旋钮开关拨在"Hz"位置。

(2)红色测试线接在动作器及传感器控制端或信号端,如图 10-10 所示。黑色测试线(负极)接至车身搭铁或接蓄电池负极。

(3)读不到数值时,选择触发准位 Hi 或 Lo 即可。

注意:频率信号的动作元件,其规格应参阅检修手册,以便进行判断或调整。

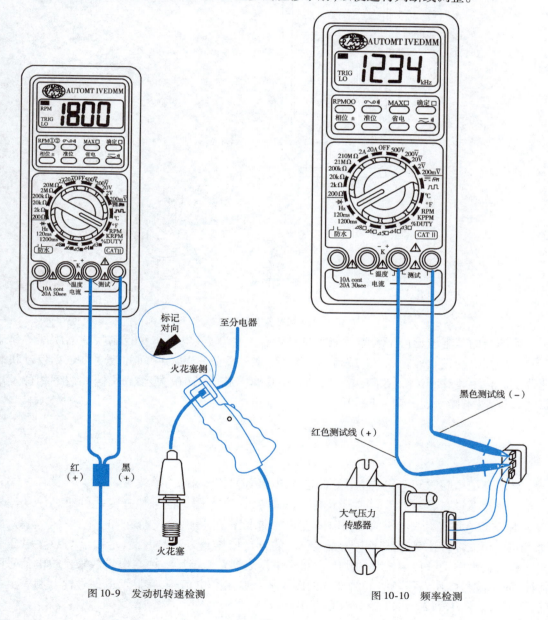

图 10-9　发动机转速检测　　　　图 10-10　频率检测

3)动作元件 ON/OFF 时间检测——喷油器喷油时间检测。

喷油器一连串的 ON、OFF 动作是基于发动机所需燃油而定,电脑依据冷却液温度、空气流量、进气压力、节气门开度、转速、爆燃、车速、点火参考脉冲、燃油短效修正、燃油长效修正、含氧量等信号作为喷油时间修正量。喷油器喷油时间检测见图 10-11。

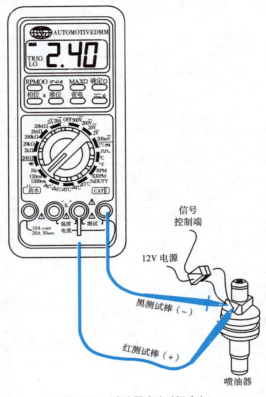

图 10-11 喷油器喷油时间确定

喷油器的基本波形可察看喷油器本身是否有不良状况、电脑本身控制喷油器状况等是否正常。检测时间正常应在 3.0～15.0ms(轻负荷～重负荷),喷油时间的改变将依据发动机转速改变。检测时红测试棒接信号端,黑测试棒接车身搭铁,挡位拨至"ms"挡并按下相位及准位键,以调整电脑触发方向,见图 10-11。

7 示 波 器

显示和记录随时间变化的电量(如电压、电流等)的仪器称为示波器。

示波器通过在显示器上同时显示电压和时间,解决了测量信号快速变化的难题。示波器所显示的实际上描绘了电压信号随时间变化的曲线图,它提供给我们对信号电压变化趋势、幅度、频率、相关性等比普通数字电压表多得多的分析依据及方法。因此,示波器与数字电压表相比有着更为精确及描述细致的优点。数字电压表通常只能用一两个电参数来反映电信号的特征,而示波器则用电压随时间的变化的图像来反映一个电信号,它显示电信号比万用表更准确、更形象。图 10-12 为 MT3500 汽车专用示波器。

示波器分为模拟式示波器和数字式示波器两类。

7.1 模拟式示波器

模拟式示波器显示屏上显示的电压波形称为光迹,是由阴极射线管(CRT)内移动的光束形成的。电子枪产生光束,CRT 内的电压极板则在垂直和水平方向上使光束发生偏转,形成光迹,其光迹是一种模拟式的"实时"电压图像。模拟式示波器适合测量频率较快、重复性好(周期稳定)的电压信号。

图 10-12 MT3500 汽车专用示波器

模拟式示波器的最大优点在于它能即时反映线路中的状态。这种示波器扫描速度非常快,波形轨迹不断闪烁。因为轨迹时刻在变化,这样在确定造成间歇性故障的原因时会比较困难。波形轨迹的亮度取决于电压信号的速度和波形的重现率。

模拟式示波器的波形轨迹不是由计算机产生的,所以示波器无法记忆,分析人员必须调节示波器以捕捉每一个波形。此外,示波器也无法记录和打印线路状态或将波形存储于数据库,掌握模拟式示波器的使用方法也需要相当长的时间。尽管如此,汽车维修技术人员仍然将模拟式示波器看作最有效的检测设备之一。

7.2 数字式示波器

数字式示波器采集模拟的电压信号,然后将其转变为数字信息记录下来,再通过显示屏将其重现。与模拟示波器相比,该信息具有以下特性:可暂停显示、保存、打印或记录某个波形;可显示、捕捉慢速变化且周期不稳定的单一脉冲信号波形。

数字式示波器设备有微处理器可将模拟电压信号转换为数字信号。尽管微处理器运行速度非常快,但也需要花费时间将信号数字化并进行显示。因此,示波器屏幕上显示的波形轨迹并不是即时状态。由于数字式示波器显示比模拟式示波器慢,所以它的图像比较稳定,也不会闪烁。数字式示波器不断地对信号进行采样和数字化,并将结果记忆在存储器中,直到屏幕图像需要更新时为止。然后,存储器中的采样信号被重新调出,并在显示屏幕上显示新的波形。

汽车电子设备的有些信号变化速率非常快,其变化周期达到千分之一秒,许多故障信号是间歇的,时有时无,这就需要仪器的测试速度高于故障信号的速度。通常要求测试仪器的扫描速度是被测信号的 5~10 倍。数字示波器完全可以胜任这个速度,数字示波器不仅可以快速捕捉电路信号,还可以用较慢的速度来显示这些波形,以便一面观察,一面分析。

7.3 汽车数字示波器

在数字式示波器的基础上加上汽车专用功能就成为汽车数字示波器。由于数字式示波器实际上是一台电脑,可以进行编程,进行自动设定,并与数据库连接,这使得数字式示波器成为快捷、有效、方便的汽车诊断设备。

它还可以用储存的方式记录信号波形,可以倒回来观察已经发生过的快速信号,这就为分析故障提供了极大方便。无论是高速信号(如喷油器信号及间歇性故障信号)还是慢速信号(如节气门位置变化及氧传感器信号),用数字示波器来观察都可以得到想要得到的波形结果,一个好的示波器就像一把尺子,它可以去测量计算机系统工作状况。通过数字示波器可以观察到汽车电子系统是如何工作的。

操作注意事项:

(1)汽车示波器应由专业的汽车维修人员来操作。

(2)尽量在通风良好的环境下使用仪器,如果在室内通风不良的环境下使用应尽量使车辆的尾气排放到室外。

(3)严禁明火接近燃油系统,包括吸烟、电器打火等。

(4)保持仪器及测试连线与汽车的运动部件有一定距离,如传动带、风扇、齿轮等。

(5)蓄电池内的电解液具有腐蚀性,要防止电解液接触皮肤及工具,如果不慎接触到已受腐蚀的蓄电池电极应及时用水冲洗。

(6)禁止用导电物体短路电池的正负电极。

(7)在发动机运转的情况下进行测试时应将挡位置于"空挡",并将制动杆置于"驻车"位置。

(8)禁止将该仪器用于非汽修的测量。

(9)安装仪器的任何接线时应先关闭仪器电源。

(10)进行各种测试前应首先连接好搭铁。

(11)在拆卸仪器防滑护套更换电池或熔丝时,先断开仪器的所有测试接线并关闭仪器电源。

(12)禁止在没有安装防滑护套的情况下使用仪器。

(13)禁止使用绝缘外皮破损的测试线及测试探头。

(14)禁止在仪器信号输入端输入超过规定的直流或交流电压。

(15)检测次级点火时严禁使用非指定的及已损坏的测试线及探头。

(16)防止人体接触次级点火部分,以免产生高压。

(17)测试次级点火前应先将测试线与仪器连接,再与发动机连接。

(18)禁止在未将仪器的搭铁端与汽车的搭铁可靠连接的情况下使用仪器。

(19)严禁将测试夹或测试探头与次级点火电路的导电部分直接接触。

(20)更换仪器内熔丝必须使用指定的型号。

1. 初级点火闭合角波形

初级点火闭合角测试是汽车点火系统必不可少的检查项目。利用汽车示波器测量时,能够在示波器屏幕上观察波形的同时还能看到点火初级闭合角的数字显示,随着电子点火控制系统的出现,已不再需要进行闭合角调整工作了,因为点火闭合角已经改由发动机控制电脑来控制。

现代发动机控制电脑含有最优化的点火控制图,它对点火正时、闭合角等因素的控制比传统的点火系统要精确得多。这一点对发动机性能和尾气排放则更有益。由于点火初级和次级线圈的互感作用,在次级发生跳火会反馈给初级电路,因此初级点火波形就显得非常有用。

初级点火闭合角测试主要作用如下:

(1)分析单缸的点火闭合角(点火线圈充电时间);

(2)确定平均闭合角的度数或毫秒数;

(3)分析点火线圈和初级电路性能(从点火高压线);

(4) 分析电容性能(传统点火系统)。

由于点火初级波形容易受到不同的发动机燃油系统和点火条件的影响,因此它对控制发动机和燃油系统的部件及点火系统部件的故障分析是极有价值的。

而且同次级点火波形相似,初级点火波形的不同部分也能表明在任一特定汽缸中相应部件或系统的问题。同时,汽车示波器在显示屏上可以用数字显示出波形的特征值。

1) 波形测试方法

按照使用说明书连接波形测试设备。使发动机怠速运转,再加速发动机或按照行驶性能出现故障时或点火不良发生时的条件来启动发动机或驾驶汽车,获得如图10-13所示的初级点火(分电器闭合角)波形。

2) 波形分析

确认各缸幅值、频率、形状和脉冲宽度等判定性尺度的一致性。

观察相应特定部件的波形部分的问题,核实初级点火闭合角是否在厂家资料规定的范围以内。总体来说,应该密切注意当发动机负荷和转速变化时,闭合角(脉冲宽度)的变化情况。同样,用动态峰值检测显示方式检测初级点火闭合角波形对发现各缸点火过程中的间歇性故障也非常有效。

2. 电子点火初级单缸波形

电子点火初级波形(图10-14)的测试对查出电子点火线圈的点火故障是很有效的。

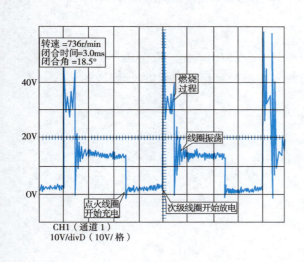

图10-13 初级点火(分电器闭合角)波形

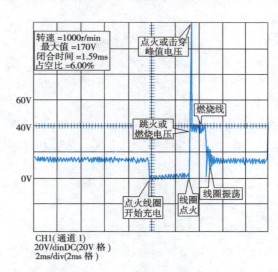

图10-14 电子点火初级单缸波形

由于点火燃烧的过程可以通过次级与初级点火线圈的互感返回到初级电路,所以这个点火波形是非常有用的。

电子点火初级单缸波形的测试内容、项目和方法与上述分电器点火初级单缸波形完全相同。只是在测试时要确认闭合角随发动机的转速和负荷变化而改变的情况。另外,还需要逐个测试模块组上的每个点火线圈。

通过初级点火波形可以观察到在汽缸点火时点火线圈产生的峰值电压。

8　故障诊断仪

故障诊断仪分为专用型和通用型两大类。

专用型:是汽车制造公司为自己生产的汽车而专门设计制造的。一般只适合在特约维修站配备,以便提供良好的售后服务,充分发挥故障诊断仪的功能。图 10-15 所示为专用型诊断仪。

通用型:是汽车保修设备制造公司为适应诊断检测多种车型而设计制造的,一般都配有不同车系的测试卡和适合各种车型的检测连接电缆连接器,测试卡存储有几十种甚至上百种不同公司、不同车型汽车电控系统的检测程序、检测数据和故障码等资料,适合综合性维修企业使用。图 10-16 所示为通用型诊断仪。

图 10-15　专用型诊断仪

图 10-16　通用型诊断仪

故障诊断仪的功能

(1)快速、方便读取或清除故障码。

(2)对发动机控制系统进行动态测试,显示瞬时信息,为诊断提供依据。

(3)能在静态或动态下,向电控系统各执行元件发出检修作业需要的动作指令,以便检查执行元件的工作状况。

(4)在车辆允许或路试时监测并记录数据流。

(5)具有示波器功能、万用表功能和打印功能。

(6)有限诊断仪能显示系统控制电路图和维修指导,以供故障诊断和检修时参考。

(7)有些功能强大的专用诊断仪能对发动机控制 ECU 进行某些数据的重新输入和更改。

知识扩展

1. 电子点火正时信号波形

电子点火正时信号(EST)波形如图 10-17 所示。

当怀疑发动机失速或点火不良的原因是由点火模块、曲轴位置传感器或控制电脑本身引起时,可以通过检测该波形来进行确认。确认波形的频率与发动机转速同步,只有当点火正时需要改变时,电子点火正时信号(EST)的占空比才发生改变。电子点火正时信号的幅值通常略小于 5V。控制电脑给控制点火正时的点火模块发送点火正时信号,用这种方法控制电脑可直接控制点火正时。

2. 次级线圈波形分析

次级线圈波形分析如图 10-18 所示。

点火时,次级线圈产生很高的电压,当电压逐步升高到一定值,火花塞上产生火花电压即是点火电压。随后电压迅速下降到另一电压值并维持一段时间,此电压即是燃烧电压,燃烧时间就是电压维持在燃烧电压值的时间。在燃烧时间结束时,点火线圈中的能量基本耗尽,残余的能量在线圈上形成阻尼振荡。

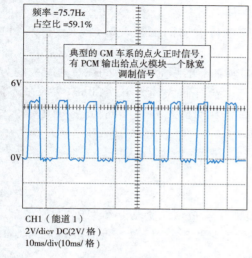

图 10-17　电子点火正时信号(EST)波形

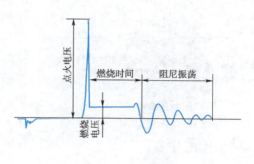

图 10-18　次级线圈波形

理想状态下,该图形非常稳定,表示每一次点火燃烧过程的电压都一致。各汽缸的图形应该大体相仿。然而,实际情况并不理想,图形总会有或大或小的抖动,如点火或击穿电压忽高忽低,燃烧时间也可能长短不一,这些并不一定表明发动机有故障。这些可能需要结合其他图形进行综合分析。

 实例分析

饱和开关型喷油器波形检测与分析

饱和开关型喷油器主要在多点燃油喷射系统中使用,在节气门体燃油喷射系统上应用不多。当发动机电控单元搭铁电路接通时,喷油器开始喷油,当发动机电控单元搭铁电路断开时,电磁场会发生突变,这个线圈突变的电磁场产生了峰值。

汽车示波器可以用数字的方式在显示屏上与波形一起显示喷油持续时间,其测试方法如下所述。

(1)按照波形测试设备操作使用说明书的要求连接好波形测试设备。

(2)起动发动机,以 2 500r/min 的转速保持加速踏板 2～3min,直至发动机完全热机。

(3)使燃油反馈控制系统进入闭环控制状态(可以通过观察波形测试设备上氧传感器的信号确定)。

(4)关掉空调和所有附属电气设备。

(5)将换挡操纵手柄置于停车挡或空挡。

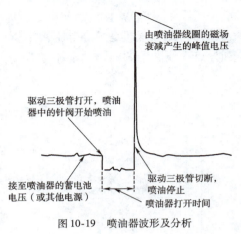

（6）缓慢加速并观察在加速时喷油器的喷油持续时间的相应增加状况。

饱和开关型喷油器波形及分析如图10-19所示。

将发动机转速提高至2 500r/min,并保持稳定。在许多燃油喷射系统中,当该系统控制混合气时,喷油器的喷油持续时间能被调节(改变)得从稍长至稍短。

通常喷油器的喷油持续时间在怠速时大约为2~5ms;节气门全开时大约为10~20ms;尖峰随不同汽车制造商和发动机系列而不同,正常的范围大约是30~100V。

图10-19 喷油器波形及分析

 单元小结

1.使用指针式万用表时,要根据测量项目选择开关挡位和量程。测直流电压、直流电流时,红表笔接被测电路的正极,黑表笔接负极;而用电阻挡测量时,黑表笔为表内电池的正极,红表笔为负极;测交流电压时,无正负极性之分。

测电压时应将表并接在被测电路两端;而测电流时,应将表串接在电路中。交流电压电流表的读数和选择的量程为表针向右偏转到最大时的数值;测电阻时,表针读数与选择的量程为倍率关系。

当不知道被测电压、电流数值范围时,应将量程开关打在较高挡位上,以防损坏电表。

2.数字万用表使用比较简单,量程开关要选择适当。测交、直流电压时,应将表并接在被测电路两端;而测交、直流电流时,红表笔插入200mA或10A插孔内,将表串接在被测回路中,即可直接读数。如表上显示"－"值,说明红表笔所接为负极。

测电压、电流时,红表笔为正,黑表笔为负。在电阻挡时,与指针式万用表极性正好相反。

所测电路参数超过所选量程数值时,数字表显示"1",这时应增大量程,重新测量。

3.汽车用万用表是一个具有特殊用途的专用型数字万用表。它几乎有普通数字万用表的所有功能,再加上一些特殊的配套件,它还可以用来测量汽车的信号频率、发动机转速、温度、闭合角、频宽比、启动电流等。除此以外,有的还能够输出脉冲信号,用来检测点火系数的故障。在检测中并能够记忆最大值和最小值,以此来检查某电路的瞬时故障。

4.汽车示波器通过在显示器上同时提供电压和时间测量,解决了测量信号快速变化的难题。示波器所显示的实际上描述的电压信号随时间变化的曲线图,它提供给我们对信号电压变化趋势、幅度、频率、相关性等等比普通数字电压表多得多的分析依据及方法。因此,示波器与数字电压表相比有着更为精确及描述细致的优点。

 思考练习

一、填空题

1.用交流电压挡测直流电压时,表指针读数＿＿＿＿＿＿,用直流电压挡测交流电压时,表指针读数_____。

2. 指针万用表测直流电压时，将红表笔插入2 500V专用插孔中，指针读数在2.5V的刻度线上为1.25V，实际电压应为_____V。

3. 测量直流电压时，红表笔应接被测电路的_____，黑表笔接被测电路的_____。

4. 测电阻时，指针表黑表笔为内部电池的_____，数字表黑表笔为内部电池的_____。

5. 电阻挡调"0"时，应先_____，然后再_____。

6. 如果不知道被测参数的大概数值时，应将量程放在_____位置，然后再_____，直到合适为止。

7. 测量电压时，应将万用表_____在电路两端，测量电流时，应将电流表_____在电路中。

8. 汽车万用表测量闭合角时，应将功能选择开关转向_____，在发动机_____时测量闭合角。

9. 测量发动机转速时，应将功能选择开关转向_____，再将_____夹在_____，发动机_____时，即可测得转速。

10. 测喷油脉宽时，应该先测出_____，然后再将测出_____，最后按公式_____计算即可得出喷油脉宽。

二、简答题

1. 数字式万用表和模拟式万用表的主要差异是什么？
2. 模拟式万用表由哪几部分组成？
3. 模拟式万用表在汽车中有哪些应用？
4. 9406A电表液晶显示屏上的各项符号分别代表什么意思？
5. 数字式万用表的使用应注意什么？
6. 数字式万用表在汽车中有哪些应用？
7. 汽车示波器有哪些类型？其工作原理是怎样的？
8. 汽车示波器的使用方法包括哪些内容？
9. 汽车示波器在汽车诊断中有哪些应用？
10. 汽车示波器的使用应注意哪些问题？

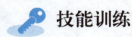
技能训练

实训十五　汽车点火开关、熔断器、插接器、继电器等部件的检测

一、目标

1. 掌握汽车点火开关、熔断器、继电器等中间部件的功用、原理
2. 掌握汽车点火开关、熔断器、继电器等中间部件的结构、检测
3. 掌握汽车插接器的结构特点与检测。

二、仪器与工具

1. 汽车点火开关(两柱、三柱、四柱各1个)　　3个
2. 熔断器盒　　　　　　　　　　　　　　　　1个
3. 继电器(常开触点、常闭触点、混合型各1个)　3个
4. 插接器(4孔、5孔、6孔各1个)　　　　　　　3个
5. 万用表　　1块

三、实训内容

1. 点火开关

1) 点火开关主要功用

点火开关是汽车电器系统上的一个开关,负责点火系、起动系、各用电器的开启、关断,如实训图10-1所示。点火开关一般有三挡(顺时针方向),第一挡:预备挡;第二挡:工作挡;第三挡:起动挡。起动汽车时,顺时针旋到底就是起动挡,接通起动电路,起动机开始工作,带动发动机旋转,当发动机点火后,松开点火钥匙,在弹簧力作用下,钥匙回到工作挡,断开起动电路,这时汽车电路处于正常工作状态。

2) 点火开关检测

将开关拨到相应的位置,用万用表电阻挡检测对应的端子间的通断情况,接触电阻不能超出范围。

2. 熔断器的检查

可用观察法检查,也可用万用表电阻挡测量熔断器是否熔断,如实训图10-2所示。

实训图10-1　点火开关

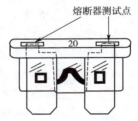

实训图10-2　熔断器测试点

3. 继电器检测

1) 开路检测

采用万用表测阻法,以实训图10-3所示的继电器为例,用万用表 $R \times 100\Omega$ 挡检查:实训图10-3中检查结果如果①脚—②脚通,③脚—④脚通,③脚—⑤脚电阻∞,则正常,否则有问题。

2) 加电检测

在①脚和②脚之间加12V电压,则:③脚—④脚不通,③脚—⑤脚通,为正常。

4. 插接器的拆装与检测

插接器如实训图10-4所示。

1) 拆卸

(1) 断开蓄电池。

(2) 从其配对的插头和插座间断开插接器。

(3)压下接头上的锁止凸舌,以松开端子。

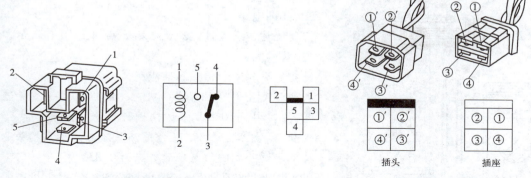

实训图 10-3　继电器插接器
1、2、3、4、5-继电器插接器的插脚编号

实训图 10-4　插接器

(4)用专用工具压端子并将导线从插接器上拆下(实训图 10-5)。
(5)修理或更换端子。

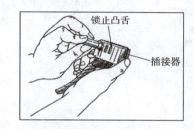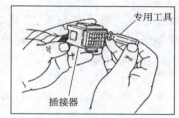

实训图 10-5　用专用工具压端子并将导线从插接器上拆下

2)安装
(1)使锁止凸舌复位。
(2)将拆下的导线插入修理插头原来的插孔中。
(3)重复插入插接器上的每根导线,确保所有导线都插入正确的插孔中。另外插接器引出线的识别,参见相关电路图。
(4)在重新组装插接器时,锁止凸舌必须放到锁定位置,以防端子脱出。
(5)将插接器连接到其配对的插座中。
(6)连接蓄电池并测试所有受影响的系统。

检测:
在检查线路的电压或导通情况时,不必脱开插接器,只用万用表两探针插入连接器尾部的线孔内进行检查或用专用表针刺破绝缘胶皮即可。

实训十六　空气质量流量传感器的检测

一、实训器材

1. 一汽红旗轿车上的电喷发动机　　　1台
2. 汽车专用数字万用表　　　　　　　1块

3. 一汽红旗轿车电路图　　　　1张
4. 450W 电吹风　　　　　　　1个

二、实训电路

空气流量传感器性能测试电路如实训图10-6所示。

三、实验内容

1. 空气质量流量传感器性能测试

点火开关置于"OFF"挡。从进气道拆下空气质量流量传感器,按实训图10-6所示方法进行测量。

在静态不吹风的情况下,空气质量流量传感器插头2号端子与1号端子之间的电压读数应为0.03V。

用450W电吹风机的出风口紧靠传感器入口,用冷气挡向传感器内吹风,此时,电压表的读数约为2.3±0.1V。吹风机缓慢向后移动,随其传感器入口端距离的增大,其电压值逐渐减小。当吹风距离减到与传感器入口端0.2m时,表

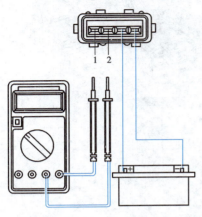

实训图10-6　空气流量传感器性能测试

的读数为1.5±0.1V。

若测得结果与上述规定值差距较大,应更换空气质量流量传感器。

若测量结果符合上述要求,但有故障码"18"或"19"存在。按下述方法进行空气质量流量传感器的供电与线路检测。

2. 供电检测

将点火开关置于"ON"挡,用万用表进行测量。

空气质量流量传感器插座3号端子与1号端子之间的电压读数应与蓄电池电压一致;若无电压存在或读数偏差太大,请按电路图检查线路,排除故障。

3. 线路检测

将点火开关置于"OFF"挡。拆下右前轮柱下护板,拉出ECU插接器的固定锁架,拔下ECU插座。

用万用表测量:ECU插座14号端子与传感器插座2号端子,ECU插座26号端子与传感器插座4号端子,其线电阻值小于1.5Ω。

ECU插座14号端子与传感器插座4号端子、ECU插座14号端子与传感器插座3号端子,其线电阻值为∞。

若测量结果不能满足上述要求,按电路图进行线路检查,排除故障。若测量结果能满足上述要求,更换ECU。

实训十七　用示波器检测氧传感器波形

一、实训器材

1. 汽车示波器　　　1个
2. 电喷汽车　　　　1辆

二、实训内容

1. 测氧传感器波形

2. 氧传感器波形分析

正常的氧传感器在发动机怠速工况和发动机转速为2 500r/min 时的波形见实训图 10-7。

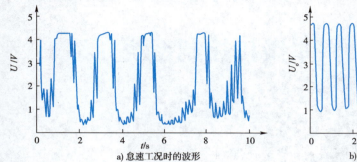
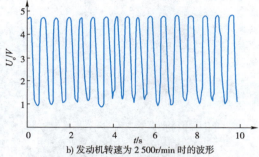

a) 怠速工况时的波形　　　　　　　b) 发动机转速为 2 500r/min 时的波形

实训图 10-7　氧传感器波形

如果氧传感器信号电压波形上出现杂波,通常是由发动机点火不良、燃油雾化不好(如喷油器堵塞)、结构原因(如各缸的进气道长度不同)等引起。

单元十一　汽车微机控制系统介绍

学习目标

知识目标
1. 正确描述汽车微机控制系统的组成部分,各部分的功能。
2. 简述汽车微机控制系统各传感器、电控单元、执行器的工作原理。

能力目标
1. 会进行汽车微机控制系统简单电路分析。
2. 能判别汽车微机控制系统各传感器、电控单元、执行器应用了哪些电工电子知识。

1　汽车微机控制概述

1.1　汽车微机控制的优点

由于微型计算机具有结构紧凑、工作可靠、功能强大、响应快速和价格低廉等优点,所以,目前的汽车已有很多系统实现了计算机控制。汽车实现计算机控制不仅可以改善和提高汽车的各种性能,还可以将控制内容扩展到汽车的各个系统。汽车计算机控制系统正朝着标准化、小型化、集成化和网络化的方向发展。

1.2　汽车微机控制主要项目

目前,汽车计算机控制已涉及汽车的动力性、经济性、安全性、可靠性、净化性和舒适性等诸多方面,见表11-1。

汽车电子、微机控制系统主要控制项目　　　　表11-1

类　型	控制系统名称	主要控制项目
动力性控制	电子控制燃料喷射(EFI)	喷油量(喷油时间)、喷油时刻、燃油泵、燃油停供
	电子控制点火(ESA)	点火时刻、通电时间、防止爆燃
	急速转速控制(ISC)	空调接通与切断、变速器挂挡、动力转向泵接通与切断
	排放控制	废气再循环(EGR)、二次空气喷射、空燃比反馈控制、活性炭罐电磁阀控制

续上表

类　型	控制系统名称	主要控制项目
动力性控制	进气控制	进气引导通路切换、涡流控制阀
	增压控制	废气涡轮增压器、泄压阀
	自诊断测试及失效保护控制	故障警告、存储故障码、部件功能测试传感器与执行器失效保护
	电子控制变速（ECT）	发动机输出转矩、变速器换挡时机、电磁阀和传感器失效保护
安全性控制	防抱死制动控制（ABS）	车轮制动力、滑移率
	驱动防滑控制（ASR）电子稳定程序（ESP）	发动机输出转矩、驱动轮制动、差速器锁止相关车轮制动克服转向不足和过度转向
	安全气囊控制（SRS）	气囊点火器点火时机
	动力转向控制（ECPS）	控制助力油压、气压或电动机电流
	防盗控制	报警、遥控门锁、数字密码点火开关、转向盘自锁、数字编码门锁
	雷达车距控制	车距、报警、制动
	前照灯灯光控制	焦距、光线角度
	安全驾驶控制	驾驶时间、转向盘状态、驾驶员脑电图、体温和心率
	电子仪表	汽车状态显示
舒适性控制	悬架控制（EMS）	车身高度、悬架刚度、悬架阻尼
	巡航控制（CCS）	车速、安全（解除巡航状态）
	空调控制	制冷、取暖
	电动座椅控制	方向、高低
	CD 音响	娱乐
信息控制	交通信息显示	交通信息、电子地图
	车载电话	通信联络
	车载计算机	车内办公

1.3　汽车微机控制的分类

根据控制环路分类，汽车微机控制可以分为开环控制系统和闭环控制系统两类。在开环控制系统中，电控单元不对控制系统的输出进行监测，即不对实际输出与期望输出的差异进行监测，如图 11-1a）所示。在闭环控制系统中，电控单元通过反馈传感器和反馈电路对控制系统的输出进行连续监测，并根据实际输出与期望输出的差异产生相应的修正信号，使随后的实际输出更进一步向期望输出靠近，如图 11-1b）所示。闭环控制系统虽然比开环控制系统的结构复杂一些，但可以获得开环控制系统无法获得的控制精度。所以，在汽车计算机控制系统中广泛采用闭环控制系统。

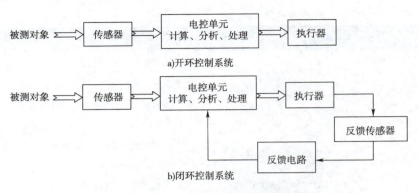

图 11-1 开环控制系统和闭环控制系统

2 汽车微机控制系统的基本组成

汽车计算机控制系统一般由感测控制信号的传感器、以计算机为核心的电控单元和实现控制意图的执行器三部分组成,如图 11-2 所示。传感器是系统中信息的输入部分,它用于感测控制系统外部的信息,并将得到的信息转换为电信号后传输给电控单元,输入信息是引起控制系统发生变化的原因。电控单元是控制系统的中枢,是系统中的信息处理部分,它通过处理、分析和计算输入信息形成控制指令,并将形成的控制决定传输给执行器,信息处理是控制系统对输入的响应过程。执行器则是控制系统的输出部分,它将电控单元形成的控制指令转变为实现控制目标的物理运动,输出是系统根据输入产生的结果。

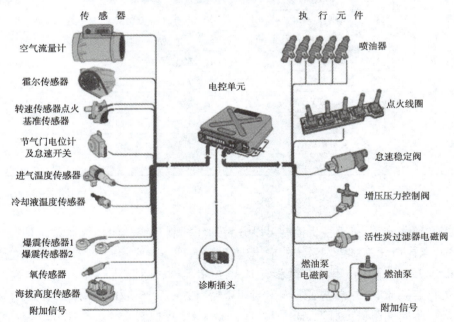

图 11-2 控制系统基本组成

通常的控制系统一般在每个部分又会包含多个过程,传感器将被测物理量转变为电信号后送入输入电路,输入电路根据输入信号的情况对其进行转换和放大后送入电控单元,电控单元对输入信号进行处理并形成控制指令,形成的控制指令再经过转换和放大后送入执行器或显示器。执行器是一些可以实现控制指令所要求动作的装置,如电磁阀、继电器和电动机等,显示器则可以提供可视或可听信号。

2.1 电控单元

电控单元也称 ECU(Electronic Control Unit),如图 11-3 所示,其主要作用是对输入信号进行处理。根据计算机中存储的程序对传感器和控制开关输入的各种信号进行运算、处理和判断,形成相应的控制指令,并控制有关执行器产生与控制指令对应的动作,使汽车被控系统实现快速、准确的控制。

ECU 各组成部分简介如下:

2.1.1 输入接口

1)信号预处理

从传感器来的信号,首先进入输入回路。在输入回路里,对输入信号进行预处理,一般是在去除杂波和把正弦波变为矩形波后,再转换成输入电平。图 11-4 为输入回路作用的示意图。

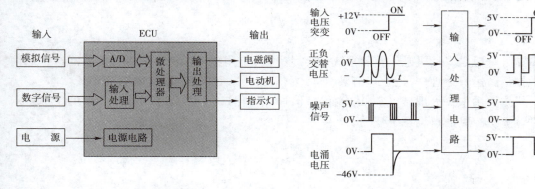

图 11-3 ECU 基本构成图　　　　图 11-4 输入回路的作用

一般输入信号都要经过输入回路进行处理。如磁电式曲轴位置传感器输入微机的信号,其幅值是随转速变化的,发动机转速升高时,输出的电压幅值增大,发动机转速降低时,输出的电压幅值减小。在发动机低速运转时,电压信号显得很弱,为了使信号能够送入微机并被采用,必须将输入回路的信号进行整形处理,将其信号放大并将波形变成整齐的矩形波。另外,一般曲轴位置传感器的齿盘只有几十个齿,如果仅用这些齿数产生的几十个脉冲来代表曲轴每一转中的步数,就显得太粗糙,会引起较大的误差。为了保持一定的精度,转角的步长设定为 0.5°(或 1°),为此在输入回路设立一个转角脉冲发生器,把齿盘上产生的几十个脉冲转变成曲轴转一转产生 720 个脉冲(或 360 个脉冲),这样一个脉冲就代表曲轴转角的 0.5°(或 1°)。

2)A/D 转换器(模拟/数字转换器)

从传感器送出的信号,有模拟信号和数字信号两种,如图 11-5 所示。其中相当一部分传感器输入的信号是模拟信号,如空气流量计、冷却液温度传感器、节气门位置传感器等向微机输入的都是变化缓慢的连续信号,它们经过传感器及输入回路处理后,变成相应的电压信号,但这些信号微机不能直接处理,需经过相应的 A/D 转换器,将模拟信号转换成数字信号后才能输入微机,如从空气流量计输入的为 0～5V 的模拟电压信号,当输入电平与 A/D 转换器设定的量程相同时,则模拟信号经 A/D 转换器转换成数字量后,如图 11-6 所示,才能输入微机。

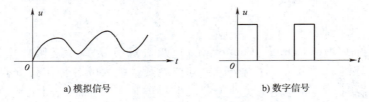

a) 模拟信号　　　　　　　　　b) 数字信号

图 11-5　传感器输出信号的种类

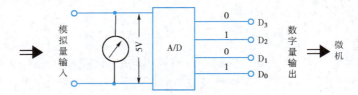

图 11-6　A/D 转换器工作过程示意图

2.1.2　微型计算机

微型计算机是发动机电子控制系统的神经中枢。它能根据需要,把各种传感器送来的信号和数据进行运算处理,并把处理结果(如喷射信号,点火正时信号)送往输出回路。

微机主要由中央处理器(CPU)、存储器和输入、输出口(I/O)等部分组成,如图 11-7 所示为微型计算机控制的点火系统框图。

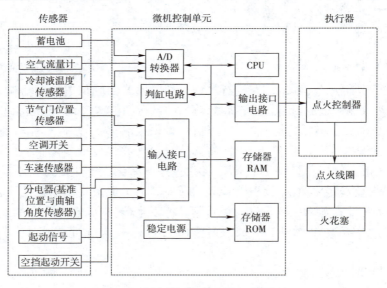

图 11-7　微型计算机控制的点火系统框图

1) 中央处理器(CPU)

中央处理器是整个控制系统的核心。CPU 主要由进行算术及逻辑运算的运算器、暂时存储数据的寄存器、按照程序执行各装置之间信号传送及控制任务的控制器等构成。CPU 各部分是在一个时钟信号的统一控制下进行工作的,当微机通电后,脉冲发生器提供时钟信号,计算机各部分按照统一的节拍操作,保证同一时间内完成一定的操作,实现控制系统各部协调工作的目的。

2) 存储器

存储器的主要功能是存储信息资料。存储器一般分为两种:能读出也能写入的存储器叫随机存储器,简称 RAM;只能读出的存储器叫只读存储器,简称 ROM。

RAM 主要用来存储计算机操作时的可变数据,如用来存储计算机输入、输出数据和计算过程中产生的中间数据等,根据需要,可随时调出或被新的数据代替(改写)。RAM 在计算机中起暂时存储信息的作用。当电源切断时,所有存入 RAM 的数据会丢失。发动机运行中,存入 RAM 的有些数据,如故障码、空燃比学习修正值等,为了能较长期的保存,防止点火开关关断时,由于电源被切断而造成数据丢失,一般这些 RAM 都通过专用的电源后备电路与蓄电池直接连接,使它不受点火开关的控制。当然,当电源后备专用电路断开时或蓄电池上的电源线断开时,存入 RAM 的数据都会自然丢失。

ROM 用来存储固定数据,即存放各种永久性的程序和永久性、半永久性的数据。如电子控制燃油喷射发动机系统中的一系列控制程序软件,喷油特性脉谱、点火控制特性脉谱以及其他特性数据等,这些信息资料一般都是在制造时由厂家一次性存入,运用中无法改变其中的内容,即计算机工作时,新的数据不能存入;只有需要时读出存入的原始数据资料。当电源切断时,存入 ROM 的信息不会丢失,通电后又可以立即使用。

3) 输入与输出接口(I/O)

输入与输出接口是 CPU 与输入装置(传感器)、输出装置(执行器)间进行信息交流的控制电路。输入、输出装置,一般都通过 I/O 接口才能与微机连接,因此,I/O 口是微机与外界进行信息交换的纽带。输入、输出口是微机系统不可缺少的部分,起着数据缓冲、电平匹配、时序匹配等多种功能。

4) 总线

总线是用来传递信息的内部连线。在微机系统中,中央处理器、存储器与输入、输出口,通过传递信息的总线连接起来,它们之间的信息交换均要通过总线进行。总线按传递信息的类别可分为数据总线、地址总线与控制总线三种,如图 11-8 所示。

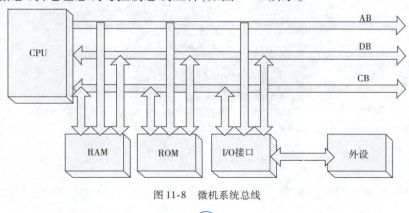

图 11-8 微机系统总线

数据总线：主要用于传递数据和指令。

地址总线：用于传递地址码。在微机总线上，各器件之间的通信，主要是靠地址码准确地进行联系。例如需要对存储器内某单元进行存储或读出数据时，必须先将该单元的地址码送到地址总线上，然后再送出写入或读出的指令，才能完成操作。

控制总线：CPU 可以通过它随时掌握各器件的状态，并根据需要随时向有关器件发出控制指令。

2.1.3 输出接口

输出接口为微机与执行器之间建立联系的一部分装置。它将微机发出的决策指令，转变成控制信号来驱动执行器工作。输出回路一般起着控制信号的生成和放大等功能。微机输出的是数字信号，而且输出的电流很小，用这种信号一般不能驱动执行器工作，需要输出电路将其转换成可以驱动执行器工作的控制信号，如喷油器驱动信号、点火控制信号、燃油泵控制信号等，图 11-9 为喷油器驱动信号示意图。控制输出回路中，通过功率管（实际电路不只是一个三极管）的导通和截止，为喷油器提供一定宽度的脉冲驱动信号，使喷油器喷油。

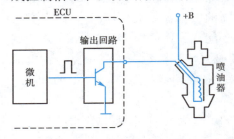

图 11-9 控制喷油器的输出回路

由上可知，微机主要由中央处理器、存储器、输入/输出接口等组成。随着半导体集成工艺的发展，目前的微机多把 CPU、一定容量的 RAM 和 ROM 以及 I/O 接口集成在一个芯片上，即所谓的发动机 ECU，如图 11-10 所示。

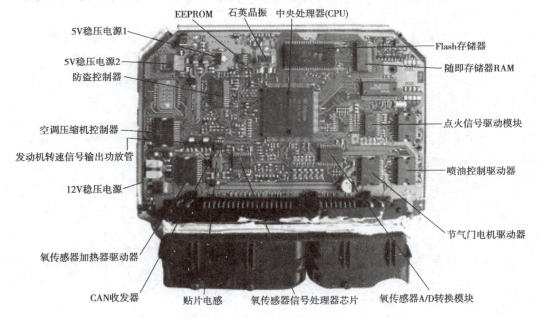

图 11-10 发动机 ECU

2.2 传感器

汽车计算机控制系统的性能首先取决于获取与控制过程有关的工作变量和参数的精度，

传感器可以通过多种方式将被测物理量转换为电信号。汽车传感器是电子控制系统的关键性部件,如果没有各种传感器,电子控制根本无法实现。因此,了解并掌握现代汽车传感器的结构、原理、使用与检修技术,对提高现代汽车电子控制系统的维修水平是十分重要的。汽车计算机控制系统中普遍测量的物理量是温度、压力、速度、位置、流量和氧气浓度等。传感器的性能指标包括测定范围、精度、分辨率、响应特性、可靠性、耐久性、紧凑性、互换性和经济性等。

车用传感器的种类及监测对象见表11-2。

车用传感器的种类及监测对象　　　　　　　　　　　表11-2

传感器种类	监 测 对 象
温度传感器	冷却液温度、进气温度、排气温度、发动机机油温度、自动变速器油温度、车内空气温度
压力传感器	进气管压力、大气压力、燃烧压力、发动机机油压力、自动变速器油压力、各种泵压力、轮胎气压
转速传感器	曲轴转角、曲轴转速、转向盘转角、车轮速度
速度、加减速度传感器	车速、车加速度、车减速度
流量传感器	进气流量、燃油流量、EGR率、二次空气流量、制冷制流量
液量传感器	燃油量、冷却液量、制动液量、电解液量、洗涤液量、机油量
位移、方向传感器	节气门开度、EGR开度、汽车车高、(悬架、位移)行驶距离、行驶方向、GPS全球定位
气体浓度	废气中含氧气、柴油机排放烟度
其他传感器	爆震、燃料成分、湿度、玻璃结露、饮酒鉴别、睡眠状态、电池电压、电池容量、灯泡断线、轮胎失效等

下面介绍汽车上常用的几种传感器。

2.2.1 进气温度与冷却液温度传感器

温度是汽车计算机控制系统的重要输入变量,特别是在发动机控制系统中,冷却液温度和进气温度直接关系到喷油量和点火正时。温度传感器常用的是热敏电阻型,热敏电阻温度传感器由镍或钴的氧化物等半导体材料制成。当热敏电阻受热时,半导体中的电子会打破共价键成为自由电子,使热敏电阻的电阻值减小,如图11-11a)所示,电阻值随温度的变化关系如图11-11b)所示,由于电阻值随着温度的提高而减小,故为负温度系数(NTC)型热敏电阻。

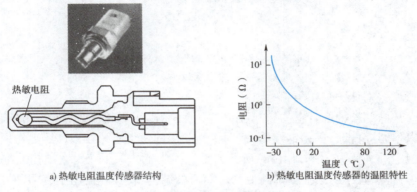

a) 热敏电阻温度传感器结构　　　　b) 热敏电阻温度传感器的温阻特性

图11-11　热敏电阻工作原理

2.2.2 进气压力传感器

为了精确控制发动机的空燃比,必须准确测量进入发动机的空气量,空燃比是空气和燃油组成的混合气中空气质量与燃油质量之比,混合气完全燃烧时空气与汽油的质量之比为14.7:1,通过测量吸入汽缸的空气量就可以确定使进气完全燃烧所需的燃油量。目前,测量进气流量的方法有两种,一种方法是通过测量进气管压力间接测量进气量,另一种方法是直接测量进气量,两种方法得到的进气量都需要根据大气温度和压力进行修正。

进气歧管压力传感器应用于电子控制燃油喷射系统,用来检测进气歧管内的压力变化,并将其转换成电信号,与转速信号一起传送到电控单元(ECU),作为确定喷油器基本喷油量的重要参数之一。进气歧管压力传感器的种类很多,目前常用的有半导体压敏电阻式、电容式、真空膜盒式和表面弹性波式等压力传感器。

1)半导体压敏电阻式进气压力传感器

半导体压敏电阻式压力传感器是利用半导体的压阻效应原理制成的,其外形如图 11-12 所示。它主要由半导体压力转换器件和把转换器件输出信号进行放大的混合集成电路组成,如图 11-13 所示。压力转换器件是利用半导体的压阻效应制成的硅膜片,它的周围有四个应变电阻,以单臂电桥方式连接,如图 11-14 所示。由于硅膜片一面是真空室,另一面导入进气歧管压力,压力越高,硅膜片的变形就越大,其应变与压力成正比,而硅膜片上的应变电阻的阻值随应变也成正比变化,这样,就利用单臂电桥将硅膜片的变形转换成电信号。混合集成电路是将输出的微弱电信号进行放大处理。

图 11-12 进气压力传感器外形

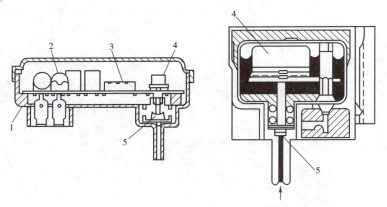

图 11-13 半导体压敏电阻式进气压力传感器的构造
1-塑料外壳;2-滤波器;3-混合集成电路;4-压力转换器件;5-滤清器

2)真空膜盒绝对压力传感器

真空膜盒是内部被抽成真空的密封腔室,真空膜盒除了以薄金属片制成的易于发生挠曲变形的一端以外,其余部分都是钢性的,根据作为膜片的薄金属片在进气压力作用下的扭曲变形量就可以确定进气压力。图 11-15a)所示的是一种典型的采用双膜盒结构的绝对压力传感器,双膜盒是一种适宜于将膜片变形转变为电信号的结构,在实际使用中有两种方法将膜片的变形转变为电信号。现介绍一种利用线性可变差分变压器(LVDT)转变电信号的压力传成器,如图 11-15b)所示。线性可变差分变压器的可动铁芯固定在膜片上,当膜片随进气管压力变化发生变形时,变压器的输出电压也将发生相应变化,变压器的初级绕组与一个振荡电路相连,初级绕组将产生一个交变的磁场,当变压器铁芯处于中央位置时,由于两个次级绕组产生的电压数值相等且极性相反,两个次级绕组的电压将相互抵消,变压器的输出电压就为零。当铁芯因进气压力变化发生位移离开中央位置时,其中一个次级绕组产生的电压就要大于另一个次级绕组产生的电压,使变压器的输出电压正比于铁芯的位移,信号处理电路就会产生一个正比于进气压力的直流电压。

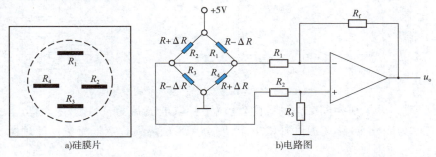

图 11-14 半导体压敏电阻式进气压力传感器的工作原理

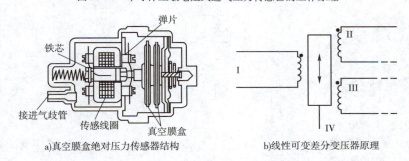

图 11-15 真空膜盒绝对压力传感器的结构及原理

I-初级绕组(产生 10kHz 交流振荡电压);II-次级绕组 1;III-次级绕组 2;IV-可动铁芯;V-次级绕组的典型连接

2.2.3 空气流量传感器

现代汽车电子控制燃油喷射系统中,空气流量传感器又称为空气流量计(AFM),用于测量发动机吸入的空气量,它是决定电控系统控制精度的重要部件之一,如图 11-16 所示是空气流量传感器在汽车电喷发动机上的应用。空气流量传感器获得的进气量信号是控制单元 ECU 计算喷油时间和点火时间的主要依据。

目前,现代汽车燃油喷射控制系统所采用的空气流量传感器有叶片式、卡门涡流式、量芯式、热线式和热膜式等空气流量传感器。叶片式空气流量传感器早期曾广泛应用于丰田、日产、马自达多用途 MPV 等汽车燃油喷射系统,目前已经基本淘汰。

1) 热线式空气流量计

热线式空气流量计是一种很好的测量空气流量的方法。图 11-17 是热线式空气流量计结构图,在热线式空气流量传感器中有一根直径为 50~100μm 的电阻丝,利用电流将其加热到较高的温度 120℃,故将其称为热线,检测因空气流动对热线产生热传导所引起的电流变化(一般为 500~1 200mA)就可以确定进气的多少。

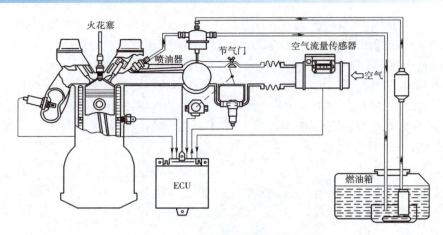

图 11-16　汽车电喷发动机进气系统结构图

在气道中还另设一根相同结构的电阻丝,用于补偿进气温度的变化,由于把电阻线加热到20℃,故将其称为冷线,或称为温度补偿电阻,图 11-18 是热线式空气流量计原理图。

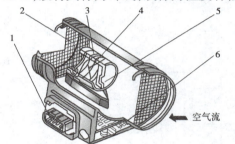

图 11-17　热线式空气流量计结构图
1-电插孔;2-防护网;3-采样管;4-热线电阻;5-温度补偿电阻;6-控制电路板

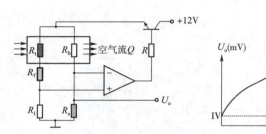

图 11-18　热线式空气流量计工作原理图

传感器控制电路使热线通过确定的电流,控制电路保持热线与冷线的温度相差 100℃,发动机运转时空气流过热线,使热线受到冷却,由于从热线向空气进行了传热,热线的电阻将减小,通过热线的电流就会增大,使热线的电阻值与冷线的温差保持恒定,由于冷线受到气流作用也会引起电阻变化,这就需要进一步调整通过热线的电流对其进行补偿,为保持温差需要的电流变化正比于进气的流速、温度和密度。

两个电阻丝作为惠斯登电桥的一部分,热线(R_H)作为电桥一个支路的一个电阻,而冷线(R_K)则作为电桥另一支路的一个电阻。当电桥处于平衡状态时,电桥电压为零;当电桥处于不平衡状态时,电桥电压经过三极管放大后反馈回电桥电路,所以,当热线温度降低、电阻减小时,电路将增大加在电桥上的电压,热线通过的电流将增大,使其温度恢复正常。控制电路保持平衡的关系如下

$$R_2 R_H = R_1 R_K$$

这种空气流量传感器能在很短的时间内反映出空气流量的变化,其优点是:响应速度很快,测量精度高,无运动部件,进气阻力小,不会磨损,测量范围大。不过这种热线式空气流量传感器由于热线表面与空气直接接触,在使用一段时间后,热线表面受空气尘埃沾污,其热辐

射能力降低将会影响传感器的测量精度,因此控制电路设置有"自洁电路"以实现自洁功能。每当发动机熄火后,电脑将控制自洁电路接通,将热线加热到 1 000℃左右,并持续约 1s 的时间,从而将黏附在热线上的尘埃烧掉。

还有一种热线式空气流量传感器是在热线位置上放置热膜,称为热膜式空气流量传感器,其结构和工作原理与热线式空气流量传感器基本相同,只是将发热体由热线式改为热膜式,热膜是将热线用厚膜工艺镀在一块陶瓷基片上构成的,这种结构可使热线不直接承受空气流动所产生的作用力,从而增加了发热体的强度,提高了空气流量传感器的可靠性。

2)卡门涡流式空气流量传感器

卡门涡流式空气流量传感器是在进气道内设置一个三角形或流线型立柱,称为涡流发生器。当空气流经三角形或流线型立柱时,在立柱后方的气流中就会产生一系列不对称但十分规则的空气涡流,即卡门涡流,如图 11-19 所示。根据卡门涡流理论,涡流发生器内产生的涡流将沿气流流动方向向后移动,且单位时间内流经涡流发生器后方内某点的涡流数与空气流速成正比,因此,通过测量单位时间空气涡流数量(即涡流频率 f),就可以计算出空气气流的流速和流量。由于卡门涡流式空气流量传感器直接测量的是空气的体积流量 q_v,因此必须考虑空气密度 ρ,而空气密度由温度和压力所决定。为此一般在空气流量传感器中装有温度传感器测量进气温度。目前,汽车上使用的卡门涡流式空气流量传感器用于测量单位时间内产生的涡流数量的方法有超声波式和反光镜式两种。

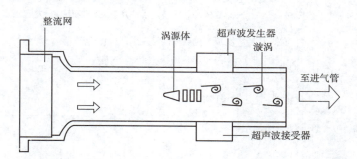

图 11-19 卡门涡流式空气流量传感器的结构

2.2.4 霍尔效应式运动传感器

当电流以垂直于磁力线的方向通过放置在磁场中的霍尔元件时,霍尔元件就会在与磁力线和电流都垂直的方向产生霍尔电压,霍尔电压将正比于使其产生的磁场强度和电流强度,如果磁场强度和电流强度二者之中有一个保持恒定,霍尔电压就与另一个变量成正比。利用霍尔效应可以进行速度或位置感测,在霍尔效应式运动传感器中控制电流强度保持恒定,而使磁场强度发生变化,即霍尔电压随磁场强度而变化。霍尔传感器具有无磨损且输出电压在寿命期限内保持恒定的优点,尽管霍尔电压的精确性依赖于磁场和电流,但其输出电压的频率范围仍然很宽。霍尔式传感器可以对低速运动进行检测,特别适宜于为里程表、驾驶员信息系统和点火正时控制提供相应的运动信号。由于霍尔电压相对较弱,通常在霍尔式传感器内设有电子装置对其进行放大和处理。图 11-20 是霍尔效应点火信号发生器的工作原理。

2.2.5 光电式运动传感器

用光电方式可以对速度和位置进行感测,光电式运动传感器将光栅盘置于光线发生器与电子光线接收器之间,当光栅盘转动时,由于光线接收器会间断地接收到光线,电子光线接收器可以将接收到的光线间断频率转变为电压信号输出。光线发生器发出的不必是可见光,其光谱范围可以从远红外线到紫外线。通常,用发光二极管和光敏三极管分别作为光线发生器和光线接收器。通过组合时间参考信号就可以感测位置、流量和转速。但是,光电式传感器存在以下两个方面的限制:一方面是光线发生器和光线接收器都是半导体器件,其使用温度受到限制;另一方面是光线发生器和光线接收器在灰尘积聚时光线变弱,会影响光信号鉴别,因此,使用中要注意防尘。图11-21是汽车上曲轴位置传感器应用光电运动传感器的例子。

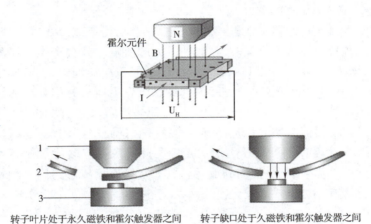

图11-20 霍尔效应点火信号发生器工作原理
1-永久磁铁;2-带缺口的转子;3-霍尔触发器

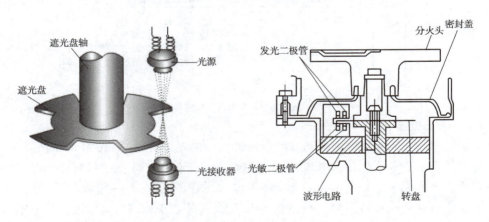

图11-21 光电式运动传感器

2.2.6 电磁感应式车速传感器

电磁感应式车速传感器如图11-22所示,电磁感应式车速传感器安装在自动变速器输出轴附近的壳体上,用于检测自动变速器输出轴的转速。电控单元ECU根据车速传感器的信号计算车速,作为换挡控制的依据。车速传感器的工作原理如图11-22a)所示。车速传感器由永久磁铁和电磁感应线圈组成,它被固定安装在自动变速器输出轴附近的壳体上,输出轴上的停车锁定齿轮为感应转子,当输出轴转动时,停车锁定齿轮的凸齿,不断地靠近或离开车速传感器,使线圈内的磁通量发生变化,从而产生交流电。车速越高,输出轴转速也越高,感应电压脉冲频率也越高,电控组件根据感应电压脉冲的大小计算汽车行驶的速度。

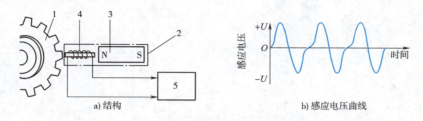

图 11-22　电磁感应式车速传感器工作原理
1-停车锁定齿轮;2-车速传感器;3-永久磁铁;4-感应线圈;5-电控元件

2.2.7 氧传感器

氧传感器安置在发动机排气管中,用于测量发动机排气中的剩余氧气浓度,由于排气中的氧气浓度由发动机进气过量空气系数(λ)决定,故也将这类传感器称为 λ 传感器。氧传感器由多孔性材料制成,当发动机排气中的氧离子在传感器的多孔性材料中扩散时,就会在多孔材料的两个侧面之间产生电压。在过量空气系数 $\lambda=1$ 时,氧传感器的输出电压将会有急剧的变化。目前,氧传感器有氧化锆(ZrO_2)和氧化钛(TiO_2)两种类型。

氧传感器是电喷发动机中一个非常重要的部件,它的信号是发动机 ECU 对空燃比进行闭环控制不可缺少的依据。实验证明:当混合气浓度达 14.7:1 时,三元催化器对尾气中的 CO、HC、NO_x 三种有害气体处理的较干净。氧传感器就是通过实时检测排气中的氧气含量来判断混合气的浓度,给发动机电控单元提供混合气浓或稀的信息,以便发动机 ECU 通过调整喷油器喷油量对混合气进行控制,使混合气浓度保持在 14.7 附近。如图 11-23 所示。当前 λ 氧传感器检测到排气中的氧含量大时,说明此时燃烧的是稀混合气,前 λ 氧传感器将此浓度转变为电信号告诉发动机 ECU,发动机 ECU 即控制喷油器喷油时间长些,使混合气变浓。反之则变稀。

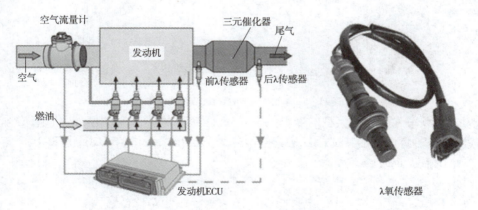

图 11-23　空燃比反馈控制与氧传感器外形

图中后 λ 氧传感器的作用是:将自己所测信号与前 λ 氧传感器信号比较,从而判断三元催化器是否有效。

氧传感器安装位置如图 11-24。

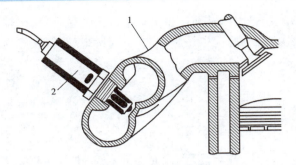

图 11-24 氧传感器外形与安装位置
1-排气管；2-氧传感器

2.2.8 爆震传感器

燃料品质差和点火提前角过大等许多因素会引发爆震燃烧，爆震燃烧会导致缸内压力急剧升高，并产生压力振荡。爆震传感器的作用是在发动机爆震燃烧时向发动机 ECU 反馈电信号，由 ECU 通过减小点火提前角使爆震得到抑制。

汽车发动机采用压电陶瓷作为转换元件测量发动机的缸体振动，它具有很高的自振频率和良好的线性，可以提供用于爆震分析的理想信号由铅、锆和钛组成的压电陶瓷的工作温度可以达到 360℃，其典型结构如图 11-25 所示，这种结构的爆震传感器可以很方便地安置在发动机的两个汽缸之间，这是检测爆震的最佳位置。在陶瓷晶体承受机械应力发生变化时将会产生电压，电压方向与机械应力处于两个相对的表面，电压的高低与所受的机械压力成正比，振动质量对压电传感元件产生初始预压力，这使压电晶体相当于一个弹簧，当发动机发生爆震并通过机体传给传感器时，将引起振动质量与压电晶体组成的弹性体系产生共振，使压电晶体发生变形产生正比于爆震强度的输出电压，当加速度为 $1g(9.81m/s^2)$ 时爆震传感器的输出电压 25mV。传感器的安装紧固力矩必须保持精确，但不能超过设定的最大力矩。

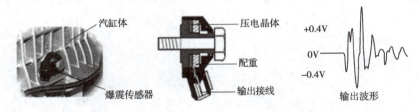

图 11-25 爆震传感器的安装、结构、输出波形

压力振动频率除了包含典型的爆震频率以外，还包含机体的振动信号，所以，必须通过计算电路进行分析，将爆震的特征信号从其他信号中分离出来后供给 ECU，由 ECU 决定是否推迟相应汽缸的点火定时。

2.3 执行器

现代汽车的电控系统中，接收信息的元件是传感器，而接收控制信息产生作用的则是由执行器来完成。执行器是一种能量转换部件，它能在电子控制装置的控制下，将输入的各种形式的能量转换为机械动作，如电动机、离合器阀、气门机构、电磁阀、电磁膜片等。执行器的任务是根据控制信号去执行规定运作以完成控制目标，如电磁阀的电流信号、指示灯或警告灯的亮灭信号、规定的周期脉冲信号、驱动步进电动机的一系列固定周期的脉冲信号和控制的电压信号等,执行器件与执行机构配合,就能完成控制所需要的机械动作。

汽车常用执行器见表 11-3。

汽车常用执行器　　　　　　　　　　　　　　　　　表 11-3

执行器分类	电磁线圈（电磁阀）		电动机		继电器		
	脉冲控制	占空比控制	直流电动机	步进电动机	常开	常闭	混合
汽车各控制系统	喷油嘴喷油脉宽的控制,ABS 制动系统,换挡杆挡位锁止,行李舱盖释放机构,空调压缩机控制,行驶高度控制,行驶舒适性控制	电磁式怠速控制阀,旋转滑阀怠速控制,自动变速器的油压控制电磁阀,炭罐电磁阀,线性 EGR 系统	风窗玻璃刮水器,空调系统鼓风机,电动玻璃升级器	怠速控制阀,汽车仪表,自动调光	大灯继电器,起动机继电器,电动座椅继电器,喇叭继电器,汽车空调温控继电器,燃油泵继电器,冷却风扇控制	卸荷继电器,充电指示灯继电器	电动门窗继电器,防盗继电器,刮水器继电器

下面介绍常见的几种执行器。

2.3.1　汽车常用的继电器

汽车用继电器主要起保护开关和自动控制的作用,由于开关只控制继电器线圈的通断,而继电器用线圈产生的电磁力来通断开关所要控制的电路,加继电器后控制开关只流过较小的继电器线圈电流,因而开关就不容易损坏,使用寿命得以延长。

汽车上采用的继电器有多种类型,如常开继电器、常闭继电器和混合型继电器。

1）常开继电器

继电器线圈不通电时,继电器触点在其弹簧力作用下保持张开的位置,继电器线圈通电后触点闭合,如图 11-26 所示。

2）常闭继电器

继电器线圈不通电时,继电器触点在其弹簧力作用下保持闭合的位置,继电器线圈通电后触点张开。常闭继电器如图 11-27 所示。

3）混合型继电器

继电器有动合触点和动断触点,继电器线圈通电后常开触点闭合,常闭触点张开。混合型继电器如图 11-28 所示。

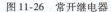

图 11-26　常开继电器　　　　图 11-27　常闭继电器　　　　图 11-28　混合式继电器

继电器在汽车电路中的应用很广泛,一些继电器线圈电流由汽车电路中的某个工作电压来控制,当电路中的受控电压达到设定继电器动作电压时,继电器触点改变工作状态,从而实现自动控制。计算机一般不能直接驱动电动机,它通过提供继电器线圈一端搭铁来激励继电器,继电器通电后,便接通蓄电池到电动机的电路。计算机输出驱动器控制电动门锁如图11-29所示。

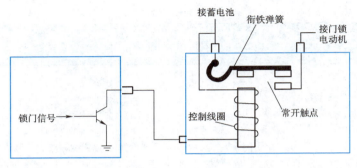

图11-29 计算机输出驱动器控制电动门锁

2.3.2 电磁阀

电磁阀是指在气体或液体流动的管路中受电磁力控制开闭的阀体,它大量应用于汽车控制中。电磁阀的工作原理如图11-30所示。在线圈不通电时,可动铁芯由于受到弹簧的作用而与固定铁芯脱离,阀门处于关闭状态;当线圈通电时,可动铁芯克服弹簧的弹力作用而与固定铁芯吸合,阀门处于打开状态,这样就控制了液体或气体的流动。

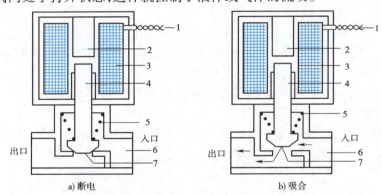

图11-30 电磁阀工作原理

1-线圈引出线;2-固定铁芯;3-线圈;4-可动铁芯;5-弹簧;6-流体;7-阀

电磁阀有2种控制方法:脉冲(PWM,pulse width modulated)与占空比(duty cycle)控制,两者均是通过控制电磁线圈的接通与断开来产生磁场吸力或推力;两者的区别是一个有固定的工作频率,一个没有固定的工作频率。

1)脉冲式喷油器(PWM控制)

PWM控制没有固定的工作频率,根据控制模块的信号来决定进入工作时间的长短。比较典型的事例,是喷油嘴喷油脉宽的控制。喷油器的基本结构原理如图11-31。喷油嘴电磁线圈工作的时间不固定,由发动机的负荷信号决定。

在工作过程中,根据ECU发出的喷油脉冲宽度控制指令信号,控制电磁线圈将其顶部的阀孔打开,将适量的燃油从喷孔喷出。在现代电控发动机多点燃油喷射系统中的喷油器安装在各进气歧管靠近进气门的部位,如图11-32所示。

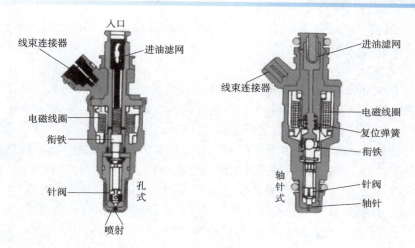

图 11-31 喷油器的基本结构

2) 占空比式电磁阀

占空比控制与 PWM 不同,有固定的工作频率。占空比电磁线圈接通/断开的时间总长度固定,不同时刻接通和关闭的时间比例不同。根据 ECU 的指令,电磁阀以一定的频率接通和断开脉冲,通过改变一定周期内的导通与截止之比,就可得到所需要的油压和流量。此阀的结构简单,制造成本较低,体积小,重量轻,响应速度快,并且能利用现代汽车的计算机和电子技术,安装方便,控制方法简单,所以在汽车上应用比较广泛。它通常用于改变液体或气体的流量或压力的大小,如废气再循环的废气流量控制、电控自动变速器的油压控制、发动机怠速控制系统中的进气流量控制等。

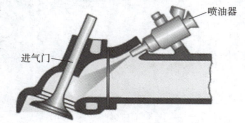

图 11-32 多点燃油喷射喷油器安装示意图

直动式占空比控制阀结构如图 11-33 所示,它主要由阀芯、阀轴、电磁线圈、回位弹簧等部件组成。现以发动机怠速控制的旁通气道中的控制阀为例,说明其结构和调节原理。该阀可以调节进气量的大小,将怠速转速控制在最佳状态。当线圈通电时,电磁线圈产生磁场将阀轴和阀吸起,空气旁通道打开,阀门升起的越高,空气流通面积则越大。工作时 ECU 输出占空比可调的脉冲信号,线圈中的平均电流大小决定于控制信号的占空比,最后决定电磁阀的开度和发动机怠速转速的高低。

所谓占空比就是在一个信号脉冲的周期中,高电平出现的时间宽度占整个脉冲周期的百分数,即高电平宽度与周期之比,即:占空比 (%) = A/(A+B)×100%。

占空比的数值反映了电磁阀中通过电流的平均数,占空比越大,电磁线圈中的平均电流也

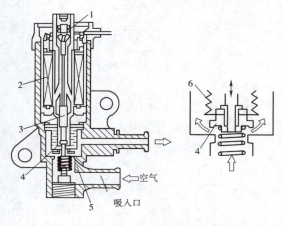

图 11-33 占空比控制阀结构
1-复位弹簧;2-电磁线圈;3-阀轴;4-阀;5-壳体;6-波纹管

越大,线圈的电磁吸力也越强,阀门的升程也越高,开度也就越大,当然通过发动机旁通气道的进气流量也就越多,怠速转速也就越高。

2.3.3 伺服电动机

汽车上应用的伺服电动机又称执行电动机,是专门用于控制的直流电动机,对性能方面有些特殊的要求。其功能是将输入的电压控制信号转换为轴上输出的角位移和角速度,驱动控制对象。伺服电动机具有可控性好、定位准确、反应迅速的特点。

下面介绍伺服电动机在汽车发动机上的一种应用实例。汽车电子节气门控制系统的执行元件常用伺服电动机,其内部包括了一个小型直流电动机,一组变速齿轮组,一个比例电位器及一块电子控制板。其中,高速转动的直流电动机提供了原始动力,带动变速(减速)齿轮组,使之产生高转矩的输出,齿轮组的变速比愈大,伺服电动机的输出转矩也愈大,但转动的速度也愈低。电子节气门及其伺服电动机结构如图11-34所示。

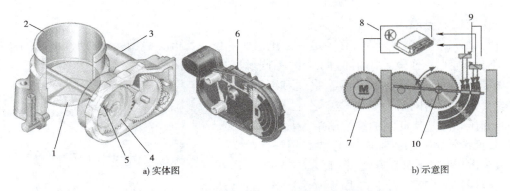

图11-34 电子节气门及其伺服电动机结构
1-节气门;2-节气门体;3-节气门驱动装置;4-带弹簧复位系统的齿轮;5-角度传感器;6-带集成电路的罩盖;7-驱动装置;8-发动机控制单元;9-节气门角度传感器;10-节气门

常用的伺服电动机控制系统是一个典型闭环反馈系统,其原理如图11-35所示。

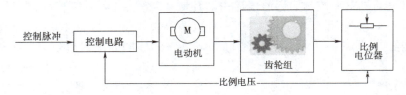

图11-35 伺服电动机控制系统

减速齿轮组由电动机驱动,其终端(输出端)带动一个线性的比例电位器作位置检测,该电位器把转角坐标转换为一比例电压反馈给控制电路板,控制电路板将其与输入的控制脉冲信号比较,产生纠正脉冲,并驱动电动机正向或反向地转动,使齿轮组的输出位置与期望值相符,令纠正脉冲趋于为0,从而达到使伺服电动机精确定位的目的。

伺服电动机有三条控制线,分别为:电源线、搭铁线及控制线。电源线与搭铁线用于提供内部的直流电动机及控制线路所需的能源,电压通常为12V,该电源应尽可能与处理系统的电源隔离(因为伺服电动机会产生噪声)。甚至小伺服电动机在重荷载时也会拉低放大器的电压,所以整个系统的电源供应必须合理。

伺服电动机的最大特点是可控。在有控制信号时,伺服电动机就转动,且转速大小正比于控制电压的大小。去掉控制电压后,伺服电动机就立即停止转动。

2.3.4 步进电动机

一般电动机都是连续旋转的,而步进电动机却是一步一步转动的,故叫步进电动机。步进电动机是用脉冲信号控制转子转动一定角度的电动机,在汽车上常常是一种将电脉冲信号转变为角位移或线位移的控制元件。通常电动机的转速、停止的位置只取决于脉冲信号的频率和脉冲数,即给电动机加一个脉冲信号电动机就转过一个角度。这一线性关系的存在,加上步进电动机只有周期性的误差而无累积误差等特点,使得在速度、位置等控制领域用步进电动机来控制变得非常简单。步进电动机已被广泛地应用于控制系统中,步进电动机并不能像普通的直流电动机、交流电动机那样使用普通电源,它必须在脉冲信号发生器和功率驱动电路等组成的控制系统驱动下使用。因此,步进电动机涉及机械、电机、电子及计算机等许多专业知识。

1) 步进电动机的基本结构原理

步进电动机的基本结构包括转子、绕组和定子。绕组缠绕在定子齿槽上,转子是一个能够绕中心任意转动的永久磁铁或铁芯。图 11-36 所示为典型两相步进电动机的工作顺序模型,因为其定子上有两个绕组,而且其转子有两个磁极,所以称之为双相双极电动机。在第一步中,两相定子的 A 相通电、B 相关闭,因异性相吸,其磁场将转子固定在图 11-36a) 所示位置;在第二步中,A 相关闭、B 相通电,转子顺时针旋转 90°,如图 11-36b) 所示;在第三步中,B 相关闭、A 相通电,但极性与第一步相反,这促使转子再次旋转 90°,如图 11-36c) 所示;在第四步中,A 相关闭、B 相通电,极性与第二步相反,如图 11-36d) 所示。重复该顺序促使转子按 90° 的步距角顺时针旋转。

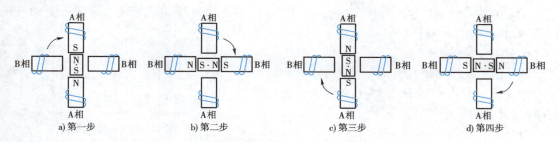

图 11-36 两相步进电动机的工作顺序

常见的步进电动机分三种:永磁式步进电动机(PM)、反应式步进电动机(VR)和混合式步进电动机(HB)。永磁式步进电动机一般转矩和体积较小;反应式步进电动机可实现大转矩输出,但噪声和振动较大;混合式步进电动机混合了永磁式和反应式的优点,因而这种步进电动机的应用比较广泛。

2) 反应式步进电动机原理

反应式步进电动机的转子上没有励磁线圈。出于成本等多方面考虑,一般以二、三、四、五相为多。三相反应式步进电动机如图 11-37 所示,可以看出,在反应式步进电动机的结构中,分成定子和转子两大部分。定子内圆

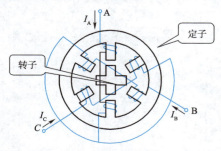

图 11-37 反应式步进电动机结构

周均匀分布着六个磁极,磁极上有励磁绕组,每两个相对的绕组组成一相,转子有四个齿。

知识扩展

永磁式步进电动机

1. 特点

永磁式步进电动机的结构如图 11-38 所示。电动机的定子上有两相或多相绕组,转子为一对或几对极的星形磁钢,转子的极数与定子每相的极数相同,图中的定子为两相集中绕组(A0、B0),每相为两对极,转子磁钢也是两对极。从图中可以看出,当定子绕组按 A—B—(-A)—(-B)—A……轮流通电时,转子将按顺时针方向转动,每次转过45°空间角度,也是步距角为45°。

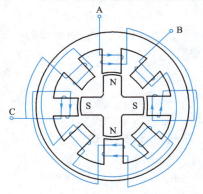

图 11-38 永磁式步进电动机的结构

永磁式步进电动机的特点是:
(1)大步距角,如 15°、22.5°、30°、45°、90°等;
(2)启动频率较低,通常为几十到几百赫兹;
(3)控制功率较小;
(4)在断电情况下有定位转矩;
(5)有较强的内阻尼力矩。

2. 控制原理

步进电动机必须由环形脉冲发生电路、功率放大电路等环节组成控制系统进行驱动与控制,其控制系统如图 11-39 所示。

1)脉冲信号的产生

脉冲信号一般由单片机或其他控制器 CPU 产生,一般脉冲信号的占空比为 0.3~0.4 左右。电动机转速越高,需要的脉冲信号占空比越大。

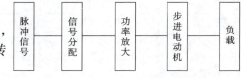

图 11-39 控制系统框图

2)功率放大

功率放大是驱动系统最为重要的部分。步进电动机在一定转速下的转矩取决于它的动态平均电流而非静态电流(样本上的电流均为静态电流)。平均电流越大电动机力矩越大,要达到大的平均电流就需要驱动系统尽量克服电动机的反电动势。因而不同的场合采取不同的驱动方式。到目前为止,驱动方式一般有以下几种:恒压、恒压串电阻、高低压驱动、恒流、细分数等。为尽量提高电动机的动态性能,将信号分配、功率放大组成步进电动机的驱动电源。

实例分析

步进电动机控制实例

汽车怠速控制的实质就是对怠速工况下的进气量进行控制,汽车怠速调节阀中采用双极永磁步进电动机,用来调节怠速旁通道通气断面的大小,调节范围较宽。它根据冷却液温度信号(CTS)、气温信号(ATS)、额外负荷信号的高低和大小,有 0～125 个调节步级,步数与进气量呈线性关系。怠速调节阀结构如图 11-40 所示。怠速调节阀由锥阀、螺杆、定位簧、螺母、永磁转子、定子绕组、壳体等组成。由 ECU 用正反向控制电路,进行步进操作。螺杆的螺旋角较大,摩擦损失小,传动效率高,无自锁作用。人工推拉锥阀,应可自由进出,以试验其动作的灵敏度。螺杆上有导向槽,只能使锥阀轴向移动。定位弹簧是防止转子因转动惯量较大,用来随机定位的。永磁转子内壁置有螺母,它由多对永久磁铁组成,N 极和 S 极沿圆周相间排列,一般为 8 对永久性磁极。

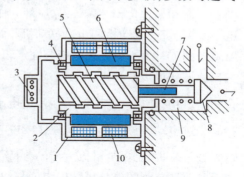

图 11-40　怠速调节阀结构
1-外壳;2-螺母;3-电接口;4-轴承;5-螺杆;6-永磁转子;7-导向槽;8-锥阀;9-定位簧;10-定子绕组

定子绕组分两种型式,如图 11-41 所示。一种是一个定子组、四接头的怠速调节阀,内有两个线圈(1 相和 2 相),绕线方向相反。当 AB - CD(+、-)依次导通时,锥阀伸出;当 DC - BA(-、+)依次导通时,锥阀缩回。另一种是两个定子组、六接头的怠速调节阀,两个定子组内有四个线圈,1、3 相为一组,2、4 相为另一组,绕线方向相反。当 S1、S2、S3、S4 依次导通时,锥阀伸出;当 S4、S3、S2、S1 依次导通时,锥阀缩回。

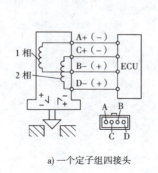

a) 一个定子组四接头

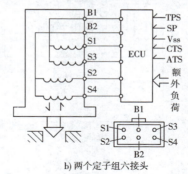

b) 两个定子组六接头

图 11-41　定子绕组的两种型式

图 11-41a)中一个定子组四接头怠速调节阀的步进电动机半步工作方式如图 11-42 所示,电动机顺时针旋转,A 相、B 相、C 相和 D 相的工作顺序依次是:
①1000→②1010→③0010→④0110→⑤0100→⑥01011→⑦0001→⑧1001→①1000。

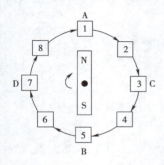

图 11-42　双极永磁步进电动机半步工作方式

驱动电路的核心是 IC L297 与 L298H 桥驱动器,利用这两个芯片简化了步进电动机的驱动方式。步进电动机驱动电路由 L297、L298 专用芯片组合而成。L297 单片步进电动机控制集成电路适用于双极性两相步进电动机或四相单极性步进电动机的控制,与 L298H 桥式驱动芯片组合成完整的步进电动机固定斩波频率的 PWM 恒流斩波驱动器。L297 步进电动机控制集成电路产生四相驱动信号,用以控制双极性两相步进电动机或四相单极性步进电动机,可以采用半步、两相励磁和单相励磁三种方式的切换。使用 L297 的突出特点是外部只需时钟、方向和工作方式三个输入信号,同时 L297 自动产生电动机励磁相序,减轻了微处理器控制和编程负担。L298 芯片是一种高电压、大电流、双 H 桥功率集成电路,可用来驱动继电器线圈、直流电动机和步进电动机等感性负载。由 L297、L298 组成的步进电动机驱动应用电路如图 11-43 所示。该电路为固定斩波频率恒流斩波驱动方式,适用于两相双极性步进电动机或四相单极性步进电动机,最高电压46V,每相电流可达2A。用两片 L298 和一片 L297 配合使用,可驱动更大功率的两相步进电动机。L297 可以与微控制器 I/O 口直接相连,CW/$\overline{\text{CW}}$ 控制步进电动机旋转的方向,HALF/$\overline{\text{FULL}}$ 选择半步或全步。CLK 是控制器提供的时钟信号,可以调整步进角,$\overline{\text{RST}}$ 可以方便的复位,L298 驱动电路可以提供2A 的电流,完全能够满足应用于怠速调节阀的电动机精确定位与快速响应。采用 TLP521 光耦合器将微控制器系统与步进电动机隔离,防止驱动电路发生故障造成高电压信号进入,损坏微控制器系统。

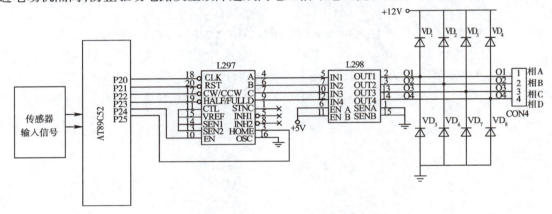

图 11-43　步进电动机驱动电路

 单元小结

1. 汽车上采用微机控制不仅可以改善和提高汽车的性能,而且还可以实现更强大的功能。

2. 汽车上采用微机闭环控制使控制精度得以提高。

3. 微机控制系统是由以计算机为核心的电控单元、用于感测控制信号的传感器以及实现控制意图的执行器三部分组成的。

4. 温度传感器是负温度系数热敏电阻型。

5. 测量进入发动机空气质量的传感器有进气压力传感器、叶片式空气流量计、热线式空气流量计、热膜式空气流量计等。

6. 霍尔效应式、光电式、电磁感应式传感器的特点及工作原理,在汽车上得到广泛的应用。

7. 传感器可以通过多种方式将被测物理量转换为电信号。

8. 执行器的任务是根据控制信号去执行规定动作完成控制目标。

思考练习

一、判断题

1. 电控单元不对控制系统的输出进行监控的称为开环控制。（   ）
2. 电阻值随着温度的升高而减小的温度传感器属于正温度系数型热敏电阻。（   ）
3. 负热敏电阻温度传感器特别适合于测量发动机进气和冷却液温度。（   ）
4. 传感器可以通过多种方式将被测物理量转换为电信号。（   ）
5. 霍尔电压的大小正比于通过半导体基片的电流强度和磁极场密度。（   ）
6. 所谓压敏电阻就是受到应力作用时其阻值会发生变化的电阻。（   ）
7. 光电式运动传感器可以对速度和位置进行感测。（   ）
8. 电磁感应式传感器输出电压正比于线圈匝数和磁力线的变化率。（   ）
9. 汽车用继电器主要起保护开关和自动控制的作用。（   ）
10. 步进电动机是一种将电脉冲信号转换成相应角位移或线位移的执行器。（   ）

二、选择题

1. 下列部件哪个属于执行器（   ）。
   A. 电磁阀   B. 空气流量计   C. 节气门开关   D. 进气压力传感器
2. 混合气完全燃烧时空气与汽油的质量之比为（   ）。
   A. 12.7∶1   B. 13.7∶1   C. 14.7∶1   D. 16.7∶1
3. 利用流动的空气推动叶板绕转轴摆动而测量进气量的传感器属于（   ）。
   A. 热线式空气流量计   B. 叶板式空气流量计
   C. 热膜式空气流量计   D. 卡门漩涡式空气流量计
4. 霍尔式传感器可进行（   ）感测。
   A. 速度和位置   B. 温度和压力   C. 流速与流量   D. 体积与质量
5. 从氧传感器的输出特性看出,当混合气浓时,氧传感器输出电压为（   ）V。
   A. 0.8～0.9   B. 0～0.4   C. 0.1～0.2   D. 6～12
6. 当发动机有爆震燃烧时 ECU 将控制点火时间（   ）。
   A. 提前   B. 不变   C. 退后   D. 为零
7. 占空比调节式电磁阀属于（   ）。
   A. 电压调制式   B. 脉宽调制式   C. 通断型电磁阀
8. 汽车计算机控制系统用于感测信号的部分属于（   ）。
   A. 传感器   B. 电控单元   C. 执行器

三、简答题

1. 汽车上采用微机控制的优点是什么?
2. 汽车 ECU 表示什么? 其功能是什么?
3. 电控单元基本工作原理是什么?
4. 单片机与微处理器有何不同?
5. 中央处理器由什么组成?

6. 输入信号处理电路的作用是什么?
7. 输出信号处理电路的作用是什么?
8. 热敏电阻型温度传感器有何特点?
9. 常用的空气压力传感器有哪些种类?请叙述各种类的特点。
10. 常用空气流量传感器有哪几种,各自工作原理是什么?
11. 氧传感器有哪几种?各自特点是什么?
12. 爆震传感器的作用是什么?
13. 汽车上电控系统常见的执行器有哪几类?
14. 电磁执行器优缺点是什么?
15. 列举电磁继电器在汽车上的应用。
16. 步进电动机的工作原理是什么?
17. 何为占空比调节?有何优点?

技能训练

实训十八　本田电喷发动机控制功能检测

一、实训目的

1. 了解电喷发动机各系统的功能及在不同工况下,ECU 控制的异同点;
2. 掌握该车相关资料、参数。

二、实验器材

本田雅阁发动机实验台、数字示波器、万用表、电阻。

三、注意事项

1. 保证数字示波器规范性的操作;
2. 避免蓄电池正极与实验台架短路。

四、燃油喷射正时与喷油量的控制

实验1　燃油喷射正时

①打开点火开关,启动发动机,待怠速稳定后,将示波器的两通道表笔连接到面板上,通道 1 的表笔连接 1 缸喷油信号测试端子,通道 2 的表笔连接 CYP 传感器的信号测试端子(B11),接地夹搭铁。得到 1 缸喷油时刻和 CYP 转子齿轮的位置关系波形图。

②将通道 1 的表笔依接 2、3、4 缸喷油信号的测试端子 A3、A5、A2,分别有 2、3、4 缸喷油时刻和 CYP 转子齿轮位置关系的波形图。

实验分析:每一缸的喷油时刻对比 CYP 的转子齿轮的位置都不一样。相反,ECU 根据此信号等来控制各缸的喷油时刻。

实验2　喷油量的控制

①打开点火开关、起动发动机,待怠速稳定后,将示波器的通道 1 的测试探头连接到面板的"A1"处,接地夹搭铁。冷车起动时和起动后冷却液温度上升时的喷油波形,ECU 控制的脉冲占空比是不一样的。

②点火开关OFF,拔掉进行温度传感器接头,在接头的两端子间接一个3000Ω的电阻,让ECU误以为进气温度比较低,待怠速稳定后,观察示波器显示的喷油信号脉宽。

实验分析:发动机在刚起动后,由于发动机本身的温度较低,一部分的燃油沾附在进气歧管和汽缸壁上,这时ECU将根据温度传感器的信号,适当地控制喷油时间的占空比,增加喷油量。当温度传感器的阻值下降,发动机温度上升时,将适当的减小喷油量,以控制空燃比趋于理论值14.7:1附近。

五、实训报告要求

1. 思考题

(1)如何理解喷油时刻?

(2)发动机根据哪些信号来调喷油时刻?

2. 记录所测相关数据

记录实验2所得的实测波形,并标注有效脉宽在实训图11-1中。

3. 实训体会。

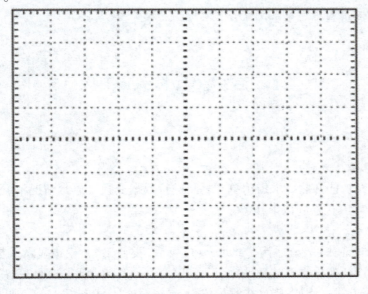

实训图11-1　实测波形图

单元十二　汽车总线技术

学习目标

🎓 **知识目标**
1. 正确描述汽车CAN总线系统组成、功能、数据传输过程。
2. 简述汽车CAN总线系统的几种检测方法。

🎓 **能力目标**
1. 能辨别汽车常见几种总线系统。
2. 能用万用表对总线系统进行基本检测。

1　汽车总线技术基础

1.1　汽车总线系统数据传输与结构组成、类型

1.1.1　信息传输方式

汽车实现复杂功能必然要求控制单元之间进行数据交换。通常情况下,通过信号线路传输数据。数据(信息)传输有以下几类方式。

1) 模拟传输

"模拟"这个概念来源于希腊语(analogos),表示"类似于"。模拟显示数据是指通过直接与数据成比例的连续变化物理常量进行表示。模拟信号的特点是,它可以采用0～100%之间的任意值,为无级方式。例如:指针式测量仪表,水银温度计,指针式时钟。如图12-1所示。

例如在听音乐时,耳朵就会接收到模拟信号(声波连续变化)。电气设备(音响系统、收音机、电话等)以同样的方式通过连续变化的电压表示出这种声音。

但当这种电信号由某一设备向另一设备传输时,接收装置接收到的信息与发射装置发送的信息并不完全相同。这是由于下列干扰因素造成的:

①电缆长度;
②电缆的线性电阻;
③无线电波;
④移动无线电信号。

出于安全技术的原因,在车辆应用方面不会通过模拟方式传输信息(ABS,安全气囊,发动机管理系统等)。此外,电压变化太小则无法显示出可靠值。

单元十二　汽车总线技术

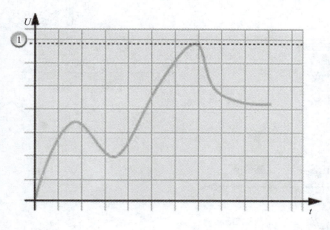

图 12-1　模拟信号

2）数字传输

"数字"这个概念来源于拉丁语"Digitus",表示手指或脚趾。因此,"数字"就是指可以用几个手指就算清的所有事务。数字表示方式就是以数字形式表示不断变化的参数,如图 12-2 所示。尤其在计算机内,所有数据都以"0"和"1"的序列形式表示出来(二进制)。因此,"数字"是"模拟"的对立形式。例如:数字万用表、数字时钟、CD、DVD。

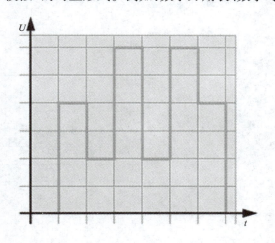

图 12-2　数字信号

3）二进制传输

"BiT"一词来源于希腊语,表示"2"。因此,一个二进制信号只能识别两种状态:0 和 1,或高和低。例如:

①车灯亮起/车灯未亮起;

②继电器已断开/继电器已接通;

③供电/未供电。

每个符号、图片甚至声音都由特定顺序的二进制字符构成,例如 10010110。

通过这些二进制编码计算机或控制单元可以处理信息或将信息发送给其他控制单元。如图 12-3 所示。

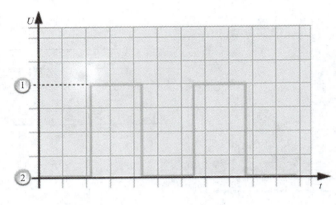

图 12-3　二进制信号

4）信号电平

为了能够清楚区分车辆应用方面的分高低两种电平状态,有时需要规定每种状态的对应范围,比如:

①高电平为 6～12V;

②低电平为 0～2V。

2～6V 之间的范围即所谓的禁止范围,用于识别故障。如图 12-4 所示。

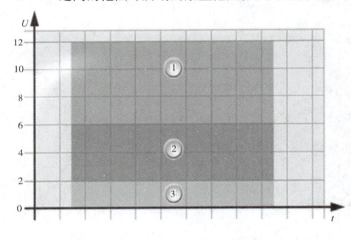

图 12-4　信号电平

5）代码表示

代码就是以一组字符集表示另一组字符集的明确规定。

例如,莫尔斯电码。该电码的每个字母和数字都通过不同长度的信号序列进行加密。大家熟悉的求救信号 SOS(save our souls——拯救我们的生命)用莫尔斯电码表示为:

短短短	长长长	短短短
S	O	S

代码用于通过加密形式将信息转化为另一种表示形式,但信息内容保持不变。该字符序列随即通过导线以电信号形式从键盘处传输至计算机。计算机将该字符序列正确翻译(解码)为字母。

该字符序列及其电信号称为编码信息。

6)比特和字节

计算机中的所有信息都以比特(二进制数字＝最小的信息单位)为单位进行存储和处理。因此,必须将所有数据(字母、数字、声音、图片等)转换成二进制代码,以便在计算机中进行处理。

最常用的系统和代码用八比特表示一个字符。八比特构成一个字节,因此可以对256(2^8)个字符进行设码。

比字节更大的单位：

①1 千字节(kb) = 1024 字节；

②1 兆字节(Mb) = 1024kb(1,048,576 字节)；

③1 千兆字节(Gb) = 1024Mb(1,073,741,824 字节)。

换算系数不是 1000,而是 1024。

1.1.2 接口连接方式

1)基础知识

接口负责建立计算机与周围环境(其他设备)之间的连接。为了通过接口正确传输数据,所有设备必须使用相同的硬件和软件。如果无法满足这些前提条件,则由一个网关(一种控制单元)来完成。如图 12-5 所示。

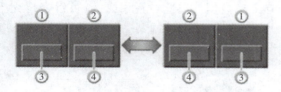

索引	说明
①	计算机
②	接口
③	软件
④	硬件

图 12-5 接口

通过接口连接不同设备时有两种连接方式：

①点对点连接；

②多点连接。

点对点连接仅适用于在一条传输路径上连接两个设备。图 12-6 表示的是一种点对点连接方式,这两个控制单元通过 K 总线相互连接。

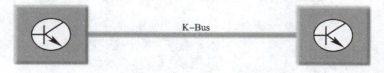

图 12-6 点对点连接

多点连接是可在同一传输路径上连接两个以上的设备。为此必须为各设备分配明确的代码(地址),以便设备能够有针对性地做出响应。将传输路径的控制功能主要分配给其中一个设备。该设备变为主控控制单元。其他所有设备都具有副控功能。如图 12-7 所示。

2)接口数据传输方式

无论传输方向如何,通过接口进行数据传输时都有三种基本运行模式：

①单工传输；
②半双工传输；
③全双工传输。

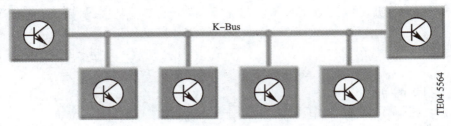

图 12-7 多点连接

(1) 单工传输是只能朝一个方向传输数据，即单向传输：发送装置向接收装置传输数据。例如：PC-打印机。如图 12-8 所示。

索引	说明
①	发送装置
②	数据
③	接收装置

图 12-8 单工传输

(2) 半双工传输是指两个设备可以相互交换数据。在此过程中，二者可以交替充当发送装置或接收装置。但无法同时传输数据。例如：按压对讲机的某一特定按钮时只能讲话（发送）。接听（接收）时必须松开该按钮。如图 12-9 所示。

索引	说明
①	发送装置
②	数据
③	接收装置
④	开关

图 12-9 半双工传输

(3) 全双工传输是指可以同时朝两个方向传输数据，即双向传输。每个方向都有一根专用导线（数据通道）。例如：使用电话时可同时进行发送和接收（讲话和接听）。如图 12-10 所示。

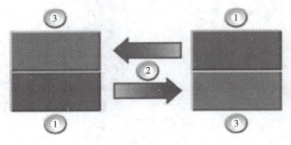

索引	说明
①	发送装置
②	数据
③	接收装置

图 12-10 全双工传输

3）数据传输的数据格式

对某一信息进行加密时,通常使用 7 位代码(ASCII)或 8 位代码(IBM;扩展 ASCII 码)。因此,数据传输的常用单位为一个 8 位代码 = 1 字节。根据发送装置向接收装置传输信息时各字节的方式,分为并行和串行传输形式。

①并行传输形式。进行并行数据传输时,发送装置向接收装置同时(并行)传输七位至八位数据。

以并行形式传输数据时,两个设备之间的电缆必须包括七根或八根平行排列的导线(加接地导线)。如图 12-11 所示。

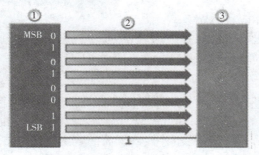

图 12-11　并行传输方式

需要较高的传输速度时,通常使用并行传输方式。但是由于插接装置和电缆方面的费用较高,因此只能在传输路径较短时采用这种传输方式。例如:PC-打印机。

②串行传输形式。串行接口主要用于在数据处理设备之间进行数字通信。在一根导线上以比特为单位依次(连续形式)传输所需数据。这种传输方式的优点是降低了布线的时间和成本。如图 12-12 所示。

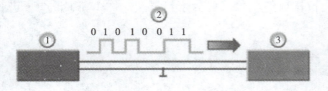

图 12-12　串行传输方式

以比特为单位依次传输数据的缺点是延长了传输时间。一个 8 位并行接口可在一个时间单位内传输一个数据字节,而一个串行接口至少需要八个单位时间才能传输相同字节的数据。不过,传输距离越长就越能体现出串行传输的优势。

满足下列某个或多个条件时大多使用串行接口:

- 传输距离较长,例如控制单元之间。
- 节省电缆。
- 对抗干扰能力(屏蔽导线)要求较高。
- 数据量较小。

串行数据传输的主要问题在于发送和接收装置之间数据流的时间同步性。发送装置根据节拍频率发送一个规定长度的数据位。

4）同步数据传输

使用一个共同的时钟脉冲发生器可保持发送装置和接收装置时间管理的同步性。这种方式就是同步传输形式。此时只需使用发送装置的时钟脉冲发生器通过一根单独的导线将其节拍频率传送给接收装置。如图12-13所示。

图12-13 同步传输方式

进行同步传输时,通常以信息组形式发送数据。为此必须使接收装置与信息组传输同步化。因此,在信息组起始处发送一个起始符号,在停止处发送一个停止识别符号。

5) 异步数据传输

发送和接收装置之间最常用的时间管理方式是异步传输形式。进行异步数据传输时,发送和接收装置之间没有共同的系统节拍。通过起始位和停止位识别数据组的开始和结束。只有当接收装置确认已接收到之前的数据后,发送装置才会传输下面的数据。这种方式相对较慢。此外,数据传输率还取决于总线长度。进行异步数据传输时,仅针对字符的持续时间建立并保持发送和接收装置之间的同步性。这种方式又称为起止方式。

进行异步传输时,每个字符起始处都有一个起始位。接收装置可通过该起始位与发送装置的节拍保持同步。随后发送五至八位数据位,并可能发送一个检查位(校验位)。在导线上发送数据位时首先发送最低值数位。最后发送最高值数位。此后还有一或两个停止位。这些停止位用于传输两个字符之间的最小停顿。停止位为接收装置创造了接收下面字符的准备时间。这种由起始位、数据位和停止位构成的单位又称为字符框架。图12-14说明了进行异步数据传输时的字符框架结构。

图12-14 异步传输方式

①-接收装置;②-起始位;③-最低值数位;④-5~8位数据;⑤-最高值数位;⑥-检查位;⑦-停止位;⑧-停止位;⑨-信号;自由总线

发送和接收装置的传输形式必须一致。就是说,两个设备内的下列参数需调节一致:
①传输速度;
②数据校验检查逻辑;
③数据位的数量;
④停止位的数量。

1.1.3 汽车总线系统结构组成

汽车总线系统是基于互联网技术(现场总线技术)将汽车上的控制单元联网便于控制单元之间进行大规模的数据传输(信息共享),如图12-15所示。总线系统主要由控制器、数据总线、网络、收发器、通信协议、网关等组成。

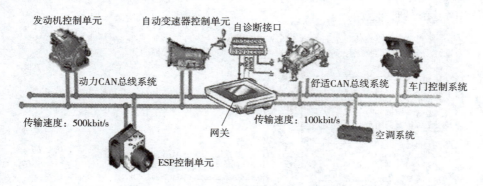

图 12-15　汽车总线系统示意图

1）控制器

汽车总线系统控制器一般位于相应的控制单元内。

控制单元内通常分为三个等级。最高一级是应用程序微控制器,这个控制器与汽车上配备数字化网络系统前传统的发动机控制单元或 ABS 控制单元类似,采用相同的功能元件,通过传感器和执行机构一起与外界建立连接。为确保微控制器能与其下一级的"协议"控制器通信,微控制器还装备了一个用于数据输出和系统控制的接口。

"协议"控制器分析应用程序传输的数据,将数据汇集在一个总线信息帧内并为逻辑信号传输到数据总线上作准备。

总线系统中的控制器包括"协议"控制器及"协议"控制器与应用程序控制器之间的接口,对总线系统的网络通信起控制作用,通过对收发器(详见下文)的控制使本控制单元与总线上其他控制单元进行数据交换。

2）数据总线

数据总线(BUS)是控制单元间进行数据传递的通道,即所谓的信息"高速公路"。汽车上的数据总线实际是一条或两条铜导线、光缆。

高速数据总线及网络容易产生电磁干扰,这种干扰会导致数据传输出错。数据总线有多种检错方法,如检测一段特定数据的长度,如果出错,数据将重新传输,这就会导致各系统的运行速度减慢。

解决的方法有:使用功能更强大、结构更复杂的控制单元。可用双绞线作 CAN 总线传输导线,如图 12-16、图 12-17 标示了所有进入发动机部位节点(控制单元)的信息,需要的话,这些信息就会通过两条数据总线(M1 和 M2)从发动机控制单元节点传输出去。

双绞线的优点在于其抗干扰能力强,辐射小。

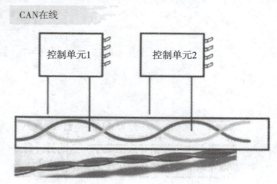

图 12-16　CAN 总线采用双绞线作传输导线

3）网络

局域网是在一个有限区域内按一定几何结构连接的计算机网络,通过这个网络实现这个系统内的信息资源共享。局域网一般的数据传输速度为105kbit/s左右,汽车上的总线传输系统(车载网络)是一种局域网。

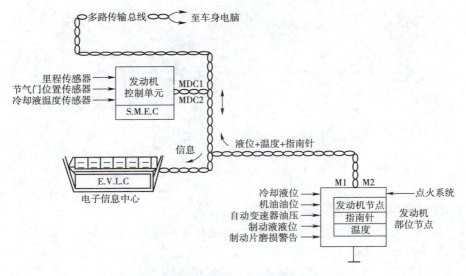

图12-17 克莱斯勒CCD系统采用的双绞线

如图12-18所示为速腾轿车的数据总线和连接到总线上的控制单元,几条数据总线又连接到局域网上,构成整个车载网络。

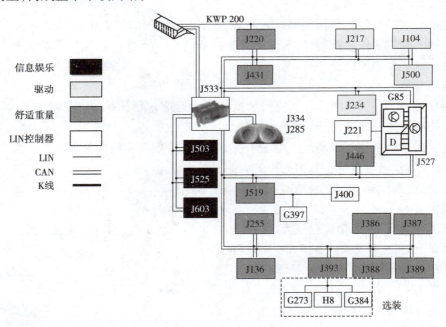

图12-18 速腾轿车车载网络系统

4)收发器

CAN收发器与控制器一般集成在控制单元内部。

传输数据时控制器控制收发器芯片,芯片则通过一个驱动程序将比特形式的总线信息传到总线上。为确保应用程序能得到其他总线设备的数据,除发送器外收发器还带有一个接收器。总线干扰 CAN 节点时收发器还能保护每个 CAN 连接。

5) 通信协议

通信协议(数据传输协议)规定如何组织网络内的通信、信息交换、总线信息(数据帧)、避免和排除冲突以及识别和处理故障。主要包含通信方式(多主控单元方式还是主副控单元方式)、信息交换方式(以总线设备为主还是以总线信息为主)、通信要素表(各通信要素及其在某次通信中扮演的角色)。

6) 网关

按照汽车配置的不同,控制单元对总线系统性能要求不同,同一辆汽车上一般包含有 2~6 种不同的总线系统。如图 12-19 所示为一汽迈腾轿车的 CAN 总线,共设定了动力系统总线(驱动总线)、舒适系统总线、信息系统总线、仪表系统总线和诊断总线 5 个不同的区域。

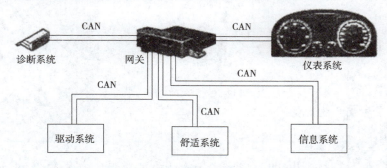

图 12-19 一汽迈腾轿车由网关连接的不同 CAN 总线系统

不同的总线系统具有不同的通信协议,系统之间进行数据传输必须通过网关来完成。网关主要有三方面的功能。

① 识别和改变不同总线网络的信号和速率。

由于不同区域车载网络的速率和识别代号不同,因此,一个信号要从一个总线进入到另一个总线区域,必须把它的识别信号和速率进行改变,能够让另一个数据总线系统接受,这个任务由网关(Gateway)来完成。图 12-19 中,由于电压和电阻配置不同,所以在驱动总线系统和舒适/信息总线系统之间无法通过总线导线直接耦合连接。另外不同总线系统的数据传输速率是不同的,这就决定了它们无法直接通信。这就需要在这不同系统之间完成一个转换,这个转换就是通过网关来实现的。

② 改变信息优先级。

如果车辆发生相撞事故,安全气囊控制单元会发出负加速度传感器的信号,这个信号的优先级在动力系统总线中是非常高的,但转到舒适系统车载网络后,网关调低了它的优先级,因为它在舒适系统中其功能只是打开车门和灯。

③ 网关可作为诊断接口。

根据车辆的不同,网关可能安装在组合仪表内、车上供电控制单元内或在自己的网关控制单元内。由于通过 CAN 数据总线的所有信息都供网关使用,所以网关也用作诊断接口。

网关相当于站台(Gateway),如图 12-20 所示,站台 A 到达一列快车(CAN 驱动数据总线,500kbit/s),车上有数百名旅客。在站台 B 已经有一辆慢车(CAN 舒适/信息数据总线,

100kbit/s)在等待,有一些乘客就换到这辆慢车上,而站台 B 上有一些乘客要换乘快车继续旅行。网关的主要任务是使两个速度不同的系统之间能进行信息交换。

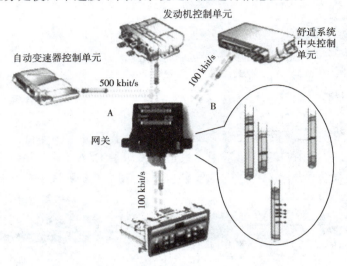

图 12-20　网关的功能

1.1.4　汽车总线系统类型

> **知识链接**
>
> 　　1986 年 2 月,Robert Bosch 公司在 SAE(汽车工程师协会,Society of Automotive Engineers)大会上介绍了一种新型的串行总线——CAN 控制器局域网,那是 CAN 诞生的时刻。今天,在欧洲几乎每一辆新客车均装配有 CAN 局域网。同样,CAN 也用于其他类型的交通工具,从火车到轮船或者用于工业控制。CAN 已经成为全球范围内最重要的总线之一——甚至领导着串行总线。在 1999 年,接近 6 千万个 CAN 控制器投入应用;2000 年,市场销售超过 1 亿个 CAN 器件。

(1)根据总线传输导线类型分类。

根据传输导线的不同汽车总线分为单线、双线和无线。在 CAN 系统中一般均采用双线传输;光纤总线(MOST)为环状信息传输;新款车型中很多都采用了无线蓝牙传输数据,又叫 BLUE TOOTH 总线。

(2)根据网络几何结构形式分类。

根据连接控制单元的不同几何结构形式,可将汽车总线多路传输分为线性、树状、星型和环型,如图 12-21 所示。

(3)根据网络传输速度分类。

美国汽车工程师协会(SAE)车辆网络委员会按照网络的功能和速度,将车载网络系统分为低速、中速和高速网络。低速网络主要面向执行器、传感器;中速网络主要面向模块间数据共享;高速网络主要面向多路、实时闭环的及面向信息、多媒体系统的网络和面向乘员的安全系统网络。

具体划分为 A、B、C、D 等类型。

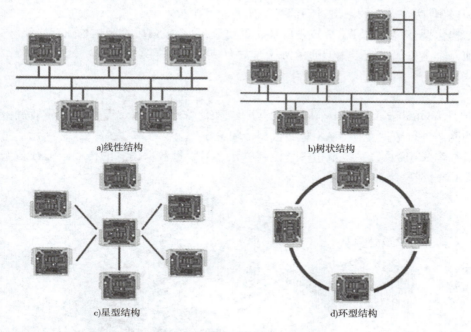

图 12-21　数据总线网络拓扑分类图

①A 类网络主要面向传感器、执行器控制。位速率一般在 1～10kb/s,网络协议种类主要有 LIN、UART、CCD 等,适用于对实时性要求不高的场合。

该类网络主要应用于车身控制,如电动门窗、中央锁、后视镜、座椅调节、灯光照明及早期的汽车故障诊断。

②B 类网络协议主要面向独立模块间的数据共享,适用于对实时性要求不高的场合,以减少冗余的电子部件。位速率一般在 10～125kb/s,网络协议种类主要有 ISO 11898-3(容错 CAN)、J2248、VAN(Vehicle Area Network)、J1850(OBD2)等。

该类网络主要应用于电子车辆信息中心、故障诊断、仪表显示等方面的控制。随着汽车网络技术的发展,目前及未来的 B 类网络主流协议将是 CAN(ISO11898-3)。

③C 类网络主要面向高速、实时闭环控制的多路控制多路传输网,位速率可达 10Mb/s 以上,网络协议种类主要有 ISO 11898-2(高速 CAN)、TTP(Time-Triggered ProtocoD/C、FlexRay 等。

该类网络主要用于动力系统等对实时控制及可靠性要求较高的场合。目前,C 类网络中广泛应用于动力与传动系统控制与通信的协议标准为 ISO11898-2。

④D 类网络统称智能数据总线(IDB,Intelligent Data Bus),主要面向信息、多媒体系统等。

根据 SAE 分类,D 类网络使用在信息多媒体系统中多采用 D2B、MOST 光纤传输和 IDB-Wireless 无线通信 Bluetooth 技术。D 类网络协议的位速率为 250kb/s～400Mb/s。面向乘员的安全系统,应用于车辆被动安全性领域,位速率一般为 20kb/s～10Mb/s,网络协议种类主要有 SafetyBus. Planet、Byteflight 等。

(4) 根据网络通信协议分类。

①直接型:点对点、无任何中间处理装置的链路直接通信的协议。

②间接型:两个以上的网络进行信息交换的通信协议。

③结构化型:对复杂情况,分成不同层次的协议,复合集成后称为结构化型协议。

目前汽车主总线系统采用的通信协议通常为结构化型协议。

1.2　CAN总线系统工作原理

CAN是Controller Area Network(控制器局域网络)的缩写,含义是电控单元通过由数据总线构成的网络进行数据交换,CAN总线数据传输可比作公共汽车,如图12-22所示。可以同时运输大量乘客,CAN总线系统承担各个控制单元之间大量数据信息的传输。多数新型汽车都使用了CAN总线网络。

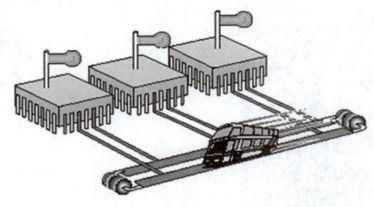

图12-22　CAN数据总线传输数据(其情形如同公共汽车运送乘客)

1.2.1　CAN总线系统控制部件及其功能

单一的CAN总线系统控制部件包括:控制器(Controller)、收发器(Tranceiver)、终端电阻。其中控制器与收发器一般集成在各控制单元内部,多数情况终端电阻也位于控制单元内。如图12-23所示。

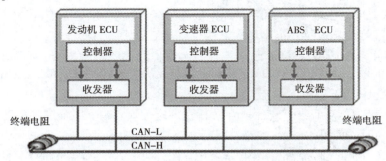

图12-23　CAN总线系统组成

(1)控制器。

控制器是CAN通信的控制装置,主要作用将总线通过接收器收到的信号进行转换传递给控制单元(ECU),或将控制单元传来的信号形成发送指令传递到发送器,由发送器传到总线。图12-24为总线控制系统内部原理图。由于控制单元通过CAN控制器实现了网络传输,因此,CAN网络也成为了控制单元的输入信息来源。同时,CAN网络也成为了控制单元的信息输出对象。

控制器按事先规定好的程序一方面对控制单元传来的数据进行处理（组帧装配），处理后的结果需要存入专门的存储器内，待机发送。另一方面还要对收发器传来的总线信息进行处理（拆帧筛选），处理结果也需要放入数据传输总线存储区。因此控制器内部要有用于容纳接收到的和要发送的信息的存储器（缓冲器）。

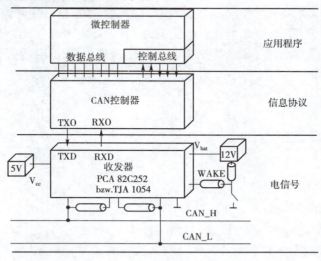

图 12-24　控制单元内部结构

控制器通过内部的数据传输总线构件与接收信息存储器（接收邮箱）或发送信息存储器（发送邮箱）相连。

（2）收发器。

CAN 收发器由 CAN 发送器（Transmitter）和接收器（Receiver）组成，其作用是将 CAN 控制器提供的数据转换成 CAN 总线网络信号发送出去，同时，它也接收总线数据，并将数据传送到 CAN 控制器。其中发送器把数据传输总线构件连续的比特流（逻辑电平）转换成电压值（线路传输电平），这个电压值适合铜导线上的数据传输。接收器则把电压信号转换成连接的比特流，这种比特流适合控制器处理。

收发器通过 TX 线（发送导线）或 RX 线（接收导线）与数据传输总线构件相连，如图 12-25 所示，RX 线通过一个放大器直接与数据传输总线相连，始终监控总线信号。

发送器的特点是 TX 线与总线的耦合，如图 12-26 所示，这个耦合过程是通过一个断路式集流器电路来实现的。因此，总线导线上就会出现两种状态。

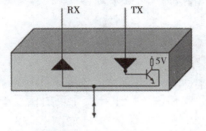

图 12-25　收发器与 TX 耦合

图 12-26　总线开关状态示意图

状态1:截止状态,晶体管截止(开关未闭合)

无源:总线电平=1,电阻高

状态0:接通状态,晶体管导通(开关已闭合)

有源:总线电平=0,电阻低

如图12-27所示,假设有三个控制器收发器耦合在一根总线导线上,开关未闭合表示1(无源);开关已闭合表示0(有源)。则收发器C有源,收发器A和B无源。工作过程如下:

①如果某一开关已闭合,电阻上就有电流流过,于是总线导线上的电压就为0V。

②如果所有开关均未闭合,那么就没有电流流过,电阻上就没有压降,于是总线导线上的电压就为5V。

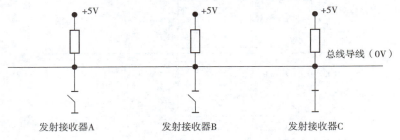

图12-27 三个收发器连到一根总线

按照如图12-27所示连接方式,三个控制器连接在CAN总线上的工作状态,如表12-1所示。

控制器和总线状态对应关系表　　　　　表12-1

控制器A	控制器B	控制器C	总线状态
1	1	1	1(5V)
1	1	0	0(0V)
1	0	1	0(0V)
1	0	0	0(0V)
0	1	1	0(0V)
0	1	0	0(0V)
0	0	1	0(0V)
0	0	0	0(0V)

总线系统中信号采用二进制传输,因此,如果总线处于状态1(无源),那么此状态可以由某一个控制单元使用状态0(有源)来改写。无源的总线电平称为隐性的,有源的总线电平称为显性的,作为实现逻辑运算的模型。

(3)终端电阻。

从电气角度来看,一根载流导线始终具有欧姆电阻、感应电阻和电容电阻。从点"A"向点"B"传输数据时,这些电阻的总电阻值会对数据传输产生影响。传输频率越高,有感电阻和电容电阻产生的影响就越大。这种情况可能导致在传输导线末端产生反射信号干扰正常信号传输。因此要通过终端电阻对导线进行"适配",以便保持原有信号,如图12-28所示。

在一个总线系统上使用不同的终端电阻。这些电阻通常由下列参数决定:

①总线系统的数据传输频率；
②传输路径上的电感或电容负荷；
③进行数据传输的电缆长度。

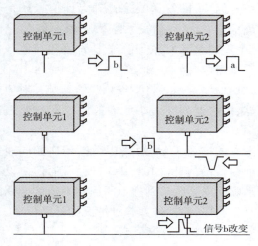
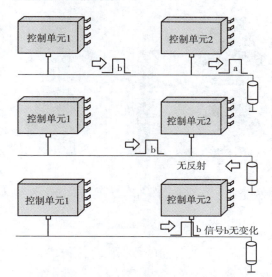

图 12-28　终端电阻及其作用

导线越长，导线的电感部分就越大。控制单元分为始终安装的基础控制单元（例如组合仪表）和其余控制单元。通过电阻值进行划分。

1.2.2　数据传输形式和数据传输原理

（1）数据传输形式。

与传统信息传输形式相比，采用 CAN 总线进行信息传递，所有信息都通过两根数据线进行传递，如图 12-29 所示。

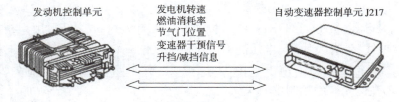

图 12-29　数据传输形式

汽车上实际应用的总线数据传输导线有单线形式，也有双线形式。理论上采用单线就可满足功能要求，实际中使用的第二条导线，其上的信号是第一条导线信号的镜像，与第一条导线传输的信息是雷同的，但这样可有效地抑制外部干扰。所有电控单元之间的所有信息都是通过两根数据线 CAN-Low 和 CAN-High 来传输的。

（2）数据传输原理。

总线数据传输按通信协议的规定进行。通信协议解决数据传输过程中发送、接收、发送的先后次序、收发同步、错误识别和纠正、数据格式等所有可能涉及的问题。最基本的有三个方面：

①通信方式。是主副控单元通信还是多主控单元通信。CAN 总线系统属于多主控单元通信，所有控制单元都有发送接收数据的权限。

②信息交换方式。是以总线设备为主还是以总线信息为主，即发送的是物理寻址信息还是功能寻址信息。CAN 总线系统属于以总线信息为主，某个控制单元发送到总线上的信息其他各控制单元按需取舍。

③通信要素表。将某条总线信息及其对应的发送器、接收器列在表中。通信协议即按此表组织通信。

形象的描述，CAN 总线中数据传递如同通过电话通话传输信息，如图 12-30 所示，通信协议就如同从拿起电话听筒到挂上听筒结束通话期间的正确操作程序，包括碰到各种情况的处置程序。

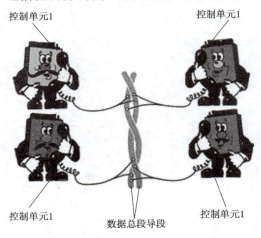

图 12-30 CAN 总线数据传输原理

（3）CAN 总线数据格式。

CAN 总线传递的数据由多位构成，称为数据帧。数据帧由开始域、状态域、控制域、数据域、安全域、检验域和结束域 7 个部分组成，它是 CAN 总线在极短的时间里在各控制单元间传递的数据，如图 12-31 所示。该数据帧构成形式在两条数据传输线上是一样的。

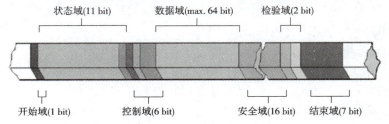

图 12-31 CAN 总线传输数据的格式

①开始域。标志着数据列的开始，由 1 位构成。带有大约 5V 电压（由系统决定）的 1 位被送入高位 CAN 线；带有大约 0V 电压的 1 位被送入低位 CAN 线。

②状态域。判定数据中的优先权，由 11 位构成。如果两个控制单元都要发送各自的数据，那么，具有较高优先权的控制单元优先发送。

③控制域。用于显示在数据域中所包含的信息项目数，由 6 位构成。在本部分，允许任何接收器检查是否已经接收到所传递过来的所有信息。

④数据域。传给其他电控单元的信息，最大由 64 位构成。

⑤安全域。检测传递数据中的错误，由 16 位构成。

⑥检验域。检验域由 2 位构成。在此，CAN 接收器信号通知 CAN 发送器，确认 CAN 接收器已经收到传输数据。若检查到错误，CAN 接收器立即通知 CAN 发送器，CAN 发送器再重新发送一次数据。

⑦结束域。结束域由 7 位构成，标志数据列的结束。

(4) 传递的信息。

用于交换的数据称为信息,每个控制单元均可发送和接收信息。信息是以二进制值(0 和 1)来表示,其中包含着要传递的物理量,例如,发动机转速为 1800r/min 可表示成 00010101,如图 12-32 所示,二进制数据流也称为比特流。

在发送过程中,二进制值先被转换成连续的比特流,该比特流通过 TX 线(发送线)到达收发器,收发器将比特流转化成相应的电压值,最后这些电压值按时间顺序依次被传送到数据传输总线的导线上。

在接收过程中,这些电压值经收发器又转换成比特流,再经 RX 线(接收线)传至控制单元,控制单元将这些二进制连续值转换成信息。例如,00010101 这个值又被转换成 1800r/min。

每个控制单元均可接收发送出的信息。人们也把该原理称为广播,就像一个广播电台发送某一节目一样,每个连接的用户均可接收,但收与不收由接受用户决定。这种广播方式可以使得连接的所有控制单元总是处于相同的信息状态,如图 12-33 和图 12-34 所示。

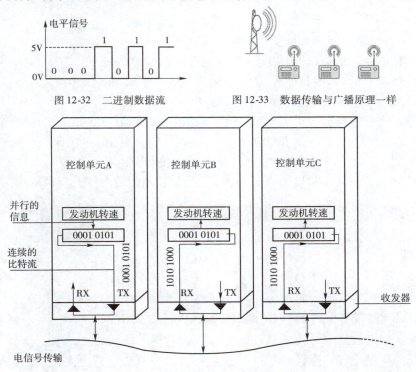

图 12-32　二进制数据流　　　　图 12-33　数据传输与广播原理一样

图 12-34　控制单元内部信息交换

1.2.3　CAN 总线的数据传递过程

CAN 总线并没有指定的数据接收者,数据在 CAN 总线传输过程中,可以被所有电控单元接收和计算。CAN 总线的数据传递过程,如图 12-35 所示。

(1) 提供数据。

电控单元的微处理器向 CAN 控制器提供需要发送的数据。

(2) 发送数据。

CAN 收发器接收由 CAN 控制器传来的数据,转为 CAN 网络电信号并发送到 CAN 总线单数据总线上。

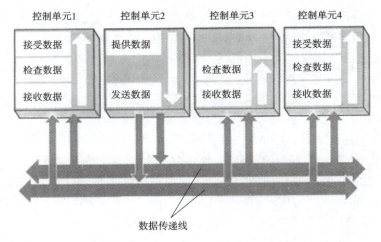

图 12-35 CAN 数据总线的数据传递过程

例如，发动机控制单元的数据发送过程，如图 12-35 所示。

①传感器接收到转速值，该值以固定的周期到达微控制器的输入存储器内。由于该转速值还用于其他控制单元，如组合仪表，所以该值应通过数据传输总线来传递。

②该转速值被复制到发动机控制单元的发送存储器内。

③该信息从发送存储器进入 CAN 总线控制器的发送邮箱内。如果发送邮箱内有一个实时值，那么该值会由发送特征位（举起的小旗示意有传输任务）显示出来，将发送任务委托给 CAN 总线控制器，发动机控制单元就完成了此过程中的任务。

④发动机转速值按协议被转换成图 12-36 所示的数据传输总线的特殊格式。

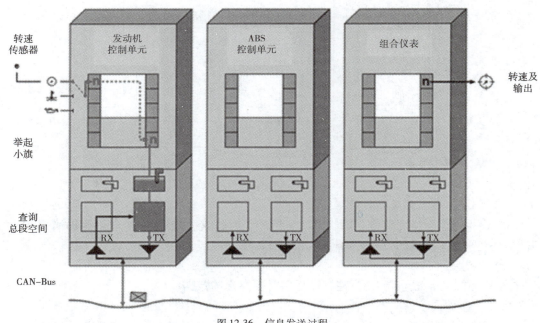

图 12-36 信息发送过程

⑤数据传输总线控制器通过 RX 线来检查总线是否有源(是否正在交换别的信息),必要时会等待,直至总线空闲下来为止,如图 12-37 所示。如果总线空闲下来,发动机信息就会被发送出去。

(3) 接收数据。

所有与 CAN 总线一起构成网络的电控单元转为接收状态,从 CAN 总线上接收数据。

信息接收过程分为两步,如图 12-38、图 12-39 所示。

第一步:检查信息是否正确(在监控层)。

第二步:检查信息是否可用(在接受层)。

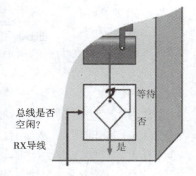

图 12-37　总线空闲查询

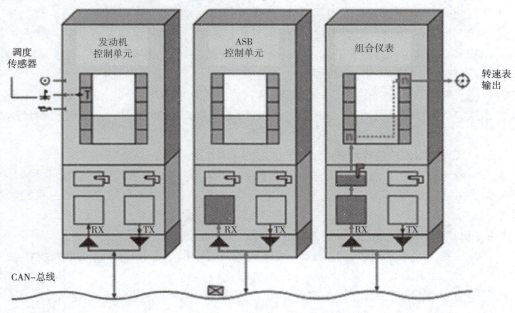

图 12-38　信息接收过程

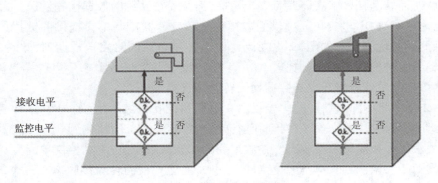

图 12-39　信息的接收及监控

①信息接收。

连接的所有装置都接收发动机控制单元发送的信息,该信息是通过 RX 线到达 CAN 控制器各自的接收区。

②信息校验。

接收器接收发动机的所有信息,并且在相应的监控层检查这些信息是否正确。这样就可以识别出在某种情况下某一控制单元上出现的局部故障。所有连接的装置都接收发动机控制单元发送的信息,可以通过监控层内的循环冗余码校验 CRC(Cycling Redundancy Check),来确定是否有传递错误。在发送每个信息时,所有数据位会产生并传递一个 16 位的校验和数。接收器按同样的规则,从所有已经接收到的数据位中计算出校验和数。随后,接收到的校验数与计算出的校验数进行比较,如果确定无传递错误,那么连接的所有装置会给发送器一个确认回答,这个回答就是所谓的"信息收到符号"ACK(Acknowledge),它位于校验码后。

③信息接受。

已接收到的正确信息会到达相关 CAN 总线控制器的接受区,在那里来决定该信息是否用于完成各控制单元的功能。如果不是,该信息就被拒收。如果是,该信息就会进入相应的接收邮箱。控制单元根据接受信号(升起的"接受小旗")就会知道:现在有一个信息(如转速)在排队等待处理,如图 12-38、图 12-39 所示。

组合仪表调出该信息并将相应的值复制到它的输入存储器内,至此,通过数据传输总线构件发送和接收信息的过程结束。在组合仪表内,转速经微控制器处理后控制转速表显示相应的转速。

1.2.4 CAN 总线的传输仲裁

如果多个电控单元要同时发送各自的数据列,那么数据总线上就必然会发生数据冲突。为了避免发生这种情况,CAN 总线系统就采用传输方法,其原则是:具有最高优先权的数据首先发送。

每个控制单元在发送信息时,通过发送标识符来标明该信息的优先级。

所有的控制单元都是通过各自的 RX 线来跟踪总线上的一举一动并获知总线的状态。

每个发射器将 TX 线和 RX 线的状态逐位进行比较。

数据传输总线的调整规则:用标识符中位于前部的"0"的个数代表信息的重要程度,"0"的位数越多越优先,从而保证按重要程度的顺序来发送信息。越早出现"1"的控制单元,越早退出发送状态而转为接收状态。基于安全考虑,涉及安全系统的数据优先发送。

例如,由 ABS/EDL 电控单元提供的数据比自动变速器控制单元提供的数据(驾驶舒适)更重要,因此具有优先权。如图 12-40 所示。3 个控制单元同时发送数据列,此时,在 CAN 总线数据传输线上进行一位一位的比较,如果 1 个控制单元发送了 1 个低电位而检测到 1 个高电位,那么该控制单元就停止发送数据列而转为接收器。

表 12-2 是 3 组不同数据列的优先权。在数据列的状态域第 1 位,ABS/ESP 控制单元发送了 0,发动机控制单元也发送 0,自动变速器控制单元发送 1 而检测到 0,那么自动变速器控制单元将失去优先权而转为接收态。在数据列的状态域第 2 位,制动控制单元发送 0,发动机控制单元发送 1 并检测到 0,发动机控制单元也失去优先权而转为接收态。三个等待发送数据的控制单元,两个按仲裁机制退出发送转为接收,只有制动控制单元仍在发送,故从状态域第 3 位起,制动控制单元接管总线控制权,继续发送剩余信息,此时总线上的信息与制动控制单元向外发送的信息是一致的。制动控制单元取得的优先权直到其发送本帧数据终了。随后

刚才转为接收态而仍在等待发送信息的发动机控制单元与自动变速器控制单元,继续按照这样的仲裁机制,开始新一轮仲裁,如图 12-41 所示。

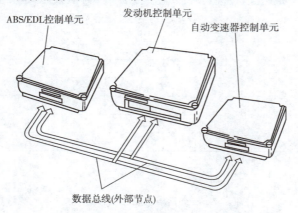

图 12-40　CAN 总线数据优先权判定实例

不同数据列的优先权　　　　　　　　　　表 12-2

优　先　权	数　据　报　告	状　态　域　形　式
1	ABS/ESP(制动)	001 1010 0000
2	ECU(发动机)	010 1000 0000
3	AT(自动变速器)	100 0100 0000

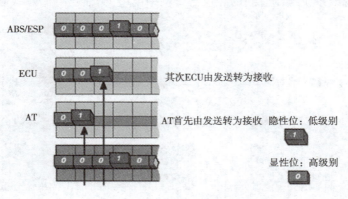

图 12-41　数据优先权的判定

2　汽车整车总线系统概览

基于性能和成本的综合因素,绝大多数汽车整车上同时采用几种总线系统。以 BMW 3 系 E90 为例,其整车总线系统分为:主总线系统和子总线系统。

主总线系统负责跨系统的数据交换。子总线系统负责系统内的数据交换。这些系统用于交换特定系统内相对数据量较少的数据。

1)主总线系统

主总线系统见表 12-3。

主总线系统数据　　　　　　　　表 12-3

主总线系统	数据传输率	总线结构
K 总线	9.6kbit/s	线性,单线
D 总线	10.5~115kbit/s	线性,单线
CAN	100kbit/s	线性,双线
K-CAN	100kbit/s	线性,双线
F-CAN	500kbit/s	线性,双线
PT-CAN	500kbit/s	线性,双线
byteflight	10Mbit/s	星形,光缆
MOST	22.5Mbit/s	环形,光缆

2)子总线系统

子总线系统见表 12-4。

子总线系统数据　　　　　　　　表 12-4

子总线系统	数据传输率	总线结构
K 总线协议	9.6kbit/s	线性,单线
BSD	9.6kbit/s	线性,单线
DWA 总线	9.6kbit/s	线性,单线
LIN 总线	9.6~19.2kbit/s	线性,单线

多数情况下车辆的总线系统(主总线系统和子总线系统)通过一个概览图表示,如图 12-42 所示。其中每个总线系统绘制总线的颜色与车辆中电缆的颜色相同,总线导线的数量(单线,双线)也与实际一致。

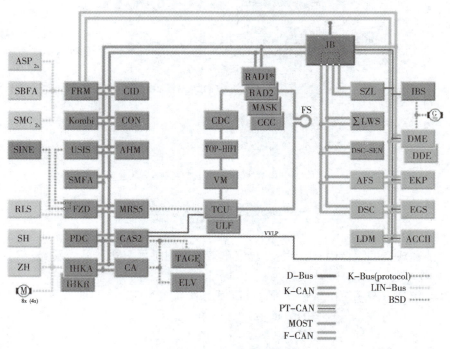

图 12-42　BMW 3 系总线系统根览图

以下详细介绍其中两个总线系统:K-CAN 总线系统和 MOST 总线系统。

2.1 K-CAN 总线系统

K-CAN 表示车身控制器区域网络,负责传输车身范围内的信息。

K-CAN 通过双绞铜线以 100kbit/s 的传输速率传输数据。

在 BMW 车辆中车身控制器区域网络(K-CAN)用于将舒适和车身电子系统的组件联网,例如灯泡控制、座椅调节和空调系统。

K-CAN 网以线性结构为基础,在这个总线结构形式的网络上的每个终端设备(节点、控制单元)都通过一根共同的导线连接起来,如图 12-43 所示。

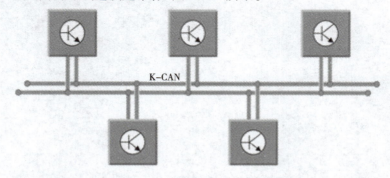

图 12-43　K-CAN 总线结构

K-CAN 是一个多主控总线。连接在该总线上的每个控制单元都可以发送信息。这些控制单元以事件控制方式进行通信。需要发送数据的控制单元在总线未占用时发送其信息。总线占用时,则发送具有最高优先级的信息。

由于没有接收地址,因此所有控制单元都会接收到所发信息。这样即可在运行期间将其他接收站加入到系统内。无需更改软件或硬件。

使用双线导线的好处在于,即使出现故障时仍可使用其中另一根导线。

优点:

①易于安装;

②易于扩展;

③导线较短;

④具有通过一根导线应急运行的特性。

缺点:

①限制了网络扩展能力;

②访问方式复杂。

1)终端电阻

K-CAN 上的终端电阻值见表 12-5。

K-CAN 上的终端电阻值　　　　　　　　　　　　　　　　　表 12-5

基础控制单元	其余控制单元
820Ω	12000Ω

2) K-CAN 上的电压电平

CAN-H 的电压电平由低变高时为逻辑0,电压电平再次变低时为逻辑1。如图12-44 和图 12-45 所示。

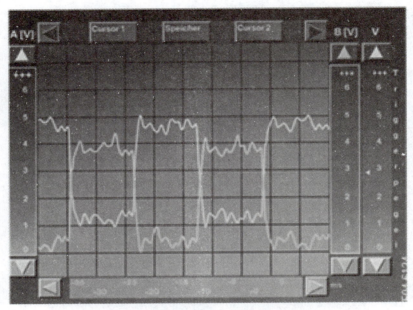

图 12-44　K-CAN(GT-1)上的电压电平波形图

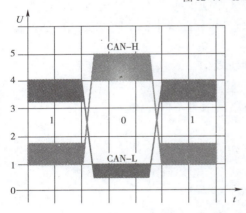

图 12-45　K-CAN(GT-1)上的电压电平波形示意图

在 K-CAN 上传输一个显比特时,CAN-H 与 CAN-L 导线之间的电压差为3V。

CAN-H 上针对接地的电压为4V,CAN-L 上针对接地的电压为1V。例如:终端电阻损坏时,电压电平就会改变。这种电压变化会影响 CAN 系统。总线节点之间的通信情况会出现问题。

3) 识别和关闭损坏的控制单元

为了防止损坏的总线节点持续干扰总线上的数据通信,CAN 协议中包含了监控控制单元的信息。超过规定的错误率时,就会限制相关控制单元的运行自由甚至断开该单元与网络的连接。

出现下列情况时,K-CAN 作为单线总线运行:

①一个 CAN 数据导线断路;
②一个 CAN 数据导线对地短路;
③一个 CAN 数据导线对供电电压 U_{B+} 短路。

2.2　MOST 总线系统

MOST 是一种专门针对车辆使用而开发的、服务于多媒体应用的通信技术。MOST(Multimedia Oriented System Transport)的含义是多媒体定向传输系统。MOST 总线利用光脉冲传输数据。

MOST 的优点：

①可达到较高的数据传输率；

②可在不相互干扰的前提下，并行同步提供信息和娱乐服务；

③具有良好的抗辐射和抗干扰性能。

在汽车后继研发期间，车辆上所用的多媒体组件不断增多，组件功能范围也不断扩展。这些组件组成的新逻辑网络大大增加了系统的复杂性。由于以前使用的总线系统已无法应对这种系统复杂性，因此需要一种新型总线技术，即 MOST。MOST 总线系统可以连接如下多媒体组件：

①电话；

②收音机；

③电视；

④导航系统；

⑤CD 换碟机；

⑥功率放大器；

⑦多功能信息显示屏/车载监视器。

1) MOST 概览

MOST 可以传输各种数据（控制单元、音频和图像数据）并提供各种数据服务（SMS、TMC 等）。MOST 总线采用环形结构，光缆用作传输媒介，通过光脉冲传输数据，只能朝一个方向传输数据。利用即插即用（连接后即可使用）原则可以非常简单地通过各组件扩展系统。MOST 能够控制并动态管理分布在车内的各项功能。如图 12-46 所示。

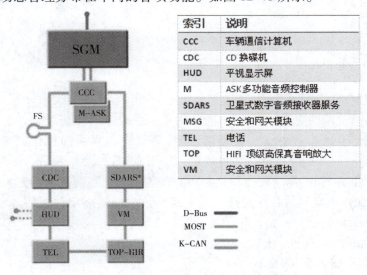

图 12-46　MOST 概览

特征：

①较高的数据传输率：22.5Mbit/s；

②同步/异步数据传输；

③MOST将控制单元的节点分配到总线内；
④光缆作为传输媒介；
⑤环形结构。
2）环形结构

在环形结构网络内每个终端设备（节点、控制单元）都通过一个环形导线连接。允许发送的信息在该环形导线上循环运行。该信息由每个节点（控制单元）读取并继续传送。如图12-47所示。

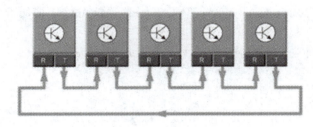

图12-47　MOST的环形结构

某一节点需要发送数据时，会将"准备发送"信息转换为"占用"信息。随后添加接收装置地址、一个故障处理代码和相关数据。为了保持信号强度，数据包经过的节点会再次产生相关数据（转发器）。作为接收装置分配有地址的节点复制这些数据并以循环形式继续发送。数据再次到达发送装置时，发送装置就会将数据从循环中清除并重新发出"准备发送"信息。

具体情况：物理上的光线方向由主控控制单元（例如多功能音频系统控制器）至光缆连接器，再从连接器处至控制单元（例如行李舱内的CD换碟机）。光线从最后一个控制单元处通过快速编程插头返回主控单元。

（1）优点：
①分布式控制；
②巨大的网络扩展能力。
（2）缺点：
①故障查询过程复杂；
②出现干扰时易造成网络失灵；
③布线成本较高。
（3）数据传输。

每个MOST控制单元都可以将数据发送到MOST总线上。只有主控控制单元能实现MOST总线与其他总线系统之间的数据交换。为了满足数据传输应用方面的各种要求，每条MOST信息都分为三个部分：

①控制数据：例如调节光强度；
②异步数据：例如导航系统，矢量表示；
③同步数据：例如音频、TV和视频信号。

MOST总线各通道（同步通道、异步通道和控制通道）在媒介上以同步方式传输，如图12-48所示。在整个环形总线内都可获得相关数据，即以无损方式读取数据（复制）并能够用于不同组件。

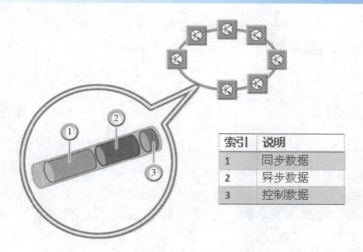

图 12-48 MOST 总线上的数据传输

MOST 总线的结构易于扩展组件。环形总线内各组件的安装位置取决于功能。无需为将来的系统预留位置(例如双线圈扬声器)。

某组件失灵时,接收装置和发送装置就会彼此连接在一起。从而保持环形总线的正常功能。只有为控制单元供电时,接收装置和发送装置才会断开。这两个单元与发送和接收系统一起执行所有功能。

NetService(网络服务)将数据包分解为各个部分或将各部分集合在一起。接收装置和发送装置是 BMW 与 Infineon 和 Oasis 共同开发的产品。信息通过波长为 650nm(可见红光)的光脉冲传输。使用 LED 而非激光来产生光线。总线能以光学方式来唤醒,即无需额外的唤醒导线。处于休眠模式时的电流消耗量非常低。

3 CAN 总线系统故障及检测

3.1 CAN 总线系统的故障类型

一般说来,引起汽车总线系统故障的原因有 3 种:数据导线故障、供电故障和节点故障。

(1)数据总线导线故障。

当汽车总线系统的导线(或通信线路)出现故障时,如短路、断路以及线路物理性质变化引起的通信信号衰减或失真,都会引起多个电控单元无法工作,甚至导致电控系统错误动作。

(2)供电故障。

汽车总线系统的核心部分是含有通信 IC 芯片的电控单元 ECU,电控单元 ECU 的正常工作电压在 10.5~15.0V 的范围内,如果工作电压低于该值,就会造成一些对工作电压要求高的电控单元 ECU 出现短暂的停止工作。从而使整个汽车总线系统出现短暂的无法通信。

(3)节点故障。

这里的节点指连接到汽车总线系统中各个电控单元,因此节点故障就是电控单元 ECU 的故障。它包括软件故障和硬件故障。软件故障,即传输协议或软件程序有缺陷或冲突,从而使汽车总线系统通信出现混乱或无法工作,这种故障一般成批出现。硬件故障,一般由于通信芯片或集成电路故障,造成汽车总线系统无法正常工作。

3.2 CAN 总线系统的检测

可以使用通用测量设备、示波器、诊断测试仪和 CAN 分析系统来对 CAN 总线系统进行检测诊断。

1）利用诊断测试仪检查

将诊断测试仪连到 CAN 总线系统数据总线上,通过其自诊断功能软件(车载诊断)识别与总线有关的故障,例如导线故障、信息错误、超时错误和硬件故障。读取故障记录后,可以利用这些信息有针对性地进行故障查询。借助诊断测试仪确定故障部位的另一种方式是显示实际值或进行执行元件诊断。

2）利用通用测量设备检查

利用通用测量设备可以确定终端电阻阻值、测量数据导线上的电压值以及检查数据导线的导通性或是否短路。如图 12-49 所示。

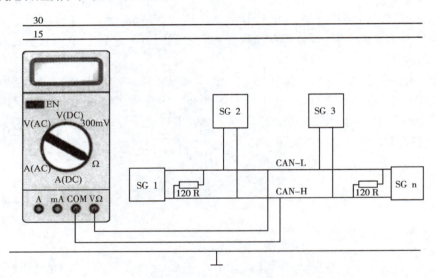

图 12-49　测量总线导线与电源正极之间的电阻

3）利用示波器检测信号

采用这种测量方法时,可以在点火开关打开的情况下分析总线导线上的信号流程,从而能够迅速准确地识别数据导线层面上的故障。为了测量时评估信号沿陡度,最低带宽应达到 20MH。

信号流程示波不用于分析或评价所传输的标识符或字节变化。同时也无法实现示波,因为很多信息带有不同的标识符,示波器只是随机触发某个信息脉冲。因此示波图仅用于评价数据导线的物理层面。通过相应的练习和典型的比较,示波图可以很快确定数据总线是否正常工作或是否有故障。为完成发展中出现的特殊任务,有些示波器中可以根据所选择的逻辑状态设置触发条件,以便以示波方式显示某些信息。如图 12-50、图 12-51 所示。

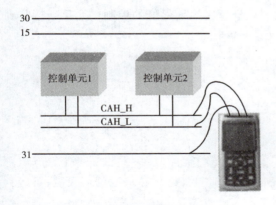
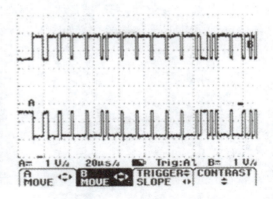

图 12-50　CAN-H 测量原理图　　　　图 12-51　动力传动系统 CAN 示波图

4）利用 CAN 总线分析仪检测 CAN 总线信息

利用 CAN 总线分析仪可以观察和分析总线导线上的数据通信。在此介绍的系统基于一台计算机（个人计算机或笔记本电脑）、软件和一个接口（CAN 硬件加密狗）。插在并行接口或 USB 接口上的硬件加密狗包含一个 CAN 控制器和一个收发器。

 知识扩展

数据总线的休眠和唤醒模式

1. 休眠模式

休眠模式是 CAN 总线系统的一个特点。与总线端 15 关闭后经过短时间后续运转就关闭的动力传动系统 CAN 相反，舒适系统和信息娱乐系统总线保持准备状态或"可唤醒"状态。因为蓄电池通过总线端 30 继续为所有控制单元供电，所以可以保持这种状态。

启动休眠模式和唤醒事件功能由内置网络管理系统承担，该系统借助每个舒适系统 CAN 和信息娱乐系统 CAN 控制单元中的软件功能实现。为执行休眠和唤醒过程，在此使用特殊标识符（400h 至 43Fh）。此外，这些标识符还标示出与休眠状态、唤醒原因和环形结构状态相关的信息。通过休眠模式可以在系统保持准备状态时降低所需休眠电流从而即使在长时间停放后也能打开和启动车辆。

由于最大允许休眠电流取决于所安装的蓄电池和车辆配置，因此准确数值必须查阅制造商资料。

在 Colf-V 上，所有控制单元始终处于休眠模式或者始终唤醒相关数据总线的所有控制单。

除这种模式外，在其他车辆制造商采用的系统中休眠模式仅适用于某一数据总线的一组所选控制单元。

系统通过发送一个用于建立环形结构的特殊信息启动休眠模式。在这个逻辑地址最低的控制单元发送的信息中包含有关信息发送方和目标地址的说明。接收方是逻辑地址高一级的控制单元。信息从此处继续传输给下一个控制单元等。如果逻辑地址最高的控制单元确认接收到了信息,发出表示其处于"准备休眠"状态的信号且逻辑地址最低的控制单元重新接收到这条信息,则说明环形结构闭合。如图 12-52 所示。

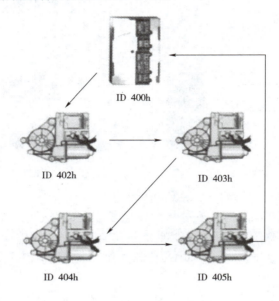

图 12-52 启动休眠模式流程

此后控制单元才将 CAN-H 导线切换到 0V 并将 CAN-L 导线切换到 12V,如图 12-53 所示。

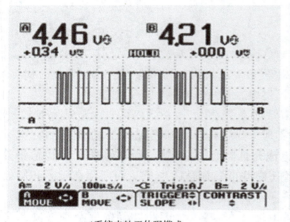

a)系统未处于休眠模式

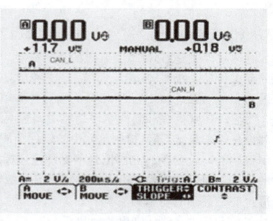

b)系统处于休眠模式

图 12-53 系统未处于和处于休眠模式时数据总线的信号电平

2. 唤醒模式

作为对传感器信号和 CAN 总线信息的反应,系统唤醒模式或唤醒阶段。但该功能也可通过一个环形结构信息启动,因此这个过程与启动休眠模式类似。在诊断接口的软件中对休眠逻辑进行监控。例如,动力传动系统 CAN 仍在工作时,这种监控可以使舒适系统 CAN 数据总线和信息娱乐系统 CAN 数据总线不进入休眠模式。由于 Colf-V 中舒适系统和信息娱乐系统数据总线是相关联的,因此两个总线同时进入休眠模式或唤醒模式。

3. 休眠电流测量

如果客户抱怨车载网络休眠电流需求量增大,则必须检查该故障是由一般性电气故障,还是由休眠和唤醒功能问题引起的。例如,没有为休眠模式做好准备的控制单元可能造成所有其他总线设备保持在"清醒"状态。为此,常常需要测量是否进入休眠状态以及"休眠"电流的大小。经对 Colf-V"休眠"电流的测量,总线处于唤醒模式时供电电流为 0.394A,而在休眠模式时休眠电流为 0.087A。

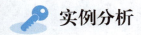

实例分析

BMW 5 系休眠电流测量

在关闭的车辆中可能偶尔或长期出现过高的休眠电流。原因可能如下:

(1)总线端 Kl.30 或蓄电池上连接有附加用电器。

(2)损坏的组件、控制单元或某个控制单元的外围设备在睡眠模式下消耗过多的电流并阻止车辆休眠。

(3)发生休眠电流故障时不能自动识别故障源。在带智能型蓄电池传感器的车辆上只能确定休眠电流范围:

休眠电流小于 80mA;

休眠电流在 80mA 至 200mA 之间;

休眠电流在 200mA 至 1A 之间;

休眠电流大于 1A。

根据休眠电流超过程度可以确定引起故障的组件。

1. 休眠电流测量步骤

为了保证正确的结果并避免测量过程中可能出现故障,在休眠电流测量前必须先准备好车辆:

(1)将车辆停放在一个能够不受干扰地进行休眠电流测量的位置。

(2)蓄电池必须已充满电且不允许连接蓄电池充电器。如有必要,事先对蓄电池充电。

(3)打开车前盖并拉起车前盖触点开关(模拟关闭的车前盖)。

(4)打开后行李舱盖,并在后行李舱盖处于打开状态时将后行李舱盖锁用螺丝起子联锁(模拟关闭的后行李舱盖)。

(5)打开手套箱(识别用电器断开)。

(6)打开驾驶员侧车门并重新关闭(模拟上车)。

(7)将点火开关接通至少 5s,然后重新关闭。

(8)将带无钥匙便捷上车及启动系统的车辆的遥控器或识别传感器从插口槽中拔出,并且不要放在车辆。

(9)重新打开驾驶员侧车门并在驾驶员侧车门处于打开状态时将驾驶员侧车门锁用螺丝起子联锁(模拟下车)。

车辆在熄火、锁门以后按照一定的预设程序开始进入准备休眠。何时进入休眠、且其对应电流为休眠电流,应按其休眠特性来判断。表 12-6 为 BMW 5 系休眠特性,该车型在熄火关门 30 或 60min 后,以总线端 Kl. 30g 断开为标志,达到完全休眠状态。休眠电流的变化如图 12-54 所示。

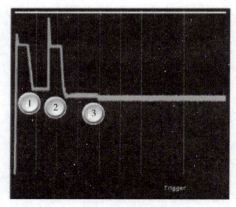

图 12-54　正常休眠电流的检测结果

BMW 5 系休眠特性　　　　　　　　　　　　　　表 12-6

号码	时间	事件	可能的识别特征
1	0～3min	达到静止状态	起动/停止按钮的照明熄灭 驾驶员侧车门开关组上的儿童锁开关照明(绿色 LED)熄灭
	3～8min	车辆休眠	
2	8～9min	车身标准模块(KBM)或脚部空间模块(FRM)唤醒车辆:用电器断开	阅读灯熄灭 手套箱灯熄灭
3	17～30min 或 17～60min	车辆休眠	
	30 或 60min	总线端 Kl. 30g 断开	

2. 正常休眠的检测结果

示波器设置如下。

CH1:电流感应夹钳 100A,偏移 0%,满刻度 100A,耦合 DC;

显示器:记录,Record;

光标:CH1;

正常休眠电流的检测结果示波图如图 12-54 所示,显示了车辆休眠时的电流变化。

 单元小结

1. 数据传输:模拟传输、数字传输;单工传输、半双工传输、全双工传输;并行传输、串行传输;同步传输,异步传输。

2. 总线系统主要由控制器、数据总线、网络、通信协议、网关等组成。

3. 网关的作用:识别和改变不同总线网络的信号和速率;改变信息优先级;网关一般作为

诊断接口。

4. 总线系统网络结构:是指网络节点的几何结构,即各个节点相互连接的方式,一般分为线性结构、树形结构、星型结构和环形结构。

5. 汽车总线系统的类型:A、B、C、D、四类连同不同协议,适合传输不同速率的总线。

6. CAN总线系统控制部件包括:控制器(Controller)、收发器(Tranceiver)、终端电阻。

7. 数据传输原理:CAN总线中的数据传递就像一个电话会议,一个电话用户(电控单元)将数据"讲入"网络中,其他用户通过网络"接听"这个数据,对这个数据感兴趣的用户就会利用数据,而其他用户则选择忽略。

8. CAN总线系统传递数据的格式:分为开始域、状态域、检查域、数据域、安全域、确认域和结束域7个部分。

9. CAN总线的传输仲裁原则是:具有最高优先权的数据首先发送。

10. K-CAN总线系统的信息传输媒介是双绞铜线,总线结构线性,传输速度为100kbit/s。

11. MOST总线系统的信息传输媒介是光纤、总线结构为环形,传输速度为22.5Mbit/s。

12. CAN总线系统的检测手段主要有:诊断仪、通用测量设备、示波器、CAN总线分析仪。

思考练习

思考题

1. 一般整车网络系统为什么都要有网关?
2. 一帧数据中的7个域各自的作用是什么?
3. 什么是总线传输的仲裁?
4. 总线系统是怎样进行数据传输的?

技能训练

实训十九　测量实车 CAN 总线终端电阻

一、实训目的

1. 认识实车 CAN 总线系统结构。
2. 掌握实车 CAN 总线系统终端电阻测量方法。
3. 能够分析评价测量结果。

二、实训器材

1. 含有 CAN 总线系统的实车(比如奇瑞 A3)。
2. 数字式万用表。
3. 实车 CAN 总线系统图。

三、实训内容

1. 查阅资料掌握实车 CAN 总线系统拓扑结构、终端电阻阻值及其分布。
2. 确定测量点、万用表连接方法。

3. 选择万用表挡位、量程并实施测量,如实训图 12-1 所示。

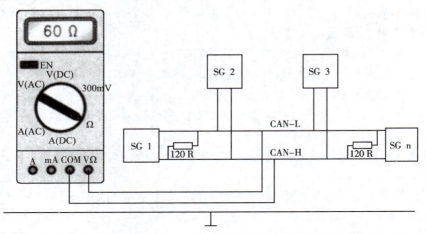

实训图 12-1　测量 CAN 总线终端电阻示意图

4. 读取测量值并记录到任务工单。
5. 分析测量结果并写出评价结论。

四、注意事项

1. 测量要在整车关闭供电并等待几分钟后再进行。
2. 测量时总线上不得有其他测量设备。

五、实训报告

按任务工单列出的项目填写完整。

思考练习参考答案

单 元 一

一、填空题

1. 电源　　负载　　导线　　开关
2. 电位　　电压
3. 电流　　电压
4. 小电流　　大电流

二、选择题

1. A　　2. C　　3. B　　4. A

四、计算题

1. $I_N = 0.45\text{A}$　　$R = 484\Omega$
2. $I_1 = 0.5\text{A}$　　$I_2 = 0.3\text{A}$　　$I_3 = 0.8\text{A}$
3. (1)并联　　(2) 2.4Ω　　(3) 5.8A　　(4)适合　　(5) 7.3A　　(6) 13A；不适合
4. S断开时，$V_A = 6\text{V}$　　S闭合时，$V_A = 0$

单 元 二

一、填空题

1. 最大值　　角频率　　初相位　　大小　　变化快慢　　起始状况
2. 50Ω　　容　　750W　　1000var
3. $220\sqrt{2}\text{A}$　　220A　　314rad/s　　0.02s　　60°
4. 无穷大　　断路

二、判断题

1. ×　　2. ×　　3. ×　　4. ×

三、选择题

1. B　　2. D　　3. A　　4. B　　5. A

四、计算题

1. $I = 44\text{A}$　　$U_L = 176$　　$\cos\varphi = 0.6$　　$P = 5\,808\text{W}$
   $Q = 7\,744\text{var}$　　$S = 9\,680\text{VA}$　　$L = 13\text{mH}$
2. $Z = 22\Omega$　　$R = 16\Omega$　　$X_L = 15.1\Omega$　　$L = 48\text{mH}$

3. $R = 4\Omega$ $L = 0.01\text{H}$

单 元 三

一、填空题

1. $U_L = \sqrt{3}U_P$

2. 220

3. 相线　中线　相线　相线

4. Y 形　△形

二、判断题

1. √   2. ×   3. ×   4. ×

三、选择题

1. B   2. B   3. D

五、计算题

1. $I = 10\text{A}$

2. $I_P = 22\text{A}$ $I_L = 22\text{A}$ $P = 14.52\text{W}$

3. (1) 1 相短路,中线未断,$U_{1P} = 0\text{V}$ $U_{2P} = U_{3P} = 220\text{V}$
   　　1 相短路,中线断开,$U_{1P} = 0\text{V}$ $U_{2P} = U_{3P} = 380\text{V}$
   (2) 1 相断路,中线未断,$U_{1P} = 0\text{V}$ $U_{2P} = U_{3P} = 220\text{V}$
   　　1 相断路,中线断开,$U_{1P} = 0\text{V}$ $U_{2P} = U_{3P} = 190\text{V}$

4. (1) S_1 闭合,S_2 断开 $I_1 = I_3 = 10\text{A}$ $I_2 = 17.32\text{A}$ $P_1 = P_2 = 1.5\text{kW}$
   (2) S_1 断开,S_2 闭合 $I_1 = I_3 = 15\text{A}$ $I_2 = 0\text{A}$ $P_1 = P_2 = 0.375\text{kW}$ $P_3 = 1.5\text{kW}$

单 元 四

一、填空题

1. 发热　硅钢片

2. 电磁感应

二、判断题

1. √   2. ×   3. ×   4. √   5. √   6. √   7. ×   8. ×

三、选择题

1. D   2. A   3. B   4. B   5. C   6. D

五、计算题

1. (1) $I_{1N} = 9.09\text{A}$ $I_{2N} = 55.55\text{A}$ (3) $I_1 = 6.81\text{A}$ $I_2 = 0.91\text{A}$

2. 一次侧额定电流 $I_{1N} = 41.2\text{A}$ 二次侧额定电流 $I_{2N} = 137.5\text{A}$
   一次绕组额定电流 $I_{1N} = 41.2\text{A}$ 二次绕组额定电流 $I_{2N} = 79.4\text{A}$

3. $I_1 = 189\text{A}$

4. $\Delta P_{CU} = 24W$ $\Delta P_{Fe} = 76W$ $\cos\varphi = 0.12$
5. $\Delta P_{CU} = 18W$ $\Delta P_{Fe} = 62W$ $\cos\varphi = 0.24$
6. 500 盏   300 盏
7. $I_{1N} = 2.27A$ $I_{2N} = 13.89A$ $n = 33$ 盏
8. Y/Y 副绕组线电压 230.8V   副绕组相电压 133.2V
   Y/△ 副绕组线电压 133.2V   副绕组相电压 133.2V

单 元 五

一、判断题

1. √   2. ×   3. ×   4. √

二、选择题

1. A   2. D   3. D   4. A

四、计算题

1. $N = 750 r/min$ $P = 4$ $S = 0.04$
2. (1) $I_{\Delta st} = 140A$ (2) $I_{Yst} = 46.7A$
3. (1) $I_N = 47.6A$ $I_{\Delta st} = 285.6A$ $I_{Yst} = 95.2A$
   $T_N = 287.8 N\cdot m$ $T_{\Delta st} = 518 N\cdot m$ $T_{Yst} = 172.7 N\cdot m$

   (2) 当负载转矩为额定转矩的65%时,不能采用Y-△换接启动;
       当负载转矩为额定转矩的50%时,能采用Y-△换接启动。

   (3) 当电源电压下降为额定电压的80%时,能带额定负载直接启动;
       当电源电压下降为额定电压的70%时,不能带额定负载直接启动。

单 元 六

一、判断题

1. ×   2. ×   3. √   4. ×   5. √

二、选择题

1. C   2. B   3. A   4. C   5. A

四、计算题

$R_{st} = 2.48\Omega$

单 元 七

一、填空题

1. 导体   半导体   硅   锗   四价元素
2. 三价   硼   五价   磷
3. 可控硅   四   三

4. 击穿　　烧坏或内部管脚断
5. 阳极　　阴极　　正向
6. 单向导电性

二、判断题

1. √　　2. √　　3. ×　　4. √　　5. ×　　6. ×　　7. √　　8. √

四、选择题

1. C　　2. D　　3. A　　4. D　　5. C　　6. A　　7. A　　8. A　　9. B　　10. A
11. B　　12. C　　13. A

五、计算题

1. $U_2 = 400V$　　$U_{DRM} = 400\sqrt{2}V$　　$I_D = 1.8A$
2. $U_2 = 40V$　　$U_{DRM} = 40\sqrt{2}V$　　$I_D = 0.75A$
3. $U_2 = 122V$　　$U_{DRM} = 173V$　　$I_D = 1A$
4. $U_2 = 16.7V$　　$U_{DRM} = 23.6V$　　$I_D = 0.5A$　　$20\sqrt{2}V$

单　元　八

一、填空题

1. 正偏　　反偏
2. 放大区　　饱和区　　截止区
3. 0.7V　　0.3V
4. 放大状态　　饱和状态　　截止状态
5. 放大区　　饱和区　　截止区　　放大　　截止　　饱和
6. 饱和　　截止
7. 共发射极　　共集电极　　共基极
8. 直接耦合

二、选择题

1. B　　2. AAB　　3. D　　4. B　　5. A　　6. A　　7. C　　8. B　　9. B　　10. A

三、判断题

1. ×　　2. ×　　3. ×　　4. √　　5. ×

单　元　九

一、练习题

1. 15 = 1111　　30 = 11110　　51 = 110011　　63 = 111111
2. $(1001)_2 = 9$　　$(011010)_2 = 26$　　$(10010010)_2 = 146$
3. $(0010\ 0011\ 1000)_{BCD} = 238$　　$(0111\ 1001\ 0101\ 0011)_{BCD} = 7953$

二、填空题

1. 高　　低

2. 3.6   0.3
3. TTL   CMOS
4. 输入状态
5. 灭 0 输入
6. 两种相反的状态
7. 输入   原来的输出状态
8. 0   0
9. 高电平   低电平
10. 记忆   翻转
11. 右移移位寄存器   左移移位寄存器和   双向移位寄存器
12. 高阻态

三、选择题

1. B   2. C   3. C   4. C   5. A   6. D   7. B   8. B   9. D   10. B
11. B   12. A

单 元 十

一、填空题

1. 大约要高一倍   会抖动不偏转
2. 12.5
3. 正极   负极
4. 正   负
5. 将两表笔短路   调整调零旋钮至 0°
6. 最大   逐步减小
7. 并联   串联
8. 相应发动机缸数位挡   运转
9. 转速挡 RPM   感应式转速传感器的夹子   某一缸的高压线上   运转
10. 占空比   喷油器的工作频率   喷油脉宽＝占空比(％)/工作频率(s)

单 元 十一

一、判断题

1. √   2. ×   3. √   4. √   5. √   6. √   7. √   8. √   9. √   10. √

二、选择题

1. A   2. C   3. B   4. A   5. A   6. C   7. C   8. A

参 考 文 献

[1] 任成尧. 汽车电工与电子技术[M]. 上海：同济大学出版社，2009.
[2] 黄志荣，田光达. 实用汽车电工电子技术[M]. 北京：高等教育出版社，2008.
[3] 金惠云. 汽车电工电子技术[M]. 北京：高等教育出版社，2007.
[4] 张玉萍. 汽车电工电子基础[M]. 北京：北京邮电大学出版社，2006.
[5] 吕爱华. 汽车电工电子技术[M]. 北京：电子工业出版社，2008.
[6] 杨静生. 电工电子技术基础[M]. 大连：大连理工大学出版社，2005.
[7] 杨世春. 汽车电工电子基础[M]. 重庆：西南师范大学出版社，2008.
[8] 高树德. 汽车电工电子技术基础[M]. 北京：机械工业出版社，2005.
[9] 冯渊. 汽车电工与电子技术基础[M]. 北京：机械工业出版社，2002.
[10] 姚国侬，等. 电路与电子学[M]. 北京：电子工业出版社，1999.
[11] 马克联. 电工基本技能实训指导[M]. 北京：化学工业出版社，2001.
[12] 侯寅珊. 电子技术基础[M]. 长沙：国防科技大学出版社，2006.
[13] 沈忆宁. 汽车电工电子基础[M]. 北京：高等教育出版社，2004.
[14] 曹家喆. 汽车电子控制基础[M]. 北京：机械工业出版社，2007.
[15] 付百学. 汽车电子控制技术[M]. 3版. 北京：机械工业出版社，2010.